직원경험 설계

경쟁 우위를 위한 효과적인 직원경험 설계 방법

경쟁우위를 위한
효과적인
직원경험 설계 방법

직원 경험 설계

EMPLOYEE
EXPERIENCE
BY DESIGN

엠마 브리저,
벨린다 간나웨이   지음

오승민, 이승주, 김벼리   옮김

plan b
DESIGN

역자 서문

'일하기 좋은 회사'라고 하면 가장 먼저 떠오르는 이미지는
무엇인가? 출퇴근 시간이 자유롭고 편안한 복장과 수평적인 소
통, 공짜로 제공되는 아침 식사와 커피, 다양한 복지를 통해 여
가 활동을 즐길 수 있는, 뭔가 편안하고 즐거운 곳이라는 생각
이 떠오를 것이다. 지난주 오랜만에 학교 후배와 점심을 함께했
다. 후배가 일하는 회사는 퇴근 시간이 늦고 주말에도 종종 출
근하는 경우가 많아 가끔은 힘에 부치는 느낌이 든다고 했다.
"이 친구 조만간에 회사를 그만두겠구나!" 생각하고 있는데 의
외로 후배는 본인 회사가 그래도 일하기는 좋은 회사라고 했다.
그 이유는 일한 만큼 공정하게 평가와 보상을 받을 수 있고 일
자체가 자신의 성장에 도움이 돼 채용 시장에서 몸값을 올리
는 데 도움이 된다는 것이다. 구성원들은 일이 많아서 '번아웃'
되기보다 그런 많은 일의 경험이 개인적인 성장에 도움이 되지
않는, 의미 없는 일이기 때문에 번아웃되는 것이다.

최근 기업들이 직원경험에 대한 관심이 높아지면서 긍정적

인 직원 경험을 높이기 위한 다양한 프로그램을 실행하고 있다. 그러나 대부분 기업에서 긍정적인 직원 경험을 설계하기 위한 접근방식은 '위생 요인(Hygiene Factor)'에 초점을 맞추고 있다. 위생 요인은 급여, 복리후생, 업무 환경 등 구성원들의 불만 요인을 줄이기 위하여 기업에서 제공하는 서비스라고 할 수 있다. 그러나 이러한 위생적인 요인들이 단기적인 직원 만족도를 향상시키는 것에는 도움을 줄 수 있으나 지속적인 긍정적인 경험의 제공과는 잘 연결되지 않는다. 과도하게 위생요인 중심으로 직원경험을 설계하는 조직들은 직원들의 회사에 대한 기대치를 높일 뿐이며, 결국은 직원들의 끝없는 요구와 회사의 비용 지출이 서로를 부채질하는 악순환을 초래하게 된다.

지속 가능한 긍정경험은 무엇을 의미하는가? 구성원들이 생각하는 긍정 경험이란 무엇인가? 이러한 질문에 답하기 위하여 필자는 구성원들 대상으로 긍정 경험 관련 설문을 실시하였다.

〈설문 내용 : 회사에서 일하면서 내가 가장 멋지게 느껴진 순간, 내가 가장 가치 있게 느껴진 순간, 가장 보람찼던 순간이 있다면? 구체적으로 언제 누구와 어떤 경험을 했는지 작성해주세요.〉

총 300여 명의 설문 답변을 분석하면서 놀라운 사실을 발견했다. 핵심 인재들이 긍정 경험, 조직 내 최고의 경험이라고 이야기하는 내용에 위생 요인(급여와 복리 후생, 업무환경)은 거의 언급되지 않았다. 우리가 발견한 여섯 가지 최고의 긍정 경험은 아마도 회사나 리더들이 영감을 받은 직원을 늘리기 위해 지속적으로 관심을 가져야 할 요인일 것이다. 우리는 이것을 '긍정

경험을 위한 여섯 가지 매직박스'라고 명명했다.

① 인정: 회사나 리더로부터 공식·비공식적으로 인정받았던 경험
② 성장: 의미 있는 일을 통해 개인의 역량이 향상됐던 경험
③ 영향력: 내가 한 일들이 조직에 긍정적인 영향을 미쳤던 경험
④ 관계: 리더나 동료들과 긍정적 관계를 형성했던 경험
⑤ 도전: 내 역량을 넘어서는 어려운 과제를 해결했던 경험
⑥ 자율성: 리더로부터 권한 위임을 받고 스스로 과제를 해결했던 경험

이 6가지 대표 사례에서 보듯이 긍정적인 경험이 반드시 즐거운 정서 상태를 의미하는 것은 아니다. 대부분의 경우, 우리의 가장 최고의 경험은 도전 극복, 문제해결, 주도적 업무 수행 등과 같이 개인의 성장과 강하게 연결되어 있다.

일하기 좋은 회사의 핵심은 즐거움과 편안함이 아니라 '인정'과 '성장', 두 단어라고 단언할 수 있다. 우리가 일이라는 경험을 통해 궁극적으로 얻을 수 있는 내재적인 가치들이다. 이 두 가지가 전제되지 않으면 조직 내 어떤 활동들도 구성원에게 일에 대한 긍정적인 인식을 심어주기 힘들다. 조직문화 담당자들이 지향해야 하는 것은 '일하기 편한 회사'가 아니라 '일하기 좋은 회사'라는 것을 이 책을 통해서 다시 한번 생각해 볼 필요가 있다.

LG화학 인재육성담당 오승민

차례

6장. 직원경험의 범위 설정하기

7장. 공감과 기회의 공간

8장. 아이디어화 과정

9장. 프로토타입, 테스트 그리고 반복

10장. 직원경험의 측정

11장. 직원경험의 미래

1장.
직원경험 설계의 소개
: 정의 및 접근방식

준비 단계

조직에서 심리적 계약이라는 개념이 변화함에 따라 업무에 대한 직원의 기대도 변하고 있다. 이제 직원들은 직장을 단순히 성과에 대한 급여를 받는 곳 이상으로, 이곳에서 목적과 의미를 찾을 수 있기를 기대한다. 직원들을 동기부여 하고 몰입하게 만들기 위해 회사는 직원들에게 만족감을 제공하는 것뿐만 아니라 이들의 성장에도 집중해야 한다. 직원들은 업무를 일방적으로 지시하는 매니저가 아니라, 스스로 일에 최선을 다할 수 있도록 돕는 코치나 지원하는 관리자를 필요로 한다. 매년 성과 평가를 하는 것 외에도 강점과 개발 분야에 대해 리더들이 지속적으로 피드백해주기를 원한다. 다시 말해, 직원은 빠른 속도로 '직장 내 소비자'가 되어가고 있는 것이다(Gallup, 2019). COVID-19 팬데믹 이전에 직원경험(employee experiecne, EX)에 관한 조직의 사례는 대부분 치열한 인재 영입 분야에 집중되었고, 연구 결과 또한 직원들이 적극적으로 일자리를 찾고 있다는 걸 밝혀냈다. 머서(Mercer)의 '2019 Global Talent Trends Study(글로벌 인재 동향 연구)'에 따르면, 임원진의 97퍼센트는 인재 영입 경쟁이 심화될 것이라고 생각하는 것으로 나타났다. 그리고 이 중 절반 이상은 채용 프로세스에서 소요 시간이 길어지는 것에 대한 우려를 표했다.

COVID-19가 일하는 방식에 급격한 변화를 일으켰고, 조직에 새롭고 다양한 도전을 야기한 것은 분명한 사실이다. 이 글을 쓰는 지금도 COVID-19가 이미 일상에 영향을 주고 있고, 신체적 건강에 대한 위협이 지나가면 조직은 장기적 과제에 당면하게 될 것이다. COVID-19는 조직 내에서 직원경험에 접근하는 방식을 '재설정'하게 만들었다. 포스트 COVID-19 시대에 직원경험에 관한 조직과 비즈니스의 초점은 변했지만, 여전히 이에 관한 논의는 매력적으로 느껴진다.

직원경험에 대한 관심이 크게 증가한 것은 사실 놀라운 일이 아니다. 딜로이트(Deloitte)의 2007년 'Human Capital Trends Survey(인적 자본 동향 조사)'에서 80퍼센트가 넘는 경영진이 직원경험이 중요하다고 응답했지만, 정작 22퍼센트만이 자신의 회사가 차별화된 직원경험을 구축하고 있다고 응답했다. 2020년 링크드인(Linkedln)은 직원경험과 관련한 직무에 종사하는 사람의 수가 240퍼센트 이상 증가했다고 밝혔다. 조직은 직원경험에 관한 활성화 방안을 계획하고, 혁신적인 프로그램에 투자하고 있다. 하지만 이른바 '좋은 경험'에 대한 결과인 몰입에 대한 글로벌 연구에서는 여전히 상황을 좋지 않게 보고 있다. 43퍼센트의 조직은 여전히 직원 몰입도가 낮거나 감소하고 있다(Mercer, 2020).

이처럼 직원경험에 많은 노력을 쏟는 조직과 그에 비해 여전히 몰입감을 느끼지 못하는 직원 간의 분명한 간극이 존재하기 때문에 이 책을 쓰기로 결정했다. 매력적인 직원경험을 설계하고 제공하는 것은 단순히 '경영'의 의미를 갖는 것이 아니라, 사람과 고객을 넘어 사회에까지 긍정적으로 작용한다. 직원을 조직의 고객로 인식하려면 기존 사고방식에서 중요한 변화가 일어나야 한다. 2019년 글로벌 산업 분석가인 조쉬 버신(Josh Bersin)은 직원경험을 다음과 같이 설명한다.

"직원경험은 조직이 직원을 위해 일하는 것을 의미한다. 직원이 조직을 위해 일하는 것이 아니다. 즉 조직이 지난 30년을 고객을 이해하고, 분류하고, 이들의 이야기를 청취하는 다양한 방식을 찾는 데 시간을 보냈다면 이제는 직원을 위해 같은 일을 해야 한다."

직원경험 역시 고객경험처럼 엄격하고 치열한 잣대로 접근해야 하지만 현실적으로 고객과 직원의 가치를 동일시하는 것은 어렵다. 스포티파이는 우리가 10대 때 들었던 음악을 추적해낼 수 있을 정도로 기술이 발전했음에도 불구하고, 회사들은 왜 아직도 건물 출입 카드를 직원에게 제공하는 등의 간단한 일을 시행하는 것에 어려움을 겪는 걸까? 고객경험이 발전하는 것과 동시에 직원경험도 발전할 필요는 없었을까? 우리는 이제 조직의 주도하에 이루어진 거래, 프로세스, 절차로부터 직원을 진정으로 이해하고, 일련의 경험을 설계하는 것에 확실히 집중해야 한다.

약 20년 동안 금융 서비스와 에너지 회사를 비롯한 여러 조직의 고객경험 분야에 종사한 케리 휴즈(Kerrie Hughes)는 직원경험 실무자에게 도움이 될 만한 의견을 다음과 같이 제시하였다.

직원경험을 위한 고객경험

나는 2001년부터 고객경험 분야 업무를 담당했다. 내가 근무한 회사는 고객경험팀을 신설하겠다는 비전을 갖고 있었다. 여느 신설 팀의 구성원과 같이 우리는 열정적이었고 고객을 위해 기꺼이 싸울 준비가 되어 있었다. 그러나 고객경험은 매우 새로운 분야였기 때문에 책을 구매하거나 구글을 통해 검색할 수 있는 것들이 아니었다(아니, 구글은 거의 쓸모가 없었다). 그래서 직감으로 우리가 옳다고 생각하는 것에 집중했다. 초기에는 브랜드를 정의하고, 브랜드와 고객 간의 모든 접점을 밝혀내는 작업에 집중했다. 우리는 직무 전문가들에게 단순히 일련의 프로세스를 설명하는 것을 멈추라고 요청했고, 대신 '고객이 되어 보라'고 제안했다. 이것은 시작점으로서 훌륭한 질문이었다.

'디자인 프로세스'로 검색하면, 좋은 디자인이란 모두 조사, 분석, 이해, 그리고 경청과 같은 단어들로 시작되는 것을 알 수 있다. 디자인 싱킹 과정에서 이 단계는 '공감'으로 알려져 있다. 이 단계는 고객경험 실무자가 디자인하려는 대상과 해결하려는 문제에 대해 심층적으로 이해하는 단계이며, 실무자로서 이 부분이 가장 어렵고 까다롭게 느껴질 수 있다. 조직은 기본적으로 시급한 일이 많고 바로 해결책을 도출하려는 경향이 있지만, '공감'은 시간과 비용이 수반되기 때문이다.

디자인할 대상을 찾는 것도 중요하다. 이 단계에서는 한 가지 혹은 그 이상의 방법론을 활용하여 디자인할 대상을 파악하고, 니즈를 확인하고, 개선점을 발견하고, 동기부여 요인을 찾고, 해결이 필요한 문제가 무엇인지 진정으로 이해하고 찾아내려는 노력이 가장 중요할 것이다.

역설적이게도 이 부분이 직원경험의 매력이라고 할 수 있다. 건물을 떠날 필요조차 없이 직원경험의 분야에서 인사이트를 얻을 수 있다. 비용이 많이 드는 채용 과정도 필요 없이 직원의 시간만 필요하다. 그러므로 이 기회를 잡고 활용하는 것이 중요하다. 이 책의 내용은 직원경험 설계에 긍정적인 영향을 미칠 것이다. 뿐만 아니라 핵심인재들을 관리하고 케어할 때 도움이 되는 내용과 통찰력을 제공한다.

직원경험 설계를 위한 나의 또 다른 팁은 바로 감정을 두려워하지 않는 것이다. 다음은 너무 당연해서 자주 인용되는 마야 안젤루(Maya Angelou)의 말이다.

"사람들은 당신이 했던 말을 잊을 것이고, 당신이 했던 행동을 잊을 것이다. 하지만 당신이 그들에게 느끼게 한 감정은 결코 잊지 않을 것이다."

이러한 감정의 층은 현재 상태에 관한 여정 지도를 만들 때 조심해야 하는 부분이다. 개인적으로 나는 항상 '사고(thinking)'와 감정(feeling)'을 구분하고, 감정 곡선을 그리면서 긍정, 부정 그리고 중립적인 포인트를 구분할 때 활용한다. 새로운 경험을 설계할 때 내가 사용하는 가장 좋은 툴은 'Boom. Wow. Wow! WoW! BOOOM!'이라고 불리는 드라마틱 아크(Dramatic Arc)이다. 영화, 이야기, 연극에서 차용된 이 개념은 감정 경험을 설계하고, Booms와 Wows 포인트를 신중하고 적절하게 다룰 때 유용하다.

가장 길고 종합적인 경험이 되는 고객수명주기를 고려하면 된다. 아담(Adam)의 워크숍에서 소개된 boom-wow-wow-wow-boom 프레임워크는 고객수명주기를 이해할 수 있는 완벽한 청사진을 제공한다. 고객과의 특별한 상호작용을 통해 고객에게 곧바로 깊은 인상을 남김으로써 이들의 요구를 충족하거나 기대 이상으로 초과하며(아마도 몇 년 동안), 그리고 관계가 끝에 이를수록(우리가 희망하는 대로 재결제를 유도하기 위해) 이들을 완벽하게 감동시킨다. 이렇게 드라마틱하면서도 완곡한 기법은 자동차 구매나 계약 갱신과 같이 며칠 또는 몇 주 동안 지속되는 고객 여정에서도 잘 작동한다. 그리고 온라인으로 셔츠를 구매하거나 고객센터에 전화하는 것과 같은 마지막 접점에서도 작동할 수 있다.

아담은 "모든 비즈니스는 고객의 Boom과 Wow 포인트를 찾아야 한다"고 말한다. "장의사에게는 유족으로부터 돌아가신 분에 대한 이야기를 듣는 순간이 Boom의 포인트가 될 수 있다. 디즈니랜드에서는 불꽃놀이가 Boom이다." 이것이 고객경험 분야에서 고객에 대한 이해와 디자인이 필요한 이유이다. 고객에게 적절하게 드라마틱한 완곡 기법을 적용하기 위해서는 고객의 이성적, 감성적 니즈를 이해해야 하며, 이들을 좌석 가장자리로 몰고 가서 숨을 쉴 수 없게 만드는 특별한 상호작용의 '운율'을 디자인해야 한다.

마지막으로, 이 과정은 단거리 경기가 아닌 마라톤 경기라는 것을 기억해야 한다. 이 작업은 절대 끝나지 않으며 항상 변화한다. 때문에 중요한 순간(Moments that Matter)과 같은 핵심 경험을 찾아내고 우선순위를 정해야 한다. 쉽게 피드백하고 반복하고 수정하고 적용할 수 있는 메커니즘을 구축하여, 경험을 모니터링하고 관리해야 한다.

책의 제목을 '직원경험 설계'라고 지은 데에는 이유가 있다. 궁극적으로 우리의 목표는 직원경험을 명확하게 디자인하고, 사용자 친화적인 간단한 툴을 제공함으로써 누구나 훌륭한 경험을 직접 설계할 수 있도록 하는 것이다. 디자인 싱킹은 직원에게 진정으로 매력적인 경험을 설계하는 툴을 제공하는 프레임워크이자 접근방식이라고 생각한다. 경험을 설계한다는 것은 직원을 단순히 인적 자원으로 관리하기 위한 최적화된 시스템과 거래, 프로세스를 정의하고 구축하여 제공하는 것과는 매우 다르다.

딜로이트(Deloitte, 2017)에 따르면, 경영진의 10퍼센트만이 자신의 회사가 직원경험의 일부로 디자인적 사고를 이해하고 활용하는 것에 탁월하다고 답했으며, 48퍼센트는 이 영역에서 부족하다고 응답했다. 디자인 싱킹은 설계의 대상이 되는 직원에 대한 심층적인 이해에서 출발한다. 직원을 둘러싼 감정, 태도, 신념, 인식과 행동을 이해하고 설계하려면, 깊은 공감을 연습하는 경우에만 직원경험의 핵심에 접근할 수 있다. 공감은 매력적인 직원경험을 위한 핵심 원칙 중 하나이며, 우리의 철학과 접근방식을 뒷받침한다. 직원의 감정과 니즈, 행동을 이해하기 위해 호기심을 갖는 것은 매우 중요한 일이라고 생각한다.

따라서 직원경험은 경험의 본질이 무엇인지, 어떤 요인이 경험을 긍정적으로 만드는지 이해하는 것으로부터 출발한다. 책을 읽는 동안, 우리는 이 질문에 대한 해답을 찾기 위해 긍정 심리학 분야에서 인사이트를 도출할 것이다.

우리에게 깊은 인상을 남기는 실질적인 접촉, 관찰, 사실 혹은 이벤트 모두를 경험으로 이해할 수 있다. 경험은 우리로 하여금 무언가를 느끼게 하는 주관적인 개념이다. 디자인 원칙과 긍정 심리학을 통해 '직원경험 디자인'에 대한 정의를 시도하기에 앞서 먼저 직원과 직원의 니즈, 기대를 어떻게 이해하는지를 확인하고, 의도적으로 경험을 큐레이팅하기 위한 솔루션을 어떻게 개발하고 테스트하며 이 과정을 반복하는지 살펴볼 것이다.

우리가 제시하는 방식은 다음과 같이 전략적 솔루션과 일상적인 수준에서 모두 적용 가능하다.

- 원하는 결과를 얻기 위한 직원경험 비전과 접근방식을 설계하라.
- 경험을 극대화할 수 있다는 것을 이해시키기 위해 간극(부족하거나 더한 것)을 발견하라.
- 문제를 재정의하거나, 가능성을 발견하기 위해 직원의 눈높이를 통해 해결책을 모색하라.
- 해결책을 얻기 위해 개발하고, 테스트하고 반복하라.
- 특히 직원의 일상적인 경험에 집중하며, 일상에서 경험을 개선할 수 있도록 권한을 부여하라.

책을 읽으면서 알게 되겠지만, 직원경험 디자인은 여러 수준에서 다양한 방식으로 적용된다. 매력적인 직원경험을 설계하고 구현하는 것은 어렵고 모호하게 느껴질 수 있다. 하지만 다음 장에서 다룰 직원경험 디자인 프레임워크를 이해하면 직원경험 분야를 명료하게 이해할 수 있을 것이다. 여기서의 툴은 좋은 직원경험을 만들어내는 데 방해가 되는 잠재적 편견을 극복하게 도와줄 것이다. 이전의 HR 혁신과 달리, HR 서비스 제공 모델에서 직원경험 디자인 방식으로의 전환이 어떠해야 하는지에 대한 청사진은 없다. 오히려 여러분의 조직과 직원에게 적합한 직원경험 디자인을 이해하고 설계할 수 있는 기회로 활용해야 한다. 직원경험 디자인을 일종의 전략, 도구 혹은 툴로 활용하겠다는 마음가짐에 달렸다.

훌륭한 직원경험 제공에 집중하는 것은 당연한 일이다. 경쟁우위 창출, 차별화, 핵심 인재 유인 및 유지 등과 같이 조직에

궁극적이면서도 긍정적인 기여를 하기 때문이다. 훌륭한 직원
경험이 조직에 미치는 영향력은 크다. 예를 들어, 직원경험 제
공에 선두를 달리는 회사는 그렇지 못한 조직에 비해 영업 이
익이 4배, 매출은 2배가 높았다(Dery and Sebastian, 2017). 다음 장
에서 더 살펴보겠지만, 연구 결과를 통해서도 알 수 있듯이 직
원경험이 중요하다는 사실은 자명하다.

훌륭한 직원경험을 설계하기 위해서는 처음부터 시작해야
한다. 조직에서 직원경험에 대해 언급할 때, 직원경험이 실제로
무엇을 의미하는지에 대해 함께 논의하고, 이에 대한 이해를 공
유해야 한다. 설계에 도움이 되는 다양한 정의와 접근방식을 확
인하고, 새로운 콘셉트와 아이디어, 더 나아가 직원경험을 선도
하고 있는 조직의 사례를 살펴보아야 한다.

간략한 역사

직원경험은 새로운 개념이 아니다. 직원은 조직에서 좋고,
나쁘고, 때때로 완전 엉망인 경험들을 해왔다. 다만 기존 개념
들과의 차이는 직원들이 조직에서 겪는 경험을 인식하고, 더 나
은 경험을 설계하는 방식을 의식적으로 생각하고 있다는 점이
다. 제이콥 모건(Jacob Morgan, 2017)은 직원경험의 역사에 대해
다음과 같이 말하고 있다.

- 처음에는 효용성에 중점을 두어 직원이 직무 수행을 위해
  필요한 툴을 제공할 뿐 이들을 중요한 존재로 여기지 않
  았다.

- 그다음은 생산성의 시대가 왔고, 직원들이 더 잘, 그리고 더 빨리 일하기 위해 필요한 것에 집중했다.
- 다음은 몰입의 시대로, 처음으로 직원 중심의 사고가 시작되었다. 어떻게 하면 직원이 최고의 성과를 달성하게 할 것인지에 대해 다소 급진적인 개념이 새롭게 등장했다.
- 그리고 마침내 우리는 직원의 관점에서 의도적으로 경험을 설계하는 직원경험의 시대에 섰다.

실무자들이 몰입(engagement)과 경험(experience)의 사전적 의미에 얽매일 때가 있지만 이런 논의는 도움이 안 된다. 훌륭한 직원경험은 몰입에 기여할 것이 분명하지만, 직원경험이 좋지 않았을 때 직원이 과연 몰입할 것인지에 대해서는 의심스럽다.

직원경험은 직원 몰입 개념을 대체해야 하는가?

에어비앤비(Airbnb)는 CEEO(Chief Employee Experience Officer)라는 새로운 조직을 만들어서 기존의 HR에서 관리하고 있던 직원경험 분야와 관련된 업무를 전담하도록 했다. 이러한 결정은 인사 커뮤니티를 비롯해 많은 사람의 관심을 불러일으켰다. 에어비앤비의 미션은 어디에서나 소속될 수 있는 세상을 만드는 것이며, 이를 달성하기 위한 핵심은 전체 직원의 생애주기에 걸쳐 기억에 남는 직장 경험을 만드는 것이라 믿었기에 직원경험팀/부서를 신설한 것이다. 에어비앤비의 직장경험팀은 훨씬 넓은 범위의 목적을 가지고 있었기 때문에 기존의 HR과 다른 역할이 필요했다. 여기서 넓은 범위란, 사무실 환경, 시설, 음식 그리고 CSR(Cooporate Social Responsibility)을 포함한다. 또한 내부 커뮤니케이션, 이벤트, 축하와 인정 등의 다양한 활동을 통해 에어비앤비 조직문화를 촉진하도록 업무를 받은 'ground control(그라운드 컨트롤)'이라고 부르는 직원 단체도 있다.

이 사례를 보고 더 좋은 일터를 만들기 위한 멋진 도전이라고 느낄지 모르지만, 냉소적인 관점에서 보면 이 모든 것은 표면적인 변화를 준 것에 불과하다. 1990년대 후반 엠마(Emma)는 조직 개발 팀원으로 처음 일을 시작했고, 팀에 속한 다양한 부서들은 앞에서 언급한 모든 것을 포함하고 있었다. 이름만 달랐을 뿐 'ground control' 역할을 하는 'smile(스마일)' 팀도 존재했다. 직원들은 항상 경험을 하고 있었으며, 선도적인 긍정 경험을 의도적으로 설계하고 만드는 것에 집중한 회사 역시 존재했다.

많은 평론가가 그동안 직원 몰입을 개선하기 위한 노력에도 불구하고 개선되지 못한 점을 언급하면서, 논쟁의 이슈가 직원 몰입에서 직원경험으로 이동했다고 주장한다. 이를 '직원 몰입 격차(employee engagement gap)'라고 부른다. 그러나 우리 자체 연구에 따르면, 전 세계적으로 지속적으로 낮은 수준의 몰입을 보이는 것은 바로 조직들이 더 나은 경험을 의도적으로 디자인하지 않았기 때문이라는 결론을 내렸다(People Lab, 2018).

예를 들어,

- 많은 조직은 직원경험과 몰입을 다룰 정의, 전략, 혹은 계획조차 없다.

- 데이터 응답에 대한 피드백보다 단순히 서베이를 진행하는 데 집중했다.
- 실무자의 육성이나 라인 관리자의 스킬 향상에 대한 투자는 거의 없다.
- 진행하고 있는 작업에 대해 투자수익률(ROI) 입증을 요구하는 사항 또한 거의 없다.

지속적인 노력에도 불구하고 직원 몰입이 개선되지 않는 것은 무슨 의미일까?

제이콥 모건의 《직원경험(The Employee Experience Advantage)》(2017)에서 경영 성과를 달성하기 위해 필요한 몰입을 위해서는 의도적으로 업무 경험을 디자인해야 한다고 밝힌다. 몇몇 평론가는 직원 몰입이 조직 중심의 개념이며, 직원경험은 직원 중심의 개념이라고 주장한다. 직원경험 분야에 뛰어난 조직은 직원들이 조직에서 겪는 경험을 이해하는 것이 중요하다는 점을 알고 있다. 일하기 좋은 회사를 만들기 위한 솔루션 설계에 직원의 참여를 끌어내야 한다. 무엇이 직원과 팀을 몰입시키는지, 훌륭한 직원경험을 구성하는 요소가 무엇인지에 대해 쉽게 가정할 수 없다는 점을 분명히 알고 있다. 이 점이 바로 훌륭한 직원경험을 위해 디자인 싱킹 방식을 채택하려는 이유이다.

즉 직원이 즐기며 최선을 다하고 싶어 하는 직장을 만들기 위해서는 직원경험과 직원 몰입 모두를 고려해야 한다. 만약 우리가 직원경험을 설계하고 개선한다면, 구성원을 몰입시키는 데 기여할 것이며, 궁극적으로 직원뿐만 아니라 고객과 파트너까지 만족시킬 수 있다.

직원경험은 직원 몰입보다 훨씬 더 사용자 친화적이며 쉽게 접근 가능한 개념이다. 우리는 조직에서 매년 실행하는 몰입도 서베이가 오남용된 이유 중 하나가 직원 몰입이라는 용어가 추상적이기 때문이라고 생각한다. 비록 실무자의 잘못은 아니지만, 실무자들은 어디서부터 시작해야 하는지 확신이 없어 서베이를 시작했고, 이는 이들로 하여금 무언가를 수행하고 있다고 착각하게 했다.

연간 직원 몰입도 서베이를 위해 할당된 예산과 그 이후에 생긴 일을 떠올려 보라. 서베이의 중요성과 비용은 개입을 설계하고 실제로 몰입을 촉진하기 위한 경험 혹은 조직문화를 변화시키기보다 몰입도 그 자체를 측정하는 데 투자됐다. 그러나 직원경험은 좀 더 확실하고 구체적이어서 관찰하는 데 집중도가 상승한다. 직원으로서 우리는 모두 경험을 했고, 경험을 개선하는 데 필요한 것이 무엇인지 잘 알고 있다.

직원경험에서 기술의 역할

기술의 발전이 직원경험에 대한 관심을 높였다는 것은 분명하다. 조직들이 연간 직원 설문조사를 넘어서, 직원에 대한 데이터를 수집하고 그로부터 인사이트를 찾을 수 있는 기회가 점점 늘어나고 있다. 스웨덴의 스타트업 에피센터(Epicenter)는 직원에게 전자 카드와 같은 마이크로 칩을 주입한다. 그것을 통해 사무실에 출입할 수 있고, 프린터를 사용할 수 있으며, 커피바에서 라떼를 구매할 수 있다. 이러한 기술과 웨어러블 장치는 회사로 하여금 직원경험과 행동을 이해하는 데 도움이 되는 다양한 데이터를 실시간으로 수집할 수 있게 했다. 물론 아직 기술 그 자체와 기술이 어떻게 직원경험을 개선하고 몰입에 긍정적인 영향을 미치는지에 대한 이해는 아직 낮은 수준이다. 그러나 실무자로서 우리는 신기술과 방식을 내부적으로 어떻게 활용 가능한지 고민해야 한다. 마케팅, IT, 디지털 그리고 고객경험 분야의 동료들과 시간을 함께 보내는 것은 하나의 방법이다. 이해관계자에게 직원경험에 집중하는 것이 고객경험에 집중하는 것만큼 중요하다는 것을 보여주는 비즈니스 사례를 만들어야 한다. 훌륭한 직원경험을 위해서는 조직 내에서 빅데이터, 인공지능과 머신러닝을 수용해야 하지만, 아직 많은 조직이 직원경험의 중요 요소로 기술을 꼽지 않는다. 직원들은 조직의 기술 성숙도와 관계없이 경험하기 때문에 조직의 기술 수진이 낮은 것이 직원경험을 개발하고 개선하는 데 장애가 되어서는 안 된다.

직원경험 정의

경험이란 무엇일까? 경험이란, 당신이 느끼는 것에 큰 영향을 미친 어떤 것이라고 생각할 수 있다.

"그 회사에서 일한 것은 내가 잊지 못할 경험이야!"

또한 경험이란, 어떤 일이 당신에게 일어난 방식 그리고 그것이 여러분의 기분을 어떻게 만들었는지에 관한 것일 수 있다.

"우리 회사는 내가 직장에서 훌륭한 경험을 할 수 있도록 최선을 다한다."

개인과 조직이 직원경험을 정의하는 방법은 다음과 같이 다양하다.

직원경험은 근무하기 더 좋은 환경을 구축하는 것을 의미한다. 더 좋은 환경이란 고용 관계에서 신뢰의 중요성을 인식하고, 직원의 의견에 귀 기울이고 영향을 줄 만한 의견을 개진하는 것 등이 포함된다(CIPD, 2020).

직원이 필요로 하는 것과 원하는 것의 교집합, 그리고 이를 반영한 조직의 설계(Morgan, 2017).

입사 지원부터 퇴사까지 직원들이 고용주와 갖게 되는 접점의 종합이다(Bersin, 2019).

직원경험은 회사의 '사용자 경험'이다. 조직 내에서 직원의 여정에 영향을 주는 기대, 환경, 그리고 각 사건의 접점이다(Mercer, 2019).

직원경험은 직원이 조직에서 경험하는 여정이다. 입사 전, 재직 중 그리고 퇴사 후까지의 과정에서 경험하는 모든 상호작용을 포함한다(Gallup, 2019).

직원경험은 중요한 가치가 통합된 일련의 과정을 반영한 의도적 설계이자 엔지니어링이다. 입사 전부터 재입사에 이르기까지 직원경험의 전체적인 관점에서, 긴 시간 동안 직원이 고용주와 가지는 모든 상호작용을 극대화하여 소속감을 형성하고 개인의 고성과와 비즈니스 성과를 공동으로 창출하는 것이다 (Whitter, 2019).

이처럼 직원경험을 정의하는 방식은 모두 다르지만, 직원의 기분에 영향을 주는 경험을 인식하고 있다는 공통점이 있다. 조직 내 직원경험을 어떻게 정의하든지 간에 폭넓은 실천이 필요하다. 정의 그 자체에 너무 몰두하는 것처럼 비칠 수 있지만, 이 일이 매력적인 이유가 여기 있다.

"직원경험은 직원들이 조직에서 더 좋은 나날을 보낼 수 있게 하는 모든 것이다."

우리의 이 정의는 간단명료하여 모든 사람이 직원경험을 이해할 수 있는 개념으로 인식시킨다. 케네디 피치(Kennedy Fitch)는 2018년에 250개 이상의 기업을 대상으로 조사를 실시했는데 그중 오직 15퍼센트만이 직원경험을 정의했고, 서로의 정의가 정확히 일치하는 경우는 없었다. 그러나 다양한 정의에서 일관된 몇 가지 주제가 있었다. 예를 들어, 대부분의 정의는 '직원에게 최고의 경험을 제공하기 위해 조직 설계의 확장'을 포함했다. 또한 흥미롭게도 '최고의 업무'를 가능하게 하는 것에 집중하는 강점 기반의 주제가 등장했다.

조직 내에서 직원경험을 정의하는 이유는 여러분과 직원경험 업무를 담당하는 사람들이 서로 같은 이해를 가졌는지 확인하기 위함이다. 직원경험에 대한 조직의 정의와 이에 접근하는 방식에 대해 논하는 것은 직원경험의 여정을 시작하는 아주 좋은 출발점이다.

직원경험을 정의하기로 선택했지만, 단순히 이전 HR 기능과 서비스를 가지고 직원경험으로 이름을 바꿀 수는 없다. 우리는 이 작업을 수행하면서 현재의 HR 프로세스, 서비스 및 전략을 그대로 채택하여 직원 라이프 사이클 모델로 전환하는 많은 조직을 관찰했다. 이러한 접근방식은 고객의 니즈를 이해하는 것으로 시작하는 경험을 설계하기보다는 여전히 하향식이라는 점에서 근본적인 결함이 있다. 직원경험 설계 방식을 채택하면 이러한 문제를 피할 수 있다. 우리는 매력적인 직원경험을 제공하기 위해서는 HR 단독으로 하는 것보다 몰입, 생산성, 교육, 웰빙, 안전, 보안, 기술, 시설, 직원 신뢰 등을 포함하는 큰 변화를 수반한다.

조직에서 직원경험은 무엇을 의미하는가?

직원경험의 본질과 시사점을 논의하는 것은 직원경험 설계 여정을 위한 좋은 시작점이다. 다음 소개할 활동은 이를 수행하는 데 도움이 될 것이다. 다양한 이해관계자가 함께하는 워크숍 상황에서 조직 전체를 대표하는 관점을 도출하도록 다음 활동을 활용하는 것을 추천한다.

- 직장에서의 개인들이 겪었던 긍정/부정 경험을 생각하도록 몇 분의 시간을 준다.
- 그들이 생각한 경험 예시를 공유하도록 요청한다.
- 여러 단어를 하나의 주제로 묶는다.
- 다양한 예시를 살펴본다. '사람들이 친절하다'와 같이 일상 경험에 관한 것인지, 혹은 온보딩 경험처럼 조직이 의도적으로 설계한, 즉 '개념화된 경험'인지 확인한다.
- 주제에 대해 얘기한다. 해당 주제는 직원의 관점인가, 조직의 관점인가?
- 이 결과를 활용하여 토론을 진행한다. 직원경험이 당신과 조직에게 의미하는 바를 확인한다.

직원경험이 무엇인가를 확인하기 위한 좋은 질문은 무엇이 좋은 경험이 아닌가에 대해 묻는 것이다. 토론의 과정을 통해 각자 조직에 맞는 정의의 기초를 형성할 수 있을 것이다.

직원경험 설계의 접근방식

직원경험 분야를 탐색하고 이해하는 데 도움이 되는 모델과 프레임워크는 다양하다. 규범적인(prescriptive) 방식은 직원경험을 개선하기 위해 어떤 영역에 집중하는지 구체적으로 접근한다. 예시로, 직원경험 분야의 전문가인 벤 휘터(Ben Whitter, 2019)는 직원경험의 핵심 구성 요소를 설명하는 Holistic Employee eXperience(HEX, 전체적인 직원경험) 모델을 개발했다. 이 모델은 직원경험의 전반적인 질에 영향을 미치는 6가지 요소로 구성되어 있으며 인간, 리더십, 구조, 기술, 직장과 커뮤니티가 포함된다. 이 요소들은 조직의 목적, 미션과 가치를 포함하는 '진실'이라고 불리는 개념을 둘러싸고 있다.

직원경험을 위한 더 다양한 프레임워크를 제공하는 방식들도 있다. 예를 들어, 제이콥 모건은 《직원경험》에서 '직원경험 방정식'을 소개했다. 조직문화에 기술을 더하고 물리적 공간을 더하면 좋은 직원경험이 도출된다는 것이다. 링크드인(Linkedin, 2020) Talent Solutions(인재 솔루션)에서는 직원경험을 위한 프레임워크로 4P(사람, 장소, 제품 그리고 프로세스)를 제시했다. 머서(Mercer, 2019)는 직원들이 갈망하는 수준의 직원경험, 즉 풍요, 공감, 효율, 포용적인 것에 집중했다.

직원경험을 설계할 때 일관적인 관점을 택하는 것은 옳지 않다. 매력적인 직원경험을 설계하기 위해 디자인 싱킹을 활용하는 것과 반대되는 행동이다. 각자 조직에 어떤 모델이 효과가 있을지 가정하는 것도 불가능하지만, 이는 '공감 원칙'에 위배되기도 한다. 우리의 목적은 당신과 조직에 효과적인 다양한 프

그림 1.1 3가지 직원경험 렌즈

레임워크, 접근방식, 모델 및 툴을 공유하는 것이다. 지나치게 관행적으로 따라야 할 규칙을 담은 리스트를 제공하는 것이 아닌, 다양한 모델과 방식을 소개하면서 여러분의 조직과 직원에 적합한 직원경험을 쉽게 설계하는 데 목적이 있다.

직원경험 설계를 위한 출발점은 바로 의도이다. 즉 직원과 직원의 업무, 조직, 문화, 목적, 가치에 맞는 경험을 의도적으로 디자인하는 것이다. 3가지 직원경험 렌즈 모델(그림 1.1)은 이 점을 잘 보여준다. 매력적인 직원경험은 개인, 업무 그리고 조직을 위해 설계되어야 한다. 기존 HR 관행들이 단순히 직원경험으로 재포장되는 대부분의 경우는 조직의 니즈만을 반영한 케이스다. 우리의 직원경험 디자인은 개인의 니즈까지 항상 이해하고 고려해야 한다.

직원경험을 개발하고 개선하는 작업은 매우 어려운 일이다. 경험의 수준이 각기 다르고, 본질적으로 다양하며, 예상치 못한

1장. 직원경험 설계의 소개: 정의와 접근 방법

경우도 있기 때문이다. 따라서 매력적인 직원경험 설계는 HR 부서가 단독으로 할 수 있는 것보다 더 많은 것을 필요로 하며, 이를 수행하기 위해 많은 팀이 연관된다. 때문에 각자의 구체적인 역할을 이해하고, 이것이 직원경험 영역에 어떻게 연결되는지 이해하려는 것은 다소 혼란스러울 수 있다. 디자인을 통한 직원경험 워크숍을 진행하면 다양한 배경을 가진 실무자가 모여 자신이 담당하는 부분을 이해하려고 노력한다. 예를 들어, 여러분이 인사 실무자로서 성과 관리와 같은 특정 프로세스의 직원경험을 재설계하는 업무를 담당할 수도 있다. 혹은 인사 임원진으로서 직원 가치 제안을 살피고 이를 직원경험의 청사진으로 활용하는 방법을 고민할 수 있다.

내부 커뮤니케이션 책임자로서 직원경험이 어떻게 조직의 가치를 지원할 것인지 고민하기도 하며, 육성 개발 전문가로서 직원경험에 큰 차이를 가져오는 것은 리더라는 사실을 인식하고 리더를 대상으로 한 육성 프로그램을 개발할 수도 있다. 또 직원 몰입 전문가로서 어떤 경험이 올바른 일에 집중하게 하여 몰입도에 가장 큰 영향을 주는지 살펴볼 수도 있다. 이 책에서 언급하는 원칙과 프레임워크는 모든 경험의 수준, 직원경험의 모든 요소에 적용된다. 직원경험에 대한 전반적인 이해를 돕기 위해 개발된 모델은 [그림 1.2]에서 소개한다.

이 모델은 실무자가 다양한 종류의 직원경험을 이해하고 어떤 부분을 개선할 수 있는지 이해를 돕기 위해 만들었다. 모델의 왼쪽 끝에는 의도적으로 설계된 경험이 위치한다. 이것이 바로 직원경험 설계의 핵심이며, 우리가 대부분 직원경험을 얘기

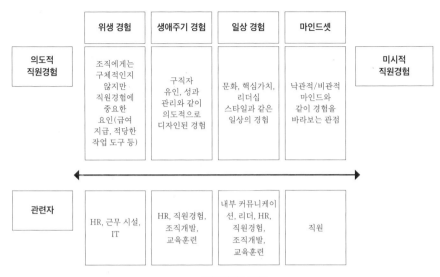

그림 1.2 직원경험 조망도

할 때 떠올리는 부분이다. 직원에게 제때 급여를 지급하고 업무 수행을 위해 필요한 적절한 툴을 제공하는지와 같은 위생 경험이 여기에 포함된다. 위생 경험은 조직에 따라 다를 수도 있고, 동일할 수도 있다. 또한 일반적으로 이런 유형의 경험은 조직 내 특정 팀에서 관리한다.

다음으로 인재 유인, 성과 관리, 퇴직 등 의도적으로 설계된 경험을 일컫는 생애주기 경험을 들어볼 수 있다. 이때 경험은 조직 특유의 모습을 지니며 조직문화, 가치와 연계되어 있다. 생애주기 경험은 특정 경험에 따라 조직 내 다양한 팀에서 설계하고 관리한다.

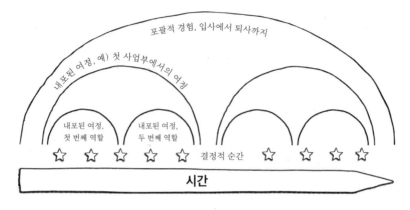

그림 1.3 경험의 레벨

　그다음으로는 일상에서 겪는 직원경험이 있다. 동료가 이메일에 회신하는 방식, 매일 아침 안내원으로부터 받는 인사말, 업무 수행에 필요한 정보를 찾을 수 있는 것과 같은 일상 경험은 그 이상의 의미를 갖는다. 이처럼 작은 경험이 모여 전반적인 직원경험을 형성하며, 일상 경험의 설계와 구현을 책임지고 담당하는 특정 팀이나 조직문화, 브랜드, 가치에 생명을 불어넣는 경험을 디자인하는 실무자가 있다. 하지만 일상에서 겪는 직원경험에 대한 책임 중 일부는 직원 스스로에게 있기도 하다.

　끝으로, 마인드셋을 들 수 있다. 우리는 종종 우리가 세상을 바라보는 태도의 영향력을 간과한다. 우리는 원하는 방식으로 조직을 경험할 수 있으며, 이는 전반적인 경험에 엄청난 영향을 준다. 예를 들어, 낙관론자가 겪는 부정적 경험의 영향력은 비관론자와 다를 수 있다. 이에 관해서는 3장에서 다루겠지만, 직원경험의 영역에서 이를 간과하고 있다는 점을 인지해야 한다.

'포괄적 경험'과 '내포된 여정'을 이해하는 것도 도움이 된다. 우리의 경험 레벨 모델(그림 1.3)은 이를 설명하는 데 도움을 준다. 포괄적 경험은 직원이 입사 전부터 퇴직 후까지 조직과 겪는 전반적인 일련의 포괄적인 경험을 의미한다. 실무자로서 이러한 포괄적 경험에 집중할 수도 있다. 포괄적 경험 개념 안에는 우리가 내포된 여정이라고 부르는 개념이 존재하는데, 이는 대학원 계획이나 첫 직장 부서에서의 여정과 같이 몇 달 혹은 몇 년 동안 겪었던 경험을 포함한다. 더 나아가, 자신이 담당한 첫 업무와 같이 더 짧은 내포된 여정도 있다. 그리고 첫 승진, 출산 혹은 육아 휴직과 같이 직원에게 의미 있는 순간의 경험이 존재한다. 이 모델의 목적은 실무자로 하여금 직원경험의 종류와 수준이 다양함을 인식하고, 경험들이 서로에게 미치는 영향을 고려할 수 있게 한다.

일을 포함해 세상을 경험하는 방식은 매우 개인적이다. 직원경험 설계의 기본 원칙 중 하나가 공감인 이유가 바로 여기 있다. 의도된 직원경험을 발견하고, 정의하고, 전달하기 위해서는 어떤 모델이나 프레임워크를 선택하든지 간에 늘 공감해야 한다. 이것이 바로 우리가 3가지 직원경험 디자인 모델에서 직원을 직원경험의 가장 중심에 배치한 이유다.

반드시 직원의 눈을 통해 경험을 관찰해야 한다. 때문에 직원경험을 단순하게 숫자로 계산하는 모델이나 프레임워크에 주의해야 한다. 훌륭한 직원경험의 구성 요소에 대해 이미 가정을 하고 접근하는 권위적인 방식이기 때문이다. 예를 들어, 많은 직원경험 모델이 훌륭한 경험의 핵심 요소로 기술을 포함한다. 특정 사람에게는 기술이 포함될 수 있지만, 파운드리에서 금속 제품을 다루는 직원처럼 기술에 아직 익숙하지 않는 사람도 많다. 그들의 경험과 개선 방법을 파악하기 위해 함께 작업했지만 기술 요소는 포함되지 않았다.

또 다른 예시는 COVID-19 경험을 통해 얻게 된 것으로, 세계 각지에서 진행된 록다운 상황에서 수백만 명의 직원이 재택근무를 시작했다. 물리적인 사무실 공간은 갑작스럽게 중요하지 않게 되었다. 이것이 직원경험 설계에 긍정 심리학과 디자인 싱킹을 활용하는 것을 추천하는 이유이다. 이 접근방식은 '우리는 직원에게 가장 좋은 것이 무엇인지 알고 있다'라는 사고의 함정에 빠지거나 조직 상황에 맞지 않는 직원경험 모델을 단순히 따라 하는 것을 막아준다. 또한 직원경험 디자인은 직원과 조직에 가장 큰 변화를 가져올 경험의 일부를 설계할 수 있도록 한다. 따라야 할 점이 규정되어 나열된 리스트를 지양하면서 직원경험을 설계하고 도입하기 위해 필요한 모든 것을 제공한다.

긍정 심리학은 직원에 대한 진정한 이해와 공감을 가능하게 한다. 긍정 심리학은 삶을 가장 가치 있게 만드는 것에 대한 연구이다. 약점뿐 아니라 강점을 이해하고, 인생에서 가장 중요한 것을 배우고 구축하며, 최악의 것을 고치려는 실천적인 접근방식이다. 이 책에서 계속 활용하도록 강조하는 툴은 강점 기반으로 하되, 해결책 중심의 접근방식으로 올바른 일에 시간과 에너지를 투자하겠다는 의미를 가진다. 또한 긍정 심리학은 감정, 태도, 신념, 규범 등을 포함하는 경험의 본질을 이해하는 데 도움이 된다. 또한 디자인 싱킹은 이 토대에 추가되어 직원에게 정말 중요한 것이 무엇이고, 이에 필요한 디자인 솔루션이 무엇인지 이해할 수 있게 한다. 디자인 싱킹 분야의 툴을 활용하면 해결하려는 문제를 정의하거나 직원경험 개선 기회를 찾아주어 단순히 해결책에만 몰두하는 함정을 피하는 데 도움이 된다.

일상에서의 직원경험

이해를 돕기 위해 실제 사례를 살펴보자. 서베이 결과에 따르면, 직원들은 자신이 잘한 일에 대해 인정받지 못한다고 느낀다. 이러한 결과를 분석하게 된 팀은 직원의 노고를 인정하는 자리를 갖기 위해 몇 달 동안 애플리케이션을 개발하고 매월 우수 직원을 뽑고, 내부적인 커뮤니케이션을 진행하는 등 큰 행사를 치렀고 엄청난 시간과 노력, 비용을 투자했다. 그러나 1년 후에도 결과는 개선되지 않았고 여전히 직원들은 자신이 잘한 일에 대해 인정받지 못한다고 느꼈다.

이유가 무엇일까? 이 업무를 수행한 팀은 문제에 대해 이미 가정을 한 상태로 접근했기 때문이다. 이 책에서 소개하는 툴은 문제를 검증하거나 개선점을 찾은 다음 성공적인 결과를 도출하기 위해 필요한 아이디어와 프로토타입을 구상하는 데 도움을 줄 것이다.

직원경험 디자인 싱킹 방식으로 이 시나리오에 접근해보자. 우선, 해결하려는 문제에 대해 어떤 가정도 있어서는 안 되며 잠재적인 기회에 대해 열린 사고와 호기심을 가져야 한다. 강점 기반의 방식을 활용하여 직원의 관점에서 상황을 이해하는 데 시간을 투자한다. 잘한 일을 인정받는 것이 그들에게 어떤 모습인지, 어떤 의미가 있는지 물어본다. 이때 공감을 활용하면 문제와 기회가 무엇인지에 대해 이해할 수 있다. 디자인 싱킹 방식을 통해 앞서 언급한 실제 사례에서 직원이 필요로 하는 것은 조직 차원의 인정이 아니라 감사라는 점을 밝혀냈다. 이벤트에서 트로피를 수상하는 것이 아니라 동료와 리더의 피드백 문화를 개발하는 것이 핵심이었다.

앞에서 언급했듯이, 미시 경험(micro-experiences)으로 불리는 일상에서의 직원경험은 조직 내 전반적인 경험 형성에 가장 큰 차이를 만든다. 이처럼 일상 경험은 매우 중요한 요인이지만, 일상 경험을 이해하고 이에 긍정적으로 영향을 주는 업무를 수행하는 것이 다소 어렵게 느껴질 수 있다. 직원경험 디자인을 위한 여정의 좋은 시작점은 직원이 느끼기에 좋은 것을 물어보는 강점 기반 대화로 출발하는 것이다. 다음과 같은 질문을 전략적으로 활용할 수 있다.

직장 내 최고의 경험에 대해 공유하라.
혹은 다음과 같이 특정 분야에 대한 내용도 괜찮다.
직장에서 인정받았다고 느꼈던 때와 당시 기분이 어땠는지 말해보라.

우리는 수년에 걸쳐 수백 건이 넘는 직원들의 이야기를 들었고, 이를 통해 도출된 인사이트는 직원경험을 개발하고 개선하는 데 매우 중요한 역할을 했다. 이 질문을 통해 중요한 의미를 갖는 일상 속 직원경험을 빠르고 쉽게 발견할 수 있었다. 최고의 경험을 얘기하는 대화로 직원경험의 여정을 시작하면 직원경험 디자인을 위한 올바른 길로 향할 수 있다.

- 실패한 것보다 잘하는 것에 집중하여 인사이트를 도출하는 강점 기반 방식이다.
- 대화를 통해 일상 속 중요한 직원경험을 빠르게 알 수 있다.
- 대화를 통해 직원경험의 최종 사용자인 직원을 프로세스의 중심에 두고 공감할 수 있다.
- 여기서 발견한 통찰은 직원경험의 개별적인 본질을 밝혀 일률적인 방식을 지양하게 하고, 당신이 실제로 해결해야 할 문제를 해결하고 있는지 확인할 수 있도록 만든다.

최고의 경험

다음 활동을 통해 직원에게 최고의 경험이 의미하는 바를 파악할 수 있다. 직원경험 설계 여정을 시작하는 빠르고 간단한 방법이기도 하며, 모든 유형의 직원경험에 적용이 가능하다. 전체적인 수준에서 훌륭한 경험을 구성하는 요소도 파악할 수 있다. 또한 온보딩 여정과 같은 특정 경험을 탐구하여 좋은 경험이 무엇인지 이해하는 도구로도 효과적일 수 있다. 이를 통해 얻은 인사이트를 디자인 싱킹 프로세스에 다양한 방식으로 활용할 수 있다.

- 개선하려는 특정 분야의 직원경험에 대해서

- 일상에서의 직원경험을 찾아내고,
- 문제를 정의하고,
- 가정을 피하고, 곧장 해결책을 도출하는 것을 지양하며,
- 전략적 수준에서 훌륭한 직원경험이 가지는 의미를 이해한다.

이 활동은 15년 이상 직원에 대한 깊은 이해로부터 시작되는 경험을 디자인하는 방식에서 활용된 것이다. 엠마(Emma)의 이전 저서인 《Employee Engagement(직원 몰입)》(Bridger, 2018)에서도 이 활동이 소개되었다. 경험 디자인을 위한 첫걸음으로, 직원에게 좋은 것이 무엇인지 이해하고 그 의미에 대해 섣불리 가정하지 않는 것을 추천하기 때문이다.

팀원이나 같이 일하는 그룹에게 진심으로 업무에 몰입했던 경험, 즐겼던 경험과 같이 직장 생활 중 최고의 경험에 대해 생각해달라고 요청해라. 두 명이 짝을 짓고 10분 동안(각 5분) 다음 질문을 활용하여 서로 인터뷰하도록 요청해라.

- 직장 생활에서 가장 가치 있고 몰입했던 경험에 대해 이야기하라(출근하는 것을 정말로 즐겼던 때).
- 이것을 가능하게 한 조건은 무엇이었는가?
- 이 경험은 어떤 느낌을 주었는가?

무엇이 이를 가능하게 했는지, 어떻게 느꼈는지, 핵심 주제가 무엇인지 등 파트너의 스토리를 개략적으로 이해하고 핵심

주제를 파악하도록 요청한다.

　다음으로, 전체 그룹에게 자신의 파트너 이야기를 피드백한다. 플립 차트에 핵심 주제 정리하고, 결과물로 피드백 내용을 키워드로 정리하도록 한다. 여기에는 일반적으로 훌륭한 직원 경험과 관련된 내재적 동기 요인이 포함될 것이다.

- 가치 있다는 느낌을 받고,
- 자랑스러우며,
- 자신감이 생기고,
- 자율성을 가지고,
- 무언가를 개발하고 더 잘하며,
- 신뢰를 얻고,
- 최고의 사람과 함께하며,
- 즐거움을 느끼고,
- 영감을 주는 상사와 일하며,
- 도전적인 업무를 수행하며,
- 성과를 내며 성공하고,
- 성취하는 것

　자신의 이야기를 함으로써 직원들은 긍정 경험이 어떤 느낌인지 기억하고 직장의 정서적 측면과 다시 연결될 수 있다. 이 활동은 자신의 경험을 공유하면서 긍정적인 감정 상태를 갖도록 하는 아주 좋은 연습이다.

토론 및 설명

각자의 이야기를 공유할 때 메모한 단어를 살펴보라.

- 기록한 단어에 대한 그룹의 견해는 어떠한가?
- 기록한 단어를 사용하여, 조직 내 긍정적이고 매력적인 경험이 어떤 의미인지에 대한 정의 혹은 설명을 그룹에 요청하라.

앞에서 언급했듯이, 이 활동은 당신이 재설계하려는 특정 경험에도 적용할 수 있다. 예를 들어,

- 휴직 후 복직 시
- 입사 시
- 성과 관리 면담 시
- 경력 개발 시

멋진 직장 복귀나 훌륭한 입사 경험에 대한 이야기를 요청하고, 이러한 특정 시나리오에 맞게 이 질문을 활용할 수 있다. 여기서 기본 전제는 현재 집중하고 있는 경험의 종류와 상관없이 직원에게 긍정 경험이 무엇인지 이해하는 데 도움이 되는 인사이트를 얻는 것이다.

직원경험 분야에서 선두를 달리는 조직을 생각하면 우리는 실리콘밸리의 슈퍼스타들, 테크 회사, 디지털에 익숙한 신입처

직원경험 설계

럼 종종 뻔한 대상을 떠올린다. 따라서 직원경험은 특정 조직에서만 할 수 있는 어려운 일이라고 생각할 수 있다. 덜 뻔하지만 직원경험을 선도하는 조직을 소개하려 한 이유도 이 때문이다. 다음 장에서는 우리가 공유할 개념과 아이디어를 실현하는 데 도움이 될 만한 직원경험 디자인을 선도하고 있는 조직 사례를 공유할 것이다.

직원경험 디자인: 아스터(Aster) 사례

아스터는 영국의 가장 크고 혁신적인 주택협회 중 하나이다. 이 조직의 비전은 모든 사람이 자신의 집을 갖는 것이다. 대담한 비전이자, 모든 이해관계자가 열광하는 비전이다. 이들의 목적은 주택 위기 시대에 안정적인 임대 서비스와 다양한 주택 옵션을 제공해 사람들의 삶을 개선하는 것이다. 이들은 자신들의 강점이 직원과 윤리적 접근방식이라는 점을 인식하고 있으며, 이는 직원경험에서 핵심 영역이다.

아스터는 2017년에 변혁적인 비즈니스 아젠다를 추진하기 위해 HR의 접근방식을 바꾸기로 결정을 내렸다. 직원, 커뮤니케이션, IT팀을 하나의 부서 아래 배치하기로 결정한 것이다. 각자의 이익만 추구하는 프로세스 중심 방식에서 벗어나 사람을 우선시하는 문화를 개발하고 구축하기 위함이었다. HR팀은 해산되었고, 대신 직원경험팀이 합류하는 새로운 업무 흐름이 형성되었다.

아스터가 팀을 신설하기 위해 택한 방식은 직원경험 디자인의 좋은 예시이다. 팀의 주요 목적은 아스터를 더 좋은 일터로 만들어 직원이 어디에서든 최선을 다할 수 있는 환경을 만드는 것이었다. 초기에는 직원 여정을 만들어, 직원에게 가장 중요한 순간과 조직의 전략을 잘 전달할 수 있는 접점을 평가하여 우선순위를 정하는 것으로 시작했다. 첫 대상은 무역 팀이었다. 그들이 아스터에서 겪은 경험은 원격 근무의 기회가 많지 않던 사람들의 경험과는 완전히 달랐기 때문이다. 직원의 의견은 직원경험팀에게뿐만 아니라 주요한 비즈니스 의사결정에 영향을 미치는 핵심 요소이기에 이들은 시작과 동시에 디자인에 도움이 되는 피드백과 증거를 수집했다. 사소한 것부터 중요한 내용까지, 다양한 대화를 하며 직원들이 자신의 의견을 말할 수 있도록 했다. 아스터의 직원경험 책임자인 사샤 해리스(Sacha Harris)는 이들의 방식이 계속 발전하고 있다고 이야기한다.

"직원이 존중받고 동기부여를 받아, 고객에게 탁월한 서비스를 제공하려는 의욕을 가지도록 하는 경험을 만드는 것이 목표다. 이를 위해 우리는 새로운 접근방식을 시도하고 배우며 진행한다. 우리는 직원경험 강화를 위해 신규 입사자 온보딩 관리, 최고의 전략 구축, 조직 내 직원 의견 영향력 강화 등에 힘써왔다. 무역 팀과 협력하여 이들이 중요시하는 것과 직원들이 자신의 동료 및 조직의 전략과 연결될 수 있는 기회를 창출했다. 직원에게 중요한 순간이지만 우리 팀에서 직접 영향을 미칠 수 있는 범위가 아닌 순간을 발견할 때가 흥미로웠다. 예를 들어, 우리는 직원경험에 리더의 역할이 중요하다는 점을 인식하고, 직원경험을 개선하기 위한 리더의 역할에 대해 조직개발팀과 협력했다. 직원경험을 중심으로 리더십 개발 프로그램을 구축하고 있다."

아스터는 가능한 한 매력적이고 개인화된 경험을 만들기 위해 노력했다. 직원들이 원하는 것은 개인의 특성과 각자 처한 상황에 따라 다르다는 점을 알고 있었기에 전체의 관점에서 이해하고 단순한 이니셔티브의 반복으로 인식하지 않도록 노력했다. 그리고 이때 핵심은 의사소통이라는 것을 깨달았다.

사샤는 본인의 팀이 지난 몇 년 동안 직원경험을 개선하기 위해 시도하고 학습한 내용을 솔직하게 공유하려 했다. 그녀는 직원경험이 성공과 실패를 통해 빠르게 배우는 하나의 여정이라고 생각한다.

그녀와 팀원은 직원경험을 개선하기 위해 호기심과 공감의 자세를 가지며, 또한 끊임없는 도전과 지속적인 개선에 익숙해지려 했다. 직원경험이 아스터의 비전을 지원하고, 포스트 코로나 시대에 직원의 요구사항과 기대가 변화하면서 발전하기 때문에 중요하다는 점을 명확하게 이해한다. 또한 사샤는 ROI를 증명하는 것이 간단한 일이 아님을 알고, 팀에서 이를 달성하기 위해 문화 펄스 서베이를 통해 직원경험을 측정하고 있다. 데이터를 통해 경험을 더 잘 형성하고 예측 분석을 시도하길 바란다. 또한, 아스터의 직원경험 접근방식은 우리가 앞서 직원경험 디자인 프레임워크의 일부로 주장한 긍정 심리학의 원칙을 잘 반영하고 있다. 그녀는 개선이 필요한 것에 집중하는 결함 기반의 접근방식이 아닌, 잘하는 것에 집중하는 강점 기반 방식으로의 전환이 자신들이 직원경험을 접근하는 데 있어 가장 큰 차이라고 주장한다.

아스터 사례는 비즈니스에 변화를 주기 위해 직원경험 디자인 접근방식을 사용하는 조직의 좋은 예시이다. 아스터의 직원경험은 직원이 몰입하고, 존중받고, 동기부여 받는 긍정 경험을 형성함으로써 조직의 비즈니스 혁신에 기여하고 있다. 직원경험 디자인의 아주 훌륭한 사례이다.

우리는 이 장에서 직원경험을 설계하는 방식의 개념에 대해 소개했으며 다음 장에서도 이 논의를 확장해 나갈 것이다. 긍정 심리학과 디자인 싱킹을 결합하여 간단하고 실용적인 방식으로 직원경험을 개발하고 개선할 수 있다.

핵심 요약

- 직원경험은 HR이 단독으로 할 수 있는 것보다 훨씬 더 많은 것을 필요로 한다.
- 직원경험은 몰입과 같은 개념이 아니다. 훌륭한 직원경험은 몰입을 촉진하며, 몰입의 핵심은 훌륭한 직원경험이다.
- 직원경험은 직원/사람 중심의 개념이다. 여러분의 직원에 대

해 알아야만 한다.

- 직원경험은 주관적이다. 개인의 감정, 태도, 신념, 인식 및 행동을 포함한다.
- 직원경험에 대한 하나의 정의나 획일적인 접근방식은 없다.
- 이 장에 소개된 '최고의 경험' 활동을 활용하여 직원경험 설계의 여정을 시작하라.

2장.
직원경험 사례 만들기

이번 장에서는 다음 내용을 다루고자 한다.

- 직원경험을 위한 비즈니스 케이스 구축
- 매력적인 직원경험이 불러오는 긍정적인 효과에 대한 뒷받침
- 직원경험이 비즈니스에 도움이 된다는 걸 이해관계자에게 납득시키는 방법
- 직원경험에서 초점을 맞춰야 할 것
- 직원경험을 통해 달성하고 싶은 목표를 명확히 하는 방법

직원경험을 위한 비즈니스 사례 만들기: 증거

사람들이 직장에서 경험하는 문제들이 중요하다는 게 입증되는 사례가 점차 늘고 있다. 직원경험 분야에서 일하는 사람에게는 이것이 당연한 것처럼 보이지만, 실상 이해관계자에게 이를 설득해야 하는 상황을 자주 접하게 된다. 직원들이 직장에

서 경험하는 모든 것이 궁극적으로 조직의 성과에 영향을 미친다는 것이 자명하지만, 이 가정에 이의를 제기하는 사람들도 많다는 뜻이다. 직원경험은 일반적으로 리더와 이해관계자의 지지를 얻는 것에서 출발하기 때문에, 이들을 설득할 만한 최신의 연구와 도구 등을 소개하고자 한다.

시어스(Sears)의 '임직원-고객-이익 사슬' 연구는 직원의 태도와 조직 성과를 연결하는 최초의 경험적 연구 중 하나이다. 1998년 하버드 비즈니스 리뷰(Harvard Business Review, Rucci et al, 1998)에 발표된 이 연구에서는 임직원의 태도, 고객의 행동, 그리고 후행적인 수익 간 사이에 긍정적인 상관관계가 있음을 발견했다.

시어스는 임직원을 위한 매력적인 작업 공간과 고객을 위한 쇼핑 공간을 만들었고, 그 결과 시어스 자체를 매력적인 투자처로 만들었다. 또 이들은 70개 항목에 대한 설문조사를 통해 직원의 경험과 몰입도를 파악했는데, 특히 업무와 회사에 대한 태도를 측정하는 10개 항목이 가장 차별화된 지표로 나타났다. 이 연구가 직원경험에 대해 직접적으로 묻지는 않았지만 임직원의 긍정적인 경험이 긍정적인 태도를 촉진한다는 결론을 내렸다고 보아도 큰 무리가 없다. 즉 회사 안에서의 경험이 좋지 않다면, 임직원이 하는 일이나 일하는 회사에 대해 긍정적인 태도를 가지는 것이 어렵다는 것을 쉽게 유추할 수 있다.

2017년 MIT에서는 281명의 고위 경영진을 대상으로 비즈니스 가치 구축에 있어 직원경험의 역할을 탐구하는 글로벌 설문조사를 실시했다(Dery and Sebastian, 2017). 이 연구에서는 직원경험을 '직원들의 가치 창출 능력에 영향을 미치는 업무의 복잡성과 행동 규범'으로 정의했다. 그리고 '업무의 복잡성'과 '행동 규범', 이 두 가지 요소에 초점을 맞춘 기업들이 경쟁사들보다 더 나은 성과를 거뒀다는 것을 발견했다. MIT 정의를 사용하여 직원경험 상위 25퍼센트에 위치한 기업은 직원경험의 하위 25퍼센트에 위치한 기업과 비교했을 때 혁신성이 2배, 고객 만족도가 2배, 수익성이 25퍼센트 높은 것으로 나타났다.

제이콥 모건(2017)의 연구는 우수한 직원경험이 비즈니스 성과에 미치는 영향을 입증하는 추가적인 근거로 가치가 있다. 이 연구에서는 직원경험에 가장 많은 투자를 한 기업들이 다음과 같은 결과를 만들어낸 것을 알아냈다.

- 글래스도어(Glassdoor)의 가장 일하기 좋은 회사에 11.5배 더 많이 포함되었다.
- 링크드인(LinkedIn) 북미 채용시장에서 4.4배 이상 수요가 많은 회사 리스트에 올랐다.
- 패스트컴퍼니(Fast Company)의 가장 혁신적인 기업에 28배 이상 많이 선정되었다.
- 포브스(Forbes)가 선정한 세계에서 가장 혁신적인 기업 목록에 2.1배 더 많이 올랐다.
- 미국 고객 만족도 지수(American Customer Satisfaction Index)에 2배 이상의 수치를 자주 기록했다.

그리고 가장 매력적인 결과는 뛰어난 직원경험을 제공하는 모건 클래스(Morgan classes)에 속하는 회사가 평균 4배가 넘는 수익과 평균 2배가 넘는 매출을 올린다는 것이다.

윌리스 타워스 왓슨(Willis Towers Watson, 2020)은 매년 500개 기업, 거의 1,000만 명의 직원을 대상으로 설문조사를 실시해 왔다. 이들의 조사에 따르면 보다 효과적인 직원경험을 보유한 기업은 매출성장률, 수익성, 주주 수익률 등에서 경쟁사를 능가하는 것으로 나타났다. 또한 IBM(2017)에서도 직원경험이 긍정적일 때 임직원들이 자발적인 노력을 기울일 확률이 거의 2배 더 높다고 밝혔다. IBM은 자체적으로 직원경험 지수를 만들어, 양호한 수준의 직원경험 지수가 임직원의 퇴직률을 줄이는 효과를 나타냄을 증명했다. 실제로 긍정적인 경험을 가진 직원은 조직을 떠날 의사가 있다고 말할 확률이 52퍼센트 낮았다.

2019년 가트너(Gartner)의 조사에서도 이와 유사한 사례가 발견되었다. 이 연구에서는 자신의 경험에 만족하는 임직원이 회사와 계속 함께하고 싶다고 말할 확률이 60퍼센트, 자발적인 노력을 기울일 가능성이 52퍼센트, 높은 성과를 낼 가능성이 69퍼센트 더 높다는 것을 발견했다. 또, 직원경험이 높다고 생각하는 임직원은 조직의 고객 만족 목표를 달성할 가능성이 48퍼센트, 조직의 혁신 목표를 달성할 가능성이 89퍼센트, 조직 평판 목표를 달성할 가능성이 56퍼센트나 더 높았다.

앞서 1장에서는 직원경험과 임직원과의 관계에 대해 설명했다. 훌륭한 경험을 통한 직원 몰입 사례 또한 많다. 직원 몰입 상위 25퍼센트 기업은 하위 25퍼센트 기업보다 연간 2배의 순익을 얻는다. 또한 하위 25퍼센트 기업은 고객 만족도가 12퍼센트, 직원 이직률이 40퍼센트, 효율성이 35퍼센트, 사고가 62퍼센트 더 적다(Engage for Success 웹사이트).

직원 몰입이 비즈니스 성과에 긍정적인 영향을 미친다는 것에 의심의 여지는 없지만, 지난 몇 년 동안 직원 몰입에 대한 비판의 목소리 또한 높아지고 있다. 대부분 기업이 직원 몰입을 개선하는 데 실패하기 때문이다. 그동안 다양한 조사나 백서를 통해 직원 몰입 점수가 공개되어 왔지만, 여전히 전 세계적인 조직 몰입도는 상당히 저조하다. 그러나 직원 몰입 그 자체의 문제라기보다는 직원 몰입을 어떻게 전개해야 할지에 대한 이해가 부족한 것이 문제이다. 오랜 기간 동안 기업은 직원 몰입에 대한 설문조사를 실시하고, 단기적인 계획으로 특정 문제에 대한 개선을 모색해왔다. 이제 이러한 접근과는 반대로 직원 몰입에 대해 변혁적인 접근방식을 취하려는 기업들이 생겨나고 있다. 이들은 훌륭한 경험을 촉진하는 문화와 일터를 구축할 필요가 있다는 것을 이해하고 있다. 직장에서의 긍정적인 경험에서 조직 몰입이 생겨난다는 것을 이해한 기업들은 이제 그 결실을 맺고 있다.

지금까지 거시적인 관점에서 직원경험이 비즈니스에 효과적이라는 근거를 들었다면, 이제는 온보딩, 내부 커뮤니케이션, 성과 관리 등 보다 구체적인 측면에서 직원경험의 효과성을 다루어 보고자 한다. 링크드인의 'Global Talent Trends 2020(글로벌 인재 트렌드 2020)' 보고서에서 특정 직원경험 요소의 영향을 입증하는 몇 가지 연구를 제시했다. 이들은 1,000개 이상의 기업을 대상으로 교육과 일하는 방식의 유연성 등 주요 직원경험 요소를 조사한 후 직원 행동 데이터와 상호 비교했다. 그 결과, 직원 교육에서 높은 점수를 받은 기업은 직원들의 이직률이 53퍼센트 더 낮았고, 목적이 있는 미션을 가진 기업은 직원들의 이직률이 49퍼센트 더 낮은 것으로 나타났다. 해당 연구에 따르면 유연한 업무 환경을 가진 기업은 137퍼센트나 직원이 증가하였다. 그러나 같은 조사에서는 52퍼센트의 임직원만이 자신의 회사가 긍정적인 직원경험을 제공한다고 답해, 거의 절반이 직장에서 긍정적인 경험을 즐기지 못하고 있는 것을 확인할 수 있다. 결국 이러한 근거들이 직원경험을 통해 얻게 될 이점에 기업이 주력할 필요가 있는 이유이다.

당신의 비즈니스 사례 만들기: 이유 찾기

직원경험을 도입함으로써 얻는 이득은 직원경험에 다소 회의적인 이해관계자를 설득하는 데 도움이 된다. 단, 조직은 각자 고유한 특성이 있기 때문에 먼저 그 범위를 명확히 하는 것이 사례를 구축하기 위한 좋은 시작점일 수 있다. 향후 만들어지게 될 비즈니스 사례는 비즈니스의 맥락과 특정한 요구(문제 해결 또는 기회)에 따라 크게 달라진다. 이때 이 책에서 제시하는 직원경험 설계 접근방식을 사용하면, 어떤 부분에 집중해야 할지 범위를 정하는 데 도움이 된다.

처음부터 해결하려는 문제, 혹은 직원경험의 기회 요인에 대해 명확하게 이해하면 비즈니스 사례를 작성한 후 효과를 입증할 수 있다. 이번 장에서는 기업이 직원경험에 투자하고 있는 다양한 이유에 대해 설명하고 조직의 '직원경험 도입의 이유 찾기'에 대한 실마리를 소개하고자 한다.

기업들은 왜 직원경험에 투자하려고 할까? 2018년 케네디 피치(Kennedy Fitch)는 직원경험의 비즈니스 사례를 보다 잘 이해하기 위해 250개 이상의 기업을 대상으로 이른바 'EX Pioneers(직원경험 개척자)'를 조사하였다. 그 결과 직원경험을 구축해야 하는 가장 중요한 이유는 다음과 같이 나타났다.

1. 비즈니스의 성장
2. 직원 몰입
3. 경쟁 우위 확보
4. 생산성
5. 수익성
6. 성공적인 비즈니스 전환(피보팅)
7. 고객 중심의 HR 구축

그다음 설문조사를 반복하여 직원경험의 비즈니스 사례를 뒷받침하는 유사한 이유를 발견했다.

8. 직원 몰입과 유지
9. 비즈니스 성장 및 전략적 요건
10. 고객 만족도 향상

11. 직원 중심의 문화 육성

12. 경쟁우위 창출

13. 고객 중심적인 HR 구축

14. 성과 향상

이 내용은 모두 조직이 직원경험에 집중하는 데 필요한 전략 요인이며, 각각의 요인별로 직원경험에 투자해야 하는 이유를 밝힌 몇 가지 연구가 있다.

O.C 태너(O.C. Tanner)가 약 2만 명의 직원을 대상으로 한 '2020년 글로벌 컬처' 조사에서 59퍼센트의 응답자가 동일한 업무, 급여 및 혜택을 제공하는 다른 회사의 입사 제안을 수락할 것이라고 답했다. 즉 조직에 대한 충성도는 절반도 되지 않았다. 2018년 갤럽의 조사에서도 이미 비슷한 경향이 나타났으며, 63퍼센트의 직원들이 자신들이 현재 가지고 있는 것만큼 좋은 일자리를 찾을 수 있다고 믿고 있다는 것을 밝혔다. 또한 2017년 딜로이트(Deloitte, 2017)의 조사에 따르면 직원 5명 중 1명, 특히 밀레니얼 세대가 직원경험 저하로 인해 직장을 그만둔 것으로 나타났다.

COVID-19 이후의 직장에서는 직원경험과 직원 유지 간의 관계가 거의 없다고 생각할지 모르나, 실상은 그 반대이다. 노동시장이 활황일 때, 불만족한 직원들은 새로운 직장으로 이동하기 더 쉽다. 하지만 불경기일 때에는 불만족한 직원들이 여러분의 회사에 머물러 있을 가능성이 더 크다.

이러한 공개 데이터가 여러분의 조직과 정확히 들어맞지 않을 수 있지만, 광범위한 전략적 목표를 달성하기 위한 직원경험 비즈니스 사례를 만드는 데 도움이 될 수 있다. 갤럽(Gallup, 2018)의 조사에 따르면, 직원의 12퍼센트만이 조직의 온보딩이 뛰어나다는 데 '매우 그렇다'고 동의하였는데, 온보딩에 집중하고 싶은 경우 해당 조사는 유용한 데이터가 될 수 있다. 이 조사에서는 23퍼센트의 직원들이 '매우 자주' 또는 '항상' 번아웃을 느끼며, 44퍼센트가 '때때로' 번아웃을 느낀다는 것도 알 수 있다. 조직 내 높은 수준의 번아웃은 조직 효과성에 영향을 미친다. 조직 내에서 높은 수준의 번아웃은 결근과 실적 등에 영향을 미치므로 직원경험을 이용하여 번아웃을 줄이는 것도 또한 검토해야 할 분야 중 하나이다.

직원경험의 어떤 요소를 입증하려고 하든 간에 여러분의 주장을 뒷받침하기 위해 사용할 수 있는 증거는 공개된 자료에서 분명히 확인할 수 있다. 이때 중요한 것은 영향을 주고 싶은 요소가 무엇인지 명확하게 파악하여 그 이유를 찾아내고, 그 이유를 설명하는 데 도움이 될 만한 데이터를 찾는 것이다.

평판은 직원경험에 대한 투자 사례를 만드는 데도 유용하며, 비즈니스 사례에 '왜' 직원경험을 추구해야 하는지에 대한 뒷받침이 될 수 있다.

글래스도어(Glassdoor) 등의 인터넷 사이트에서는 임직원이 과거 또는 현재 등의 시점과 관계없이 조직의 경험을 공유할 수 있다. 이러한 사이트에서의 조직 평판은 미래의 임직원이 어느 일자리에 지원할 것인지, 어디에서 일하고 싶은지를 선택할 때 점점 더 많이 활용되고 있다. 실제로 2018년 노리치 비즈니스 스쿨(Norwich Business School)이 실시한 연구(Symitsi et al, 2020)에서는 글래스도어 등급과 성과 사이의 연관성을 밝혔다. 예를 들어, 현직자로부터 만족도 측면에서 높은 평가를 받고 있는 영국 기업은 낮은 평가를 받고 있는 기업에 비해 뛰어난 수익성(ROA)을 달성하고 있다. 그리고 임직원 만족도 평가와 수익성 사이의 유의한 긍정적 관계는 미국 기업의 경우와 마찬가지로 온라인 임직원 리뷰를 사용하여 영국 기업의 재무 결과를 예측할 수 있음을 나타낸다.

유니레버(Unilever)나 난도스(Nandos)와 같이 점점 더 많은 기업이 잠재적인 직원과 투자자를 위한 마케팅의 일환으로 글래스도어 등급과 프로필을 적극적으로 사용하고 있다. 어떤 경우엔 임직원에 대한 대우나 이에 대처하는 태도에 대해서도 비난을 받게 된다. 실제로 COVID-19 록다운 기간 동안 직원들이 경험한 끔찍한 사건 때문에 나쁜 뉴스로 많은 지면을 차지한 유명 브랜드가 다수 있었다. 직원들에 대한 대우가 소비자 행동에 영향을 미치는지 여부는 시간이 증명하겠지만, 기업의 평판은 직원경험의 주장을 뒷받침하는 설득력 있는 방법이 될 수 있다.

[사례 연습]

이유 찾기: 직원경험 목표를 비즈니스 전략과 목표에 맞게 조정

무엇에 관한 것인가: 본 활동은 매력적인 직원경험이 조직의 전략과 목표를 달성하는 데 어떻게 도움이 되는지 이해할 수 있도록 설계되었다. 직원경험 투자의 비즈니스 사례를 작성하는 데 도움이 될 것이다.

해야 하는 이유는 무엇인가: 직원경험의 접근방식은 조직의 목표 달성에 기여해야 한다. 이 활동을 활용하면 이러한 상황을 확실하게 파악할 수 있다.

하는 방법은 무엇인가: 활동에 대한 지침과 미션, 목표 등의 회사 정보만 있으면 된다. 활동을 직접 실행하는 경우에는 플립차트와 펜, 온라인으로 실행하는 경우에는 Miro(미로) 등의 온라인 협업 툴이 필요하다.

참여하는 사람은 누구인가: 본 활동은 경영진, 인사팀, 직원경험팀 등 직원경험의 접근방식을 설계할 책임이 있는 사람에게 도움이 된다.

배경

'3가지 직원경험 렌즈(그림 1.1 참조)' 모델은 직원경험의 조직 상황이나 필요성에 대해 설명한다. 직원경험 투자의 경우, 여기서 시작하는 것이 유용하다. 이를 통해 직원경험이 당연히 직원에게 유익하지만, 비즈니스가 추진하고 있는 전략, 목표, 우선순위, 문제, 과제 또는 기회에 기여할 수 있다는 것을 설득해야 한다. 직원경험은 조직의 전체적인 목적과 전략에 반드시 기여해야 하지만, 종종 직원경험 계획이 기업의 목표와 관련이 적은 경우가 있다.

지침

- 직원경험이 조직의 비즈니스 전략에 기여하는 것이 중요하다는 것을 설명할 수 있는 자리를 마련한다. 이 활동의 출발점은 회사가 달성하려고 하는 것이 무엇인지에 관해 모두가 확실히 인지하고 있는지 확인하는 것이다.
- 이때 기업의 전략, 미션, 비전, 목표, 전략적 우선순위 등 기업의 배경과 정보를 공유한다.
- 다음 질문에 답변할 수 있는 조직의 데이터와 인사이트에 관한 논의를 진행한다.

1. 우리 조직에서 현재 주력하고 있는 주요 주제와 이를 포괄하는 분야는 무엇인가?
   여기에는 다음과 같은 주제가 포함될 수 있다.
   - 성장
   - 혁신
   - 고객 만족도 향상
   - 평판 향상
   - 보건 및 안전에 대한 초점

- 운영 효과성

- 비용 절감

- 생산성

- 매출액

- 컴플라이언스

2. 폭넓은 주제에 대해 논의한 후 3~5개의 영역에 대해 우선순위를 매긴다.

3. 참가자들은 각 주제에 영향을 미치는 잠재적인 요소와 각각이 가져올 결과를 살피는 등 다각도로 분석한다.

4. 이때 [표 2.1]의 템플릿을 사용하면 도움이 될 수 있다. 다음 예시는 이 기능의 구조를 설명하기 위한 것이다.

회사의 우선순위 : 3~5의 주제	순위	직원들이 영향을 미칠 수 있는 방법
혁신	1	새로운 제품/ 서비스에 관한 훌륭한 아이디어를 생성
성장	3	영업 실적 상승으로 인한 매출 증대
고객경험	2	고객의 요구사항과 니즈에 대한 관심 보유
영업	4	영업 실적을 올려 매출을 증대
안전/환경	5	사고 감소

표 2.1 활동 사례

이 활동의 결과물은 비즈니스 아젠다 중 어떤 것이 가장 큰 영향을 미칠지 합의하는 것이다. 우선순위가 높은 비즈니스 영역에 가장 큰 영향을 미칠 수 있는 매력적인 직원경험이 어떻게 경쟁우위를 창출할 수 있는지에 대해 생각해보라. 또한 여러분의 관점에 따라 관련 증거를 검색하여 결론을 뒷받침할 수 있다. 그런 다음 이 우선순위를 활용하여 직원경험의 목표와 성과에 초점을 맞출 수 있다.

직원경험팀

직원경험팀을 떠올려보라. 직원경험의 역할은 증가하고 있음에도 불구하고 직원경험팀에 대한 생각은 오해를 불러일으킬 수 있다. 대부분의 측면에서 직원경험은 모든 임직원의 책임이며, 한 사람 또는 한 팀의 책임으로 귀결되지 않아야 한다. 그럼에도 불구하고, 전담 직원경험 프로페셔널(팀)을 두는 것은 일을 올바르게 진행하는 데 도움이 된다. 흥미롭게도 케네디 피치(2018)의 조사에 따르면 96퍼센트가 직원경험이 중요하다고 답했지만, 현재 직원경험의 인력과 자원은 턱없이 부족하다.

HX 리더스 네트워크(HX Leaders Network, 2020)는 직원경험 리더의 조사에서 직원경험의 성숙도(이행 정도)를 나타내는 다양한 단계를 발견하였다.

• 계획 없음: 14퍼센트
• 직원경험에 대해 조사 중: 32퍼센트

- 직원경험의 시작: 25퍼센트
- 역량 쌓기: 18퍼센트
- 새로운 일하는 방식: 6퍼센트
- 고객경험과 직원경험의 병합: 6퍼센트

2014년 에어비앤비의 마크 레비(Mark Levy)가 조직문화, 채용, 각종 이벤트, 시설, 부동산, 디자인 등의 다양한 팀을 '직원경험' 기능으로 통합한 것이 유명하다. 그는 '직원경험'이라는 용어를 만든 인물로 널리 알려져 있으며, 직원들의 시작부터 마지막 여정을 만들기 위한 방식으로 직원경험을 고안했다.

각 조직들은 다양한 방식으로 직원경험팀과 자원 구조에 관한 접근방식을 취하고 있다. 그러나 단순히 현재 팀의 이름을 바꾸는 것이 아니라는 점을 염두에 두어야 한다. 이러한 접근방식은 직원경험에 중점을 둘 수 있는 잠재적인 이점을 제공하지 못할 것이기 때문이다.

설계를 통한 직원경험 사례 만들기

앞서 직원경험이 필요한 이유를 여러 개 선보였지만, 과연 '디자인'적 요소는 어떠한가? 우리는 직원경험의 주요 요소로서 디자인 싱킹 원칙을 사용하는 것을 선호하는데, 이는 우연이 아니다. 디자인 싱킹 원리를 사용하여 이러한 행동양식에 기반한 조직문화를 만든다면 인상적인 결과를 만들어낼 수 있다는 증거가 있다.

맥킨지(McKinsey, 2018)는 여러 산업군에 걸쳐 5년간 300개

상장 기업들이 비즈니스 가치를 창출하기 위해 취하는 디자인 방식을 연구했다. 그 결과, '맥킨지 디자인 지수'에서 높은 점수를 받은 회사들이 수익 성장 및 주주 이익에 있어서도 높다는 상관관계를 발견했다. 뿐만 아니라, 재무 성과와 가장 밀접한 상관관계가 있는 4가지 디자인 방식의 유형을 확인했다.

1. 수익 혹은 비용과 같이 디자인 성과를 엄격하게 측정하기
2. 물리적, 디지털, 서비스 디자인 조직 간 벽 허물기
3. 모든 직원이 사용자 중심의 설계에 대해 책임질 수 있도록 하기
4. 엔드 유저(최종 사용자)에 대한 지속적인 청취, 테스트와 반복을 통해 개발 지연을 해소하기

이러한 결과에 대해 맥킨지는 다음과 같이 권고한다.

• 재무와 같이 디자인 또한 엄격하게 성과를 측정하고 촉진할 수 있는 분석적 리더십을 개발한다.
• 부서 간 사일로(silo)를 타파하고 디자인 싱킹 방식에 대해 모든 직원이 책임질 수 있도록 한다.
• 지속적인 반복을 통해 솔루션을 개발하는 데 리스크를 줄일 수 있다.
• 사일로를 무너뜨리기 위해 사용자 직원경험에 집중한다.

우리의 직원경험 설계 프레임워크는 이러한 모든 원칙을 통

합하며, 우리의 프레임워크를 사용하면 직원경험 접근방식에 있어 모범적인 사례를 만들어낼 수 있을 것이다.

2018년 인비전(InVision)은 전 세계 2,200개 조직을 대상으로 기업이 디자인 방식을 통해 더 나은 비즈니스 결과를 창출할 수 있는 방법을 조사했다. 비록 디자인 싱킹에만 초점을 맞추지는 않았지만, 이 연구에서 밝혀진 것은 디자인 주도의 접근방식이 조직 성과에 긍정적인 변화를 가져온다는 것이다. 이들은 디자인 완성도가 높은 회사들이 디자인에 대한 노력의 결과로 비용 절감, 수익 증대, 브랜드 및 시장 지위 향상을 누리고 있다는 것을 발견했다. 그리고 이러한 회사에서는 직원들이 설계 과정에 관여했다.

HX 리더스 네트워크(2020)의 추가 연구에 따르면 직원경험을 선도하는 조직의 관심사 중 하나는 직원경험을 발견하고 정의하는 직원경험 리더의 디자인 싱킹 능력이었다. 특히, 이 연구에서는 직원경험 리더들이 관찰, 인터뷰, 설문을 통해 얻은 다양한 데이터를 종합하여 분석하고, 다양한 작업 공간 배치와 툴을 사용하여 차별화된 일하는 방식을 실험하는 것으로 나타났다. 직원경험을 개발하기 위해 디자인 싱킹 방식을 사용하는 이점을 뒷받침할 수 있는 증거가 점점 더 많아지고 있다.

[사례 연습]

직원경험 비전 만들기

무엇에 관한 것인가: 이 활동은 빅픽처, 조직문화, 온보딩, 혹은 직원경험의 특정 요소 등 직원경험에 대한 미래 비전을 그려볼 수 있도록 설계되었다.

해야 하는 이유는 무엇인가: 직원경험에 대한 명확한 비전은 모든 사람이 같은 선상에서 직원경험의 필요성을 이해하고, 같은 방향으로 나아가도록 하는 데 중요하다.

하는 방법은 무엇인가: 여러 가지 방법으로 이 활동을 실행해볼 수 있다. 온라인 상태인 경우 Miro 등에 있는 온라인 화이트보드를 사용하거나, 대면에서는 화이트보드, 갖가지 미술 재료 등을 활용해볼 수 있다.

참여하는 사람은 누구인가: 이 활동은 시니어 리더, 인사팀 및 직원경험팀과 같이 직원경험을 설계할 책임이 있는 사람들과 함께 사용하는 것이 좋다.

개요

- 활동할 그룹에게 새 차를 구입하기로 결정하고 난 후에는 그 차만 눈에 들어오는 것처럼 이상한 우연을 경험한 적이 있는지 물어보는 것으로 세션을 시작해보자.
- 만약 이들 중 누군가 아기를 임신했다면, 갑자기 어디에서나 임산부가 눈에 띄는 상황을 겪었을지도 모른다. 활

동 그룹에게 이러한 상황의 예를 들어볼 수 있는지 물어 본다.

이와 같은 현상이 발생하는 이유를 설명한다.

- 이러한 상황은 우연이 아니라 실제로 우리 스스로가 만들어낸 스팸(Spam) 필터의 결과다. 우리의 뇌는 하루 종일 감각적인 이미지, 소리, 데이터들로 가득 차 있음에도 불구하고 이러한 불필요한 자극을 걸러내는 것을 돕는 망상 활성화 시스템(RAS)이라고 불리는 부분이 있다.
- 이 시스템(RAS)은 뇌간의 중심에 촘촘히 채워진 신경세포의 다발로 구성되어 있다. 이것은 무언가를 '의식'하기 위한 보조자와 같다. 이 시스템은 정보의 통과를 허용하거나 필터링하는 게이트 키퍼 역할을 한다.
- 시스템의 놀라운 점은 의도적으로 메시지를 의식에서 잠재의식으로 전달하기 위해 계획적으로 프로그래밍할 수 있다는 것이다. 만약 우리가 파란색 볼보에 초점을 맞추기 시작하면 어디에서나 파란색 볼보가 눈에 보이기 시작하는 것과 같다.
- 결국, 이것이 우리가 목표를 세우고 우리의 미래를 시각화하는 것이 중요한 이유다. 우리가 해야 할 일은 우리의 의식 속에 미래 비전에 대한 아주 구체적인 그림을 그리는 것이다.
- 이렇게 되면 RAS 시스템은 이 구체적인 그림을 우리의

잠재의식에 전달할 것이고, 우리가 만든 미래 비전을 향해 나아갈 수 있도록 도와줄 것이다. 이 시스템은 우리가 필요한 정보에 집중하도록 만듦으로써 나머지 정보들을 '배경 소음'으로 남아 있도록 만든다.

• 이것이 우리가 직원경험에 대한 명확한 비전을 세워야 하는 이유이다.

활동할 그룹에게 화이트보드에 브레인스토밍을 하거나 무드 보드(Mood board: 이미지나 텍스트, 사진 등을 조합하여 하나의 보드에 나타내는 것)를 만들어 작업 중인 요소에 대한 직원경험 미래 비전을 이야기하도록 요청해보자.

다음과 같은 질문을 해보면 좋다.

• 우리 조직에서 어떤 일이든 가능하다고 상상해보세요. 미래에 직원경험은 어떤 모습일까요?

• 어떤 일이 벌어질지 상세히 설명해주세요.

• 우리 직원이나 특정 그룹에게 어떤 느낌으로 다가올까요?

• 우리 조직 안에서의 일상적인 하루, 혹은 여정은 어떤 모습일까요?

• 사람들은 어떤 이유로 이 직원경험에 대해 말하게 될까요?

활동 그룹에게 화이트보드, 또는 무드 보드를 보여달라고 요청해보자. 모든 프레젠테이션을 마친 후 활동 그룹에게 다음을 되새기도록 요청한다.

- 함께 이야기 나눈 공통의 주제들
- 각 무드 모드의 차이점

마지막으로, 활동 그룹에게 직원경험 미래 비전에 대해 합의하도록 요청하고 세션을 마무리한다.

장애요인 극복하기

직원경험에서 해당 작업에 대한 경영진의 동의와 지원을 얻는 것이 중요하지만, 이 문제를 풀어나가는 것이 그리 간단하지는 않다. 직원경험에 회의적인 고위 경영진들을 설득하기 위해 이 분야에서 수년간 일하면서 터득하게 된 몇 가지 전략을 제시하고자 한다.

- 먼저, 설득하려는 리더의 관점에서 공감하라. 이들은 무엇에 관심을 갖고 있는가? 이들이 밤에 깨어 있는 이유는 무엇인가? 7장에서 제시하는 원칙을 활용하여 설득하려는 리더들의 페르소나를 만들어보고, 이를 통해 라포를 형성하여 사례를 만들어라.
- 비즈니스와 이해관계자의 언어로 말하라. 심지어 '직원경험'이라는 용어를 명시적으로 언급할 필요가 없을 수 있

다. 만약 인재 확보가 주된 관심사라면, 이것에 관해 당신이 어떻게 도울 수 있을지에 대해 이야기하라. 성장이 주요 관심 영역이라면 다시 한번 당신과 당신 동료들이 가진 전문성과 역량이 해당 영역에 어떻게 기여할 수 있을지에 대해 이야기하라.

- 비즈니스 전략과 일치하는 명확한 목표를 사용하여 비즈니스 사례를 구축하고, 이것이 불러올 잠재적 ROI 혹은 ROX(직원경험 측정 방식, 10장 참조)를 대략적으로 설명하라.

- 명확한 근거를 갖고 사례를 만들어보라. 예를 들어, 직원의 온보딩에 있어 퇴직에 관한 가장 큰 위험을 안고 가는 기간은 최대 3개월이고, 퇴직 설문 결과 온보딩에서의 직원경험이 일반 수준보다 낮다는 것이 밝혀졌음을 입증할 수도 있다. 현재의 현실과 예상되는 미래의 절감액에 대해서도 입증할 수 있다.

- 고객경험에 방점을 찍는다면 직원과 고객 간의 연결고리에 관한 연구 결과를 공유하고, 이 주제와 연계된 동료가 이러한 전문 지식을 어떻게 직원들에게 적용할 수 있을지 이해할 수 있도록 시간을 할애하라.

- 소규모 파일럿을 수행하여 테스트하고 그 결과에 대해 학습하여 이해관계자들에게 직원경험과 잠재적 이익을 공유하라.

- 지지자 그룹을 구축하라. 비즈니스 전반에 걸쳐 영향력 있는 이해 당사자들이 여러분의 조직을 지원하거나 보고서를 승인하는 데 도움을 줄 수 있다. 이러한 사람들을 찾아

서 좋은 관계를 맺어라.

- '아무것도 하지 않았을 때의 결과'를 포함한 시나리오 플래닝을 통해 제안을 보다 구체화하라.
- 제1장에서 설명한 바와 같이, 이해관계자들이 스스로 가장 최고의 경험을 누렸을 때의 이야기를 공유할 수 있도록 하라. 사람들이 더 많은 최고의 경험을 할 수 있는 기회가 있을 경우 조직이 어떻게 변화할 수 있을지에 대한 대화를 장려하라.

[사례 연습]

EX 활동의 목표 및 결과 정의

무엇에 관한 것인가: 이 활동은 전체적인 직원경험의 그림과 전략 수준, 특정 프로세스나 일상적 수준에서 직원경험 활동의 목표와 결과를 설계하고 합의하는 데 도움이 된다.

해야 하는 이유는 무엇인가: 좋은 직원경험 목표는 조직이 달성하려는 목표에 맞춰져야 하며, 본 활동을 통해 이를 실현할 수 있다.

하는 방법은 무엇인가: 활동 노트, 미션, 목표 등과 같은 관련 회사 정보, 플립차트와 펜만 준비하면 된다.

참여하는 사람은 누구인가: 이 활동은 조직의 시니어 리더, 인사팀 및 직원경험팀과 같이 귀사의 계약 전략 및 접근방식을 설계할 책임이 있는 사람들과 함께 해보는 것이 유용하다.

배경

직원경험에서 집중하려는 목표와 결과를 정의하는 프로세스를 통해 실제 직원경험 전략이 비즈니스 전략과 일치하는지 확인할 수 있다. 직원경험의 목적, 직원경험이 조직의 전반적인 비즈니스 전략을 달성하는 데 도움이 되는 이유와 방법을 이해하는 것이야말로 목표를 달성하기 위한 초석이다. 또한 전반적인 비즈니스 전략과 명확하게 연계되는 직원경험 전략을 통해 담당자는 비즈니스에 대한 가치를 입증하고 주요 이해관계자의 참여를 끌어낼 수 있다.

아마도 당신이 직원경험에 집중하는 데는 여러 가지 이유가 있을 것이다. 때로는 직원경험에 대한 투자 요구는 상당히 추상적일 수 있다. 예를 들어, 글로벌 직원경험 조사에서 케네디 피치(Kennedy Fitch, 2018)는 직원경험에 초점을 맞춘 이유에 대해 다음과 같이 말했다.

- 구성원들이 자신의 잠재력을 실현할 수 있는 작업 환경을 조성한다.
- 안전하고 투명하며 매력적인 환경에서 구성원들이 최선을 다할 수 있도록 참여를 유도하고, 영감을 준다.
- 더 일하기 좋은 곳으로 만들기 위해 최적의 직원경험을 정의하고 개발하는 것이 비즈니스 성과, 특히 고성과 문화에 매우 중요하다.

이 내용들은 모두 직원경험에 초점을 맞추는 타당한 이유들이다. 어떤 경우에는 사업 성과와의 연결고리가 명확하지만, 다른 경우에는 덜 명확하다. 직원경험에 대한 투자와 집중해야 할 목표와 결과를 모두 포함하는 것은 비즈니스 사례를 작성할 때 유용하다. 여러분이 재능 있는 사람들을 끌어들이고 리텐션하기 위해 더 나은 근무 장소를 만들고 싶을지도 모른다.

개요

- 직원경험 목표를 소규모 그룹 또는 개인과 함께 달성할 수 있다.
- 앞에서 살펴본 '이유 찾기' 및 '비전 정의' 두 가지 활동에 대한 결과물을 본 활동을 시작하는 데 재료로 사용해볼 수 있다.
- 본 활동에 관한 결과물을 검토하여, 직원경험 목표와 이후의 비즈니스 결과를 고려해본다.

중요한 팁

우리는 목표를 세울 때 SMART라는 약자에 익숙하다.

- 구체적(Specific): 달성해야 하는 목표는 명확하고 추상적이지 않아야 한다.
- 측정 가능(Measurable): 목표에는 진행 및 전달 사항을 추적할 수 있는 구체적인 기준이 포함되어야 한다.

- 달성 가능(Achievable): 목표는 권한 범위 내에서 도달할 수 있어야 한다.
- 현실적(Realistic): 조직 내에서 사용 가능한 리소스를 고려하여 목표를 달성해야 한다.
- 적시(Timely): 목표를 달성하는 데 필요한 시간이 할당되어야 한다.

목표를 구체적이고 가시적으로 만드는 것이 중요하며, 이를 달성한 정도를 추적함으로써 궁극적으로 성공과 성과를 가늠해볼 수 있다. 목표와 결과가 얼마나 구체적인지를 평가하는 좋은 방법은 '어떻게 측정할 것인가?'와 '이 목표를 성공적으로 달성했다는 것을 어떻게 증명할 것인가?'라고 스스로에게 되묻는 것이다. 직원경험 전략이나 목표를 설정할 때에는 성과 측정의 기준을 동시에 정의할 것을 강력히 권고한다(10장 참조). 만약 성공을 측정하는 방법을 설명하기 위해 애쓰고 있다면, 이는 구체적인 성과 측정 기준을 가지고 있지 않다는 방증이다.

성과를 측정하는 데 있어 다음과 같은 몇 가지 질문을 고려할 수 있다.

- 조직과 구성원에게 직원경험을 제공하기 위해 무엇을 필요로 하는가?
- 성공적인 직원경험의 모습은 어떠할까?

- 5년 후에 어떤 모습이 되기를 바라는가?
- 조직에서 매력적인 직원경험을 원하는 이유는 무엇인가?
- 달성하려는 결과는 무엇인가?
- 조직 또는 비즈니스 결과에 직원경험이 어떻게 연결되는가?
- 무슨 목적으로 하는가?

경쟁력 있는 직원경험 설계를 위한
직원가치제안(EVP) 활용

직원가치제안(이하 EVP)은 조직이 직원들에게 고유하게 제공하는 가치를 말하는 것이다. '직원으로서 내가 얻을 수 있는 것은 무엇인가?'라는 질문에 대한 답이며 직장 내에서 주요하게 차별화되는 요소다. EVP는 기업 브랜드와 일관성이 있어야 하며, 대부분의 경우 현재 상태나 이상적인 상태를 부분적으로 담고 있다. EVP를 규명하고 도입하여 조직이 일하기 좋은 환경을 만들고, 이를 실현할 수 있는 경험에 초점을 맞출 수 있다.

EVP는 이미 일하는 사람들에게 동기를 부여하고 영감을 주는 데 도움이 될 수 있다. 또한 역할에 관계없이 잠재적인 직원들을 끌어 모으는 데에도 도움을 줄 수 있다. 다시 말해, EVP는 직원 라이프 사이클 전반에 걸쳐 직원경험에 대한 청사진을 제공한다.

필자는 EVP를 직원의 거래로 간주한다. 조직 내에서 직원에게 기대하는 것은 무엇이며, 그 대가로 직원이 기대할 수 있는 것은 무엇인가? EVP가 직원경험의 핵심인 것은 분명하다. 많은 기업은 EVP를 단순히 직원들이 직장에서 자신의 능력을 발휘하는 대가로 받는 보상과 혜택 간의 균형으로 간주한다. 그러나 이러한 접근방식은 너무나 거래적으로 비추어질 수 있으므로 EVP는 이보다 훨씬 광범위하게 직원경험 전체를 포괄해야 한다.

강력한 EVP는 직원들에게 기대되는 행동과 보상을 명시한 것으로, 조직 내에서 일하는 감정과 직원경험이 어떤 존재여야 하는지 개략적으로 설명할 수 있어야 한다. 기존 직원 및 문화로부터 정보를 얻을 수 있어야 한다. 그리고 인재 유치, 참여 및 유지의 핵심 동력이 되기 위해 독창적이고 적절하며, 설득력이 있어야 한다.

[그림 2.1]의 모델을 사용하여 EVP를 개발하고 활용해볼 수 있다. 먼저, 조사 단계에서는 EVP 작성 프로세스를 시작해볼 것을 권장한다. 단독으로 EVP를 만들어내는 것이 아니라, 직원이 EVP를 개발하는 데 참여해야 한다. 직원으로부터 정보를 수집하면, 조직의 독자적인 강점과 현재 직원경험의 현실을 올바르게 이해할 수 있다. 일반적으로 다양한 구성의 직원들과 함께 짧은 워크숍을 개최해 현재와 미래의 조직문화나 직원경험에 관한 풍부한 대화를 진행해봐야 한다. 이때 활용할 수 있는 긍정 탐구(appreciative inquiry)가 무엇인지, 어떻게 활용하면 되는지에 대해서는 3장에서 자세히 알아볼 예정이다. 때로는 고객과 외부 파트너 등의 이해관계자와 일대일로 인터뷰를 실행하는 것도 도움이 된다.

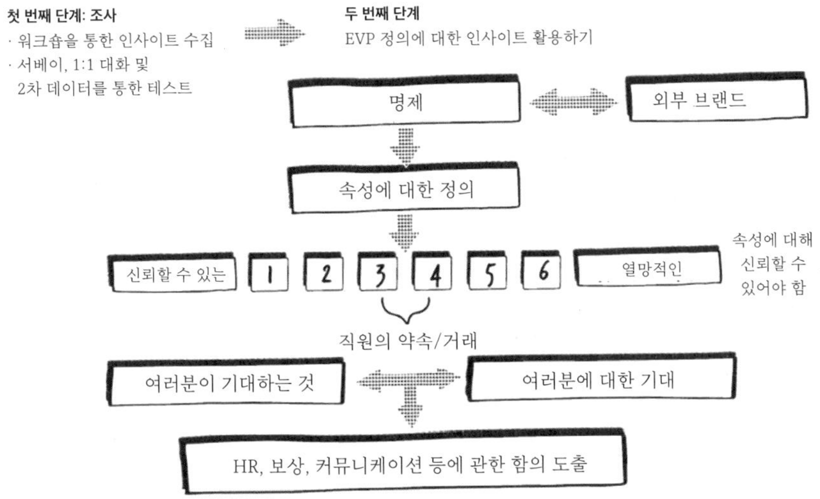
첫 번째 단계: 조사
· 워크숍을 통한 인사이트 수집
· 서베이, 1:1 대화 및
2차 데이터를 통한 테스트
두 번째 단계
EVP 정의에 대한 인사이트 활용하기
명제
외부 브랜드
속성에 대한 정의
신뢰할 수 있는
1
2
3
4
5
6
열망적인
속성에 대해
신뢰할 수
있어야 함
직원의 약속/거래
여러분이 기대하는 것
여러분에 대한 기대
HR, 보상, 커뮤니케이션 등에 관한 함의 도출

그림 2.1 당신의 EVP 개발하기

이러한 자료들을 취합하여 인사이트를 찾고 프레임워크를 채우면, EVP에 대한 초안을 만들 수 있다. 이후 직원들과 함께 EVP를 테스트하고 추가로 개선할 수 있다. 가장 우선시해야 할 제안과 이에 대한 속성이 합의되면 우리는 이것이 직원경험에 의미하는 바를 살펴볼 수 있다. 예를 들어 각 속성에 대해 우리는 어떤 거래를 할지, 직원들이 우리 조직에서 일하는 것에 대해 어떤 기대를 할지, 마찬가지로 직원들로부터 기대되는 것이 무엇인지 개략적으로 설명할 수 있다.

요약하면 EVP를 직원경험의 청사진으로 사용하여 직원 라이프 사이클 내에서 접점을 찾아낼 수 있다. EVP는 직원경험 디자인, 구축 및 커뮤니케이션에 도움이 된다.

핵심 요약

이 장에서는 직원경험의 긍정적인 영향을 입증하고 비즈니스 사례를 만들어내는 데 도움이 될 만한 사례와 근거를 제시했다. 직원경험에 관한 다양한 활동이 비즈니스에 어떻게 긍정적인 영향을 미치는지 입증하는 것이 중요하고, 이 장에 기재된 툴이 도움이 될 것이라고 믿는다.

- 직원경험이 다양한 비즈니스 성과에 긍정적인 영향을 미친다는 사례와 증거가 늘고 있다. 따라서 이를 바탕으로 경영진으로부터 지원을 받는 것은 목표를 달성하는 데 도움이 된다.
- 직원경험에 대한 비전을 만드는 것이 출발점이 되고, 직원경험과 연관되어 있는 사람들을 서로 연결하여 모두가 같은 생각을 할 수 있도록 만드는 것이 중요하다.
- 목표와 결과를 비즈니스 니즈에 맞게 연계하고, 성과를 측정하는 방법을 고려해야 한다.
- EVP를 개발하는 것은 이후의 직원경험 작업을 위한 청사진으로 좋은 방법이 될 수 있다.
- 비즈니스 사례에 충분한 시간을 할애하여 논의하면, 장기적으로 다음 절차를 밟아 나가는 것이 보다 쉬워지고, 보다 올바른 일에 시간을 할애할 수 있다.

3장.
고정관념 타파
: 직원경험을 이끄는 진정한 원동력은?

이번 장에서는 다음 내용을 다루고자 한다.

- '무엇이 긍정적인 경험을 만드는가?' '긍정적인 경험이 사업의 성과 향상에 도움이 되는가?'에 대한 심리학과 신경과학 이론들의 소개
- 위의 이론과 지식을 활용하여 직원경험의 접근과 활동을 어떻게 지원할 것인가? (단순히 직원 만족을 위한 복지제도의 확장은 아니다.)
- 직원경험의 세계에서 개인 사고방식의 역할
- 이론을 실제로 적용할 수 있는 간단한 도구

도입

가트너(Gartner, 2019)의 조사에 따르면 직원경험에 대한 투자수익률(ROI)은 실망스러운 것으로 나타났다. 즉 직원 1명당 평균 2,420달러의 지출에도 불구하고 조사에 참여한 직원 중

13퍼센트만이 직장에서의 경험에 만족한다고 답했다. 그러나 직원경험을 제대로 구현할 수 있다면 조직에 긍정적인 영향을 줄 것이라는 것을 우리는 알고 있다. 가트너의 인사담당 부사장인 캐롤린 월시(Caroline Walsh)는 다음과 같이 말한다.

"직원경험 프로그램에 지속적으로 투자한다고 해서 원하는 결과를 얻기는 힘들다. 이러한 접근방식을 취하는 기업들은 직원들의 기대치를 높일 뿐이며, 직원들의 끝없는 욕구와 기업의 비용 지출이 서로를 부채질하는 악순환을 초래한다."

직원경험을 올바르게 실행하기 위한 가장 기초적인 부분은 경험의 심리학을 이해하는 것이다. 과학을 이해하면 직원경험 설계 접근법에 가치를 더한다. 이 장에서는 직원경험 설계와 가장 관련이 있다고 생각되는 심리학과 신경과학의 이론과 모델을 소개한다. 그리고 무엇보다 이 지식을 활용하여 직원경험이 어떻게 투자수익을 창출하는지에 대한 구체적인 방법을 이해해야 한다. 과학을 실용적으로 적용하는 방법에 대한 설명을 통해 우리의 직원경험 설계 구조에 과학이 녹아들어 있다는 것을 알게 될 것이다.

우리는 디자인 원리와 긍정 심리학을 적용하여 어떻게 '직원경험 설계'를 하는지 이야기하고자 한다. 설계 이론의 핵심은 공감의 원칙이다. 우리는 디자인 대상자를 이해하기 위해 시간을 투자할 필요가 있다. 우리는 그들의 요구와 기대를 이해할 필요가 있고, 직원의 요구와 기대를 제대로 이해하면 솔루션을 개발하고 테스트한 후 및 반복하여 매력적인 환경을 설계할 수 있다.

　당신이 디자인할 대상, 즉 함께하는 사람들을 이해하기 위해서는 함께 시간을 보내는 것밖에 없다. 함께 시간을 보내면서 구성원을 의도적으로 이해함으로써, 이들에게 가장 좋은 경험이 무엇인지에 대해 주관적으로 추측하는 것을 피할 수 있다. 우리는 인간이기 때문에 모두 암묵적인 편견을 가지고 있으며, 이는 결국 훌륭한 경험을 구성하는 것에 대한 가정(편견)을 가지고 있다는 것을 의미한다. 이러한 잘못된 가정들은 직원경험을 실행하려는 우리의 선의를 무너지게 할 수 있다. 경험의 심리학과 신경과학을 이해하는 것은 직원경험 설계에 관여하는 모든 사람에게 유익하다. 심리학과 신경과학 분야는 매우 넓으며, 우리는 이 주제에 한 권의 책을 할애해야 할 수도 있다. 따라서 이 장에서는 직원경험에 가장 도움이 되는 설계상의 이론과 모델을 압축해서 소개하고자 한다.

긍정적인 경험, 중요한가?

　긍정적인 경험은 직원과 기업 모두에게 좋은 것이라고 말하는 것은 분명한 사실이다. 이를 뒷받침할 수 있는 증거를 긍정 심리학과 과학에서 찾을 수 있다. 긍정 심리학은 마틴 셀리그만의 학습된 무력감에 대한 연구(예: Seligman and Maier, 1967)에서 탄생한 심리학 분야이다. 긍정 심리학이 긍정적인 접근과 사고의 가치 발견보다는 어떻게 하면 사람들이 번창하고 번영할 수 있는지 이해할 수 있게 해준다. 긍정 심리학은 항상 무엇이 효과가 없고, 문제가 어떻게 해결될 수 있는지에 초점을 맞추기보다는 무엇이 효과가 있는지를 배우려고 하는 강점 기반 접근방식을 취한다. 이것은 인간의 행동에 대해 접근하고 생각하는 방식에 있어 미묘하지만 중요한 변화이다.

2장에서는 직원경험에 초점을 맞춘 비즈니스 사례를 소개했다. 비즈니스에서 왜 직원경험이 중요한지에 대해서는 다양한 과학적 근거들이 있다. 무엇이 사람들을 행복하게 하는지에 대해 하버드에서 12년간 연구한 교육자, 연설자, 컨설턴트인 숀 아처(Shawn Achor)는 《행복 어드밴티지(The Happiness Advantage)》(2011년)에서 직장에서의 긍정적인 경험이 어떻게 실적 향상으로 이어지는지를 묘사한다. 그는 연구를 통해 행복하거나 긍정적인 상태에 있는 것이 그러한 성공의 결과보다 성공의 전조라는 것을 발견했다. 이러한 결과는 긍정적인 경험이 조직의 향후 성과에 영향을 미치는 이유를 설명하는 데 도움이 된다.

또한 과학적인 측면에서 긍정적인 경험의 효과를 발견해볼 수 있다. 우리가 긍정적인 경험을 하면 신경전달물질인 세로토닌과 도파민의 수치 상승을 관찰할 수 있다. 세로토닌과 도파민은 신경세포가 다른 신경세포로 신호를 보내기 위해 방출하는 화학물질이다. 이러한 특별한 화학물질들은 우리의 기분을 좋게 할 뿐만 아니라, 우리 뇌 속의 학습중추를 강화한다. 이러한 학습 센터에서는 새로운 정보를 보다 효율적으로 정리하고, 보다 오랫동안 정보를 보관하여, 보다 신속히 정보를 취득할 수 있다. 또한 더 많은 신경 연결을 만들고 유지할 수 있다. 그러면 우리는 더 빨라지고, 더 창의적으로 사고하고, 다른 방식으로 사물을 보고, 문제해결 능력을 향상시키고, 복잡한 정보를 더 능숙하게 분석할 수 있다. 요약하면, 우리가 긍정적인 감정을 느낄 때 관련 화학물질의 방출은 우리가 더 높은 수준의 성과를 낼 수 있게 하고, 그 결과 더 나은 성과로 이어진다.

한 연구에서는 긍정적인 상태에 있는 의사들이 중립 상태, 스트레스 또는 부정적인 상태에 있는 의사들보다 3배 더 높은 지능과 창의성을 보이는 것으로 나타났다. 또한 정확한 진단을 19퍼센트 더 빠르게 했다. 긍정 심리학자 팀은 이 가설을 테스트하기 위해 메타 분석을 실시했고, 전 세계 27만 5,000명을 대상으로 200개 이상의 연구를 조사했다. 이들은 대부분 영역에서 '긍정적인 감정이 더 나은 업무 성과를 이끈다'라는 것을 발견했다. 중요한 작업을 수행하기 전에 직원들이 긍정적인 상태에 있도록 준비시키는 것은 상당히 힘든 일이다. 그러나 한편으로 직원의 경험을 개발하고, 지지하고, 향상시키는 일터를 만드는 것은 직원이 긍정적인 상태나 감정을 경험할 가능성이 훨씬 커진다는 것을 의미한다.

무엇이 탁월한 직원경험을 만드는가?

직원경험을 설계할 때 과학과 비즈니스 간 괴리가 발생하는 경우가 많다. 매력적인 직원경험을 설계하기 위한 접근방식은 '위생 요인'으로 알려진 것에 정기적으로 초점을 맞춘다. 위생 요인은 급여, 복리후생, 환경 등 직원의 만족도를 확보하기 위해 우리가 바로 잡아야 하는 업무상의 요소들이다. 이런 위생 요인들은 만족을 촉진하는 반면, 항상 긍정적인 감정을 낳는 것은 아니다. 우리는 몇 년 전에 한 고객과 함께 일했는데 그 고객은 낡은 사무실에서 약 2,000명의 직원을 아름답고 빛나는 새 사무실로 옮기는 작업을 추진하고 있었다. 그리고 모든 직원에게 무료 조식을 제공하는 훌륭한 아이디어를 생각해냈다. 무료 조식이 사람들에게 좋은 경험이 될 것이고, 그들의 전반적인 업무에 기여할 것이라고 믿었다. 처음에는 무료 조식이 즐거웠고, 많은 직원이 토스트나 시리얼을 먹기 위해 줄을 섰다. 하지만 곧 잡음이 나기 시작했다.

어떤 사람들은 시리얼이나 토스트를 싫어하고 과일을 좋아했다. 하지만 과일은 조식 목록에 없었다. 또 다른 사람들은 회사의 관대함을 남용하기 시작했고, 점심시간이나 그 이후에 먹기 위해 시리얼 서너 상자를 가져갔다. 이는 점점 불만으로 변했다. 그 회사는 사실 무료 조식에 대한 규칙을 상세히 설명하는 '무상 조식 정책'을 발표하고 시행했어야 했다. 차라리 무료 조식을 제공하는 서비스를 하지 않았더라면 이러한 잡음이 발생하지 않았을 테지만, 오히려 또 다른 불만을 낳고 말았다. 무료 조식은 곧 또 다른 위생 요인이 된 것이다. 또한 단순한 거래의 일부로서 자리매김하게 되었다. 처음에는 긍정적인 경험을 제공하기 위해 시작했지만 직원들은 무료 조식을 매달 급여를 받는 것과 같은 패키지의 일부로 인식하게 된 것이다.

외견상으로는 무료 조식과 같이 직원경험을 설계할 때 중점을 두는 이러한 특전이 꽤 멋질지도 모른다. 그런데 문제는 이 모든 것이 적어도 지속 가능한 방법으로 긍정적인 감정을 초래하는 경험이라기보다는 위생적인 요소들의 예시라는 것이다. 이런 것들이 존재하는 조직에서 일했다면 처음에는 훌륭하다고 생각하겠지만, 곧 당연하게 여겨질 것이다.

그럼 1장의 '최고의 경험' 활동을 다시 한번 살펴보자. 우리는 사람들에게 '최고의 경험'을 구성하는 것에 대한 수백 개의 이야기와 통찰력을 수년간 수집해왔다. 아무도 그것이 무료 커피, 탁구대, 금요일 맥주, 체육관 회원권, 시원한 사무실, 무료 조식이라고 이야기한 적은 없다. 이러한 종류의 혜택은 선의에서 비롯되었지만 매우 빠르게 위생적인 요인으로 전환된다. 무료 음식, 급여 및 혜택과 같은 위생 요인과 사무실 환경은 우리가 직장에서 '불만족함'을 없애기 위해 중요하다. 하지만 긍정적인 경험을 촉진하는 수단으로는 그다지 유용하지 않다. 이러한 특전으로 인한 초기 고공행진은 곧 표준이 된다.

긍정적인 직원경험을 지속적으로 촉진하기 위한 특전의 제한은 헤르츠베르크(Herzberg)의 위생 동기부여 모델에 의해 설명할 수 있다. 이 프레임워크는 매력적인 직원경험을 설계할 때 고려해야 할 유용한 프레임워크이다. 1959년 헤르츠베르크가 처음 개발한 이 모델은 때때로 '2요인' 모델로 불리며, 요약하면 [그림 3.1]과 같이 위생 요인과 동기부여 요소로 구별한다.

위생 요인은 직장 경험의 만족을 위한 필수 토대이다. 위생 요인의 예로는 급여, 육체적 작업 환경, 그리고 부수적 복리후생 등이 있다. 위생 요인의 부재는 직장 내 불만족과 연결되고, 위생 요인을 포함할 때 다소 만족도가 높아지는 경향이 있다. 하지만 이것은 직장에서의 동기부여와는 다르다. 위생적인 요

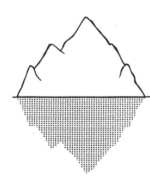

위생 요인들
- 급여 및 복리후생
- 업무 환경
- 직업 안정성
- 워라밸

위생 요인들의 제공 결과
- ✓ 만족감
- ✓ 불만족의 감소

동기 요인들
- 자율성과 목적
- 인정
- 도전적인 업무
- 책임감
- 성장과 개발
- 리더십

동기 요인들의 제공 결과
- ✓ 동기부여
- ✓ 몰입
- ✓ 헌신

그림 3-1 위생-동기 모델

인들은 동기부여가 되지 않는다. 동기부여 요인은 성취, 성장, 책임, 의미와 같은 요소를 포함하여 훨씬 더 선천인 것에 가깝다. 사람들이 최고의 경험담을 이야기할 때 우리가 듣는 것들이 동기부여 요인에 가깝다는 것은 놀랍지 않다.

　흥미로운 점은 기업이 매력적인 직원경험을 설계할 때 위생 요인에 중점을 두는 경우가 매우 많다는 것이다. 물론 우리는 위생 요인이 중요하지 않다고 말하는 것은 아니다. 이 경험들을 잘못 이해하면 위험에 빠질 수 있다. 위생 요인에 관한 한 긍정적인 경험을 하는 것은 당연하다. 물론 기업은 직원들이 적정한 임금을 받고 업무에 적합한 물리적 환경에서 일할 수 있도록 해야 한다. 그러나 이러한 경험은 중요하지만 차별화된 경쟁 우위를 창출할 가능성은 작다. 직원경험이 조직을 경쟁사로부터 차별화할 수 있는 기회는 우선 직원들에게 중요한 동기부여 요인을 파악한 후 이를 촉진하는 경험을 설계하는 데 있다. 이를 위해서는 1장의 베스트 직원경험 활동을 이용하는 것이 좋다.

최고의 직원경험 모델 소개

지난 10년 동안 인사 연구소는 다양한 글로벌 조직에서 수백 명의 직원과 관련된 업무 및 경험을 파악해왔다. 이들은 수백 개의 '최고의 경험' 워크숍에서 데이터를 수집하여, 훌륭한 경험을 설계하는 데 도움이 되는 정보를 제공한다. 이러한 워크숍을 통해 직장에서 정말로 중요한 것이 무엇인지에 대한 개인의 관점을 발굴하기 위해 직원들이 가장 가치 있게 여기는, 또는 업무에 몰입한 경험의 이야기를 수집하려고 했다. 수집을 통해 발굴한 인사이트로 탁월한 직원경험을 위한 보편적인 테마를 발견할 수 있다. 바로 본인의 일이 사랑받고 있고, 스스로가 최고라고 느끼고 있었다는 것을 말이다.

이 워크숍은 철저하게 강점을 기반으로 어떤 것이 효과가 있고 좋은 것인지에 초점을 맞추었다. 그런 다음 이러한 워크숍의 질적 데이터를 분석하여 공통 주제를 평가하였다. 데이터에서 유사한 의미의 범주가 추출되었으며, 우수한 직원경험이 무엇인지 알려주는 데 사용되었다.

모델(그림 3.2)에는 긍정적인 직원경험의 '범용 테마'가 포함되어 있으며, 이는 인사 연구소에서 수집 및 분석한 수백 개의 베스트 직원경험 사례에서 공통적으로 볼 수 있다. 직원이 최고의 경험을 얻을 수 있는 것은 다음과 같다.

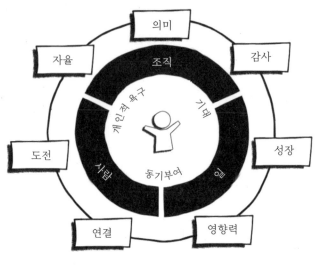

그림 3.2 MAGIC-CA 모델

- 의미
- 감사
- 성장
- 영향
- 연결
- 도전
- 자율성

　이 모델은 보편성을 띠고 있으나, 한편으로 개인의 차이를 이해할 필요가 있다고 강조하며 의도적으로 공감의 요구사항을 중심에 배치하고, 멋대로 당신의 직원들에게 '최고의 직원경험'이 무엇을 의미하는지 추측하는 것을 피하도록 돕는다.

MAGIC-CA 모델에 의해 제안된 보편적인 테마는 모두 과학적 근거가 있으며, 이 장과 책의 나머지 부분에서 더 자세히 설명할 것이다.

의미

직원들이 최고의 직원경험 이야기를 나눌 때 '의미'가 분명히 존재한다. 의미는 우리 개인의 주관적인 경험이다. 그러나 빅터 플랭클린은 그의 저서인 《삶의 의미를 찾아서(Man's Search for Meaning)》(1962년)에서 다음과 같은 방법으로 삶의 의미를 발견할 수 있다고 제안했다.

- 작품을 만들거나 일부 작업을 수행함
- 어떤 것을 완전히 경험하거나 누군가를 사랑하는 것
- 어쩔 수 없는 고통에 대한 태도

우리는 삶의 의미를 찾도록 연결되어 있다. 삶의 의미를 찾는 것은 생물학적 이점을 제공하는 것과 같다. 2012년 패트리샤 보일(Patricia Boyle) 박사와 동료들은 치매에 걸릴 위험이 있는 900명 이상의 노인들을 연구했다. 간단히 말해 삶의 의미를 가진 사람들은 알츠하이머에 걸릴 확률이 절반에 불과했다. 삶의 의미를 갖는 것은 생물학적 힘과 손상, 열화에 대한 뇌세포의 회복력에 긍정적인 영향을 미친다. 그것은 또한 뇌졸중과 심혈관 질환의 위험성을 낮춘다. 따라서 우리의 최고 경험이 의미 있는 요소를 특징으로 하는 것은 타당해 보인다.

감사

다른 사람들에게 감사를 전하거나 혹은 타인으로부터 감사를 받는 것은 최고의 직원경험의 핵심 요소라고 할 수 있다. 우리가 감사를 경험할 때, 이것은 긍정적인 감정의 방출과 인간의 기본적인 욕구인 인정에 대한 보상을 받는다. 인정을 받는다는 것은 긍정적인 감정, 좋은 기억, 더 높은 자존감, 더 편안하고 낙관적인 느낌을 준다.

흥미로운 것은 감사를 받는 것뿐만 아니라 누군가에게 감사를 표하는 사람들도 긍정적인 에너지를 받을 수 있다는 것이다. 다른 사람들에게 감사를 표시하는 것은 행복의 증가, 더 나은 수면 습관, 신진대사 증가, 그리고 낮은 스트레스를 포함한 다양한 긍정적인 결과들과 관련이 있다. 감사는 누구에게나 좋다.

성장

인간으로서 우리는 개인적인 성장에 대한 선천적인 욕구를 가지고 있다. 그리고 이것은 최고의 직원경험 이야기의 주요 특징으로, 거의 항상 성장의 요소가 포함되어 있다. 이것은 직장에서 의도적인 학습과 개발에 대한 보다 전통적인 개념을 포함할 수 있다. 또는 경험의 결과, 인간으로서 성장했다는 느낌과 같이 실체가 없는 것이기도 하다. 성장은 도전과 연결된다. 우리는 종종 극복해야 할 과제가 있을 때 개인적인 성장을 경험한다. 또한 성장은 우리의 사고방식에 따라 어느 정도 예측되며, 직원경험에서 직원 마인드셋의 역할을 강조한다.

성장 마인드셋은 캐롤 드웩(Carol Dweck) 교수에 의해 처음 개발되었으며, 그녀의 저서 《마인드셋: 성공의 새로운 심리 (Mindset: The New Psychology of Success)》(2006년)를 통해 알려졌다. 요약하면 마인드셋은 사람들이 자신에 대해 가지고 있는 인식 또는 이론이다. 예를 들어 여러분은 스스로 수학을 못 하거나, 예술을 잘하거나, 창의적이지 못하거나, 훌륭한 작가, 나쁜 부모 또는 훌륭한 선생님이라고 생각할 수 있다. 드웩의 연구는 고정과 성장이라는 두 가지 마인드셋에 초점을 맞췄다. 이름에서 알 수 있듯이, 고정된 마인드셋을 가진 사람들은 그들의 자질과 특성이 고정되어 있어 노력으로는 개선되거나 발전될 수 없다고 믿는다. 하지만 성장 마인드셋을 가진 사람들은 그 반대인, 즉 기본적인 능력은 헌신과 노력을 통해 개발될 수 있다고 믿는다. 성장 마인드셋을 가진 사람들은 더 많은 것을 배우고, 더 빨리 배우고, 도전과 실패를 개선의 기회로 보는 경향이 있다.

고정된 마인드셋을 갖는 것은 종종 우리가 평생 받아온 칭찬과 피드백의 결과이지만, 좋은 소식은 우리는 마인드셋을 바꿀 수 있다는 것이다. 성장 마인드셋을 기르는 것은 훌륭한 경험을 위한 좋은 토대가 될 것이다.

영향

긍정적인 영향을 미치는 것 또한 최고의 경험의 주요 특징이다. 최고의 경험담 대부분은 어떻게든 '변화'에 대한 생각을 담고 있다. 이것은 물론 '의미'의 개념과 유사하지만, 그것과는 다르다. 영향은 더욱 가시적이다. 우리가 긍정적인 영향을 주고 변화를 줄 때, 긍정적인 감정이 급증하고 우리는 그 경험을 좋게 느낀다. 우리가 긍정적인 감정을 경험하면, 세로토닌과 도파민 수치가 높아진다. 이것들은 신경전달물질이다. 이 화학물질은 우리의 기분을 좋게 하고, 정보를 배우고 흡수하는 능력을 강화한다. 영향을 미치는 것은 또 우리의 행동이 중요하다는 것을 뇌에 학습시킨다.

연결

긍정적인 사회적 인맥과 관련된 경험은 최고의 직원경험 스토리에 강하게 등장한다. 이는 관리자, 리더, 팀, 동료 또는 조직 외부에서 온 직원일 수 있다. 이러한 연결의 본질은 지극히 개인적인 맥락에서 비롯된다. 예를 들어 어떤 사람들은 동료의 지원을 받는 것에 대해 말할 수 있고, 다른 사람들은 그것이 즐거운 경험을 낳는 사회적 연결에 대해 말할 수도 있다. 때때로 사람들은 그들이 함께 일하고 있는 사람들에게 감사함을 받고 가치 있다고 느끼는 것에 대해 말할 수 있다. 사회적 생명체로 유대감을 느끼는 것은 우리의 행복에서 기초적인 것이다.

이것의 생물학적 토대는 옥시토신(Zak, 2017)과 세로토닌에 대한 영향과 관련이 있다. 옥시토신이 어떤 종류의 사회적 연결을 통해 방출되면 세로토닌의 방출을 유발한다. 그러면 세로토닌은 우리 뇌의 '보상 회로'를 활성화해 행복한 기분을 만들어낸다. 이렇듯 최고의 경험으로 '연결'이 중요하다는 것은 놀랄 일도 아니다.

자율성

우리 자신의 삶에 대한 방향과 통제는 중요하며 내적 동기부여의 주요 특징이다. 업무에서 자율성은 유연성과 함께 제공되는데, 이는 종종 가장 좋은 경험의 또 다른 요소라고 언급된다. 또한 자율성은 조직 내에서는 놓치기 쉬운 개인의 능력에 대한 존경심을 촉진한다.

자율성을 통해 직원들은 세세한 관리로부터 자유로워지고, 조직 내에서의 원활한 커뮤니케이션이 요구된다. 이는 직원들에게 자유를 주고 신뢰 수준을 전달하며, 이 두 가지 모두 훌륭한 경험과 관련이 있다.

도전

도전을 극복하는 것은 긍정적인 감정을 이끌어내지만, 일부러 힘든 경험을 쌓는 것과는 결이 다르다. 도전은 참신함과 도전을 추구하며, 능력을 확장하고, 새롭게 배우고 탐구하는 등 인간의 자발적인 성향을 통해 우리에게 내재적인 동기를 부여한다(Deci et al, 2001). 조직에서 도전적인 요소를 가진 경험을 쌓는 것은 조직문화에서 직원 복지의 본질과 관련이 있다. 어느 정도의 도전적인 목표는 직원경험에서 자기계발의 기회를 제공하고, 최고의 경험을 만들어낼 창조적인 과제를 해결할 수 있는 자유를 제공한다.

최고의 경험에 대한 심리를 이해하는 것은 직원경험을 설계하는 데 있어 훌륭한 기초가 된다. 조직 내의 직원들로부터 얻은 인사이트에 따르면 성장은 경쟁 우위를 낳는, 정말로 훌륭한 경험을 쌓을 수 있는 기반이 된다. 궁극적으로, 당신은 당신의 직원을 인간으로서 이해할 필요가 있다.

긍정적인 경험이 반드시 긍정적인 감정은 아니다

우리는 탁월한 경험이 긍정적인 감정을 유발한다는 것을 알아냈다. 하지만 그 경험이 반드시 도전이나 고통이 없다는 것을 의미하지는 않는다. 우리의 최고의 경험담을 돌이켜보면, 우리는 어떠한 경험도 '쉽고 노력이 필요하지 않기 때문에 최고였다'라고 말하는 사람을 본 적이 없다. 대부분의 경우, 우리의 가장 좋은 경험은 도전 극복, 문제해결, 일종의 개인적인 성장 또는 이와 유사한 것이다. 우리가 결코 듣지 못하는 것은 '정말 쉬웠기 때문에 그것은 훌륭한 경험이었다'는 것이다. 이 결과를 이해하는 것과 학습 내용을 직원경험 설계 방식에 적용하는 것 모두를 고려할 수 있는 몇 가지 방법이 있다.

고객경험에서 '고통은 좋다'라는 생각은 오래전부터 있어 왔다. 당신은 이케아 효과에 대해 들어본 적이 있는가? 이것은 소비자들이 부분적으로 만든 제품에 불균형적으로 높은 가치를 부여할 때 발생하는 인지편향이다. 하버드, 예일 및 듀크 대학(Harvard, Yale 및 Duke University: Norton et al, 2012)의 연구원들은 자가 조립이 소비자의 제품 평가에 영향을 미친다는 것을 발견했다. 그들의 연구 결과는 사람들이 무언가를 만들기 위해 자신의 노력을 사용할 때, 비록 그것이 잘되지 않더라도, 그들이 어떠한 노력도 기울이지 않았을 때보다 더 가치 있게 여긴다는 것을 암시한다. 플랫팩 가구(조립식 가구)를 조립하는 것을 긍정적인 경험으로 묘사하는 사람은 아마 거의 없을 것이다. 하지만 그러한 경험의 결과는 긍정적인 감정을 이끌어낼 수 있다. 그것은 단지 경험 그 자체만이 아니라 그것이 궁극적으로 당신을 어떻게 느끼게 하고, 당신에게 어떠한 지속적인 영향을 미치는지에 대한 것이다.

마라톤을 매력적인 경험이라고 말하는 사람들을 생각해보라. 다시 한번 이 현상을 이해하기 위해 '최고의 경험' 이야기들의 렌즈를 사용해보자.

첫째, 우리의 연구에 의하면 참여와 자율성이 뛰어난 직원경험의 중요한 요소임을 발견했다. 직원경험이 자율성을 촉진하고 직원들의 참여를 전제로 하는 경우, 직원들은 그것을 중시할 가능성이 커진다.

둘째, 이미 언급했듯이 최고의 경험담은 도전, 문제해결 또는 어려움의 요소를 수반하는 경우가 많다. 꼭 괴로운 경험을 설계해야 한다고 주장하는 것은 아니지만, 이러한 아이디어를 참고하면 직원경험을 개발할 때 도움이 된다. 좋은 혹은 긍정적인 것이 쉽다고 가정하는 함정에 빠지기 쉬운데, 그런 경우는 자주 발생하지 않는다. 흥미로운 점은 대체로 위생 요인과 관련된 경험은 쉽고 직설적일수록 긍정적인 경향이 있다는 것이다. 반면, 동기유발 요소들과 관련된 경험들은 도전이나 숙달의 요소를 필요로 할 가능성이 더 크다. 물론 실천가로서 위생과 동기부여 요소를 망라한 경험을 설계하는 데 관여하고 있을 가능성이 크다.

온보딩의 예를 들어보자. 근무 첫날에 적절한 키트와 접근권을 갖는 것은 위생이다. 이러한 경험은 단순하고 직설적이며 쉬워야 한다. 그러나 온보딩에는 자율성 부여, 업무 참여 등 동기부여 요인이 관여하는 몇 가지 과제가 있다. 아무도 새 일자리에서의 처음 몇 주 동안 지루하게 앉아서 빈둥거리고 싶어 하지 않는다.

동기 심리학

직원경험 설계가 좋은 의도를 갖고 시작했더라도 긍정적인 결과를 이루지 못했는지를 이해하려면 경영학의 역사를 이해하면 쉽다. 1900년대 초 테일러(Taylor, 1911)는 일터에서의 업무가 대부분 단순하고 재미없는 작업들을 수반한다고 주장했다. 그는 직원들에게 인센티브를 주는 것은 세심한 모니터링과 함께 사람들이 자신의 역할을 수행하도록 하는 가장 효과적인 방법이라고 말했다.

이러한 접근방식은 오늘날에도 여전히 많은 조직에서 널리 사용되고 있다. 보고 싶은 행동을 보상하고 보고 싶지 않은 행동을 처벌하는 것이다. 10억 달러 규모의 보상과 복리후생 산업은 이 접근방식의 결과이며, '당근과 채찍' 접근방식을 기반으로 하는 수많은 직원경험 제품, 서비스 및 접근방식이 있다. 보상에 기초한 직원경험이 좋아 보이는 것은 직관적이지만, 사실 이 접근방식은 결함이 있고 시대에 뒤떨어진다. 이제 우리는 보상-벌칙 접근방식을 사용하는 것이 종종 우리가 기대하는 결과를 낳지 않는다는 것을 알고 있다. 그리고 우리는 보상-벌칙 접근방식이 매력적인 직원경험을 만들지는 않는다고 주장할 것이다.

댄 핑크(Dan Pink, 2009)의 연구는 더 복잡하고 창의적인 직업의 시작과 함께 전통적인 보상은 실제로 원하는 것을 줄이고, 원하지 않는 것을 더 많이 만들 수 있다는 것을 보여준다. 핑크의 연구는 보상-벌칙 접근방식이 다음과 같은 결과를 가져올 수 있다고 주장한다.

- 낮은 내재적 동기
- 성과 저하
- 창의성 저하
- 비윤리적인 행동
- 단기적 사고

이 현상에 대한 설명은 '보상은 본질적으로 우리의 초점을 좁힌다'는 것이다. 우리는 내재적 동기의 역할을 고려하기 위해 보상-처벌의 모델을 넘어설 필요가 있다. 내재적 동기는 내적 보상에 의해 움직이기 때문에 무언가를 하도록 동기부여를 받는 것으로 정의할 수 있다. 그 반대편에는 외적 동기부여가 있는데, 그것은 모두 외적 보상에 관한 것이다. 예를 들어 직장에서 당신은 더 많은 후배를 코칭하기로 마음먹었다면 그것은 그들을 돕고 싶고, 그 일에 보람을 느끼며, 옳은 일처럼 느껴지기 때문이다. 이것은 내재적 동기의 한 예이다. 동료는 더 어린 동료에게 조언할 수도 있지만, 그들은 그들의 매니저로부터 인정을 받고 다른 사람들에게 옳은 일을 하는 것으로 보이기 위해서라면 이것은 외적 동기부여이다.

해리 F. 할로(Harry F. Harlow, 1950)는 1940년대에 내재적 동기의 개념에 대해 처음 이야기했다. 그는 원래 영장류들이 퍼즐을 푸는 것을 연구하면서 이 이론을 개발했다. 그는 영장류가 보상을 받지 못하는 상황에서도 퍼즐을 푸는 것을 즐기는 것처럼 보인다는 것을 발견했다. 내재적 동기부여에 대한 이러한 생각은 1960년대와 1970년대에 데시(Deci)와 리안(Ryan)의 연구에 기초했다(Deci et al, 2001). 그들은 원숭이를 대상으로 한 연구 결과를 인간으로 확장하여 자기결정 이론(Self-determination theory)을 개발했다.

자기 결정 이론은 우리가 자율적이고, 유능하며, 서로 연결되기 위한 타고난 추진력을 가지고 있다고 주장한다. 이러한 조건들은 더 높은 수준의 긍정적인 감정, 복리후생, 직원 참여 등 모든 범위의 긍정적인 결과와 연관된다. 데시 외 연구진(2001)은 인간이 '신기함과 도전을 찾고, 능력을 확장하고, 발휘하고, 탐구하며, 배우려는 내재적 경향'을 가지고 있다고 결론지었다.

우리는 이미 훌륭한 경험이 종종 내재적인 동기를 수반한다는 것을 증명했다. 따라서 동기부여의 과학에 대해 더 많이 이해하는 것은 직원경험을 설계하는 사람들에게 도움이 된다. 댄 핑크는 그의 책 《드라이브(Drive)》(2001)에서 자기결정 이론을 기반으로 하여 직원들에게 동기를 부여하는 것은 다음 3가지 필수 요소를 포함한다고 주장한다.

1. 자율성: 우리 자신의 삶에 대해 스스로 방향을 정하려는 욕망

2. 숙련: 중요한 일에 점점 더 능숙해지고 싶은 충동

3. 목적: 자신의 개인적인 것을 넘어서 사회에 이로운 의미 있는 일을 하고 싶은 열망

우리가 수집한 최고의 경험담이 자기결정 이론의 연결 개념 뿐만 아니라 거의 항상 이 3가지 주제를 다루는 것은 우연이 아니다. 경험을 설계할 때 우리는 자기 주도적이고, 배우고, 성장하고, 도전받고, 새로운 것을 창조하고, 목적을 추구하고, 다른 사람들과 연결해야 하는 타고난 선천성에 집중해야 한다.

동기 심리학 적용하기

최고의 직원경험 대화에서 얻은 인사이트로부터 직원들에게 중요한 본질적인 동기 요인을 밝혀낼 수 있다. 훌륭한 직원경험이 실제로 사람들에게 어떤 모습인지 추측하지 않는 것이 중요하지만, 적어도 이 장에서 요약한 본질적인 동기부여 요소 중 몇 가지가 나올 가능성이 크다. 하지만 직원경험 설계에서 이러한 통찰력을 어떻게 활용할 수 있을까? 다음의 아이디어가 유용한 출발점으로써 동기 요인을 구축하기 위한 아이디어에 불을 붙일 수 있기를 바란다.

자율

자율은 직원들이 업무의 일부나 모든 핵심 요소에 대해 자율성을 경험하는 것이다.

- 언제(시간)
  - 시간이 아닌 성과에 초점을 맞춤
  - 직원이 작업을 완료하는 시점에 대한 유연성
  - 작업 패턴과 시간에 대한 유연성

- 어떻게(기술)
  - 일을 할 수 있는 가장 좋은 방법을 찾을 수 있는 자유
  - 일하는 방식을 정의하는 데 관여하기

- 누구와 함께(팀)
- 협력의 기회를 촉진
- 기업 간 프로젝트에 참여할 수 있는 기회

- 무엇을(과제)
- 디자인 사고 도구를 사용하여 그들이 하는 역할에 대한 창의성을 가능하게 한다.
- 해커톤과 오픈 소스 프로젝트를 통해 사람들이 다양한 프로젝트를 수행할 수 있도록 한다.

숙련

숙련에는 직원이 성장하고 발전할 수 있는 경험이 포함된다.

- '골디락스 작업'을 제공한다. 핑크(Pink, 2001)는 너무 어렵지도 않고 너무 쉽지도 않은 작업을 설명하기 위해 '골디

락스 작업'에 대해 말한다. 적당한 긴장과 스트레스는 사람들에게 좋은 경험을 가져다준다. 만약 일이 너무 쉬우면 사람들은 지루해지지만, 너무 어렵다면 스트레스를 유발할 수 있다.

- 위험을 감수하고 실패를 처벌하지 않는 문화를 만드는 데 초점을 맞춘다. 디자인 사고의 중심은 빠른 실패와 실험에서 배우는 것이다. 다음 장에 설명할 설계 사고 도구는 실수와 경험을 통해 배울 수 있는 방법을 제공한다.

목적

목적은 목적의식을 제공하는 경험으로 이는 여러분의 브랜드와 연계한 목적일 수도 있고, 개인의 가치관과 연계한 목적일 수도 있다.

- 브랜드의 목적을 전달하여 직원들이 이익 목표뿐만 아니라 조직의 목적을 이해하도록 한다. 조직의 목적과 비전, 그리고 직원들이 이러한 목적에 어떻게 기여하는지를 이해하는 것이 최고의 경험담으로 손꼽히는 핵심 주제인 경우가 많다.
- 이익 극대화에 중점을 두는 것과 마찬가지로 목적 극대화에 중점을 둔다. 연구에 따르면 이익 목표 달성은 개인의 복지에 영향을 미치지 않는다. 조직과 개인의 목표는 이익뿐만 아니라 목적에 집중해야 한다. 성공한 회사 대다수는 이제 이윤을 목적에 두기보다는 목적을 추구하기 위한 촉

매제로 사용하고 있다.

- 각자 자신의 가치를 이해하는 시간을 갖는다. 예를 들어 직원들에게 의미 있는 직원 자원봉사 프로그램을 재설계하는 것이다.

직원경험에서 긍정적인 정서의 역할

매력적인 직원경험은 직원경험 자체가 도전적이거나 어렵더라도 이를 극복했을 때 긍정적인 정서를 수반한다. '마라톤'의 예를 생각해보라. 마라톤은 도전적이고, 때로는 고통스러울 수도 있지만, 종종 최고의 경험으로 회자된다. 일의 맥락에서도 우리는 어려운 프로젝트, 위기의 순간, 자기 회의와 비판의 순간, 까다로운 사람들과 일하는 것에 대한 힘들었던 이야기를 자주 하지만 전반적으로 느낀 직원경험은 긍정적이라고 기억한다. 자율성, 숙련성, 그리고 목적이라는 3가지 요소가 반영되었기 때문이다. 긍정적인 정서 심리와 이러한 이론을 직원경험 설계에 적용할 수 있는 방법을 이해한다는 것은 확실히 도움이 된다.

바버라 프레데릭슨(Barbara Frederickson, 2000)은 긍정적인 정서의 메커니즘을 설명하는 이론을 세웠다. 먼저 부정적인 정서의 결과를 살펴보자. 우리가 부정적인 정서를 끌어내는 경험을 할 때, 우리의 시야는 좁아진다. 우리는 '맞서 싸우거나 도망가는 모드'로 들어가고, 우리의 자원은 이 대응에 집중된다. 진화론적 관점에서 이것은 유용한 대응이다. 우리는 생존에 대한 위협을 극복하기를 원한다. 그런데 문제는 이 반응이 곰의 공격과 나쁜 상사와 함께 일하는 것 간의 차이가 없다는 것이다. 그렇다면 긍정적인 감정의 역할은 무엇이고, 긍정적인 감정은 직장에서 어떻게 도움이 될까?

이에 대해 프레데릭슨은 긍정적인 감정이 부정적인 감정과 반대로 우리의 초점을 확대한다고 주장한다. 긍정적 감정은 창의적이고 유연하며 예측할 수 없는 새로운 사고방식과 행동방식을 만들어낸다. 또한 지속적으로 신체적, 지적, 심리적, 사회적 자원을 구축하는 데 기여한다. 이 이론을 토대로 우리가 매력적인 직원경험을 설계할 때 관찰할 수 있는 긍정적인 결과에 대해 이해할 수 있다. 만약 우리가 즐거움이나 만족감을 느끼도록 사람들을 준비시킨다면, 그들은 불안이나 분노를 느끼도록 준비된 개인들보다 더 크고 넓은 사고를 하고, 다양한 아이디어를 떠올릴 수 있다.

직장에서 긍정적인 감정을 촉진할 수 있다는 광범위한 연구가 있다. 예를 들어 더 큰 직업적 만족이 정신 건강의 향상으로 연결되었다(Schutte and Loi, 2014). 또한 이직 의도와 스트레스 감소와도 관련이 있었다(Siu et al., 2014). 우리가 긍정적인 감정을 촉진하는 직원경험을 설계한다면 더 높은 생산성, 더 많은 혁신, 직원 복지와 탄력성, 그리고 더 높은 수준의 참여를 보게 될 것이다.

확장 및 구축 이론을 직원경험 설계에 사용할 수 있는 방법은 여러 가지가 있다. 우선, 심리적으로 안전한 문화를 만드는 것이 중요하다. 직원들이 실패를 두려워하지 않는 공간을 만드는 것은 새롭고 도전적인 프로젝트를 할 수 있는 기회를 제공한다. 프레데릭슨은 이 프로젝트가 '관심'이라는 긍정적인 감정을 조장한다고 주장한다. 그리고 그녀는 직장에서 긍정적인 감정의 원동력으로서 '긍정 리더십'에 대해 이야기한다. 긍정 리더십을 여러 말로 정의할 수 있지만 근원적으로 솔선수범과 긍정적인 감정을 의도적으로 증진시키는 것을 포함한다.

모든 경험이 같은 것은 아니다

우리는 매초 1,100만 비트의 정보를 수신하고 의식적으로 40비트만 처리할 수 있다. 이것은 99.999996퍼센트가 무의식적으로 처리한다는 것을 의미한다. 우리의 뇌는 약 150개 이상의 인지편향을 키워 우리가 세상을 이해하고 정보를 빠르게 처리할 수 있도록 진화해왔다. 인지편향은 우리가 세상을 더 빨리 항해하도록 돕고, 궁극적으로 우리가 생존할 수 있도록 돕는다. 한편, 편견은 우리를 속이고 잘못된 결론에 이르게 할 수 있다. 이러한 편견이 어떻게 작용하는지에 대해 조금 더 이해하면 우리는 사람들을 위해 여러 가지 방법으로 더 설득력 있는 경험을 설계할 수 있다.

인지편향을 이해하면 직원경험에 관련된 사람들이 편견을 더 잘 인지할 수 있도록 돕고, 편견으로 인한 부정적인 결과를 피할 가능성이 더 커진다. 또한 편견의 과학을 이용해 사람들을 위해 더 설득력 있는 경험을 설계할 수 있다.

대니얼 카너먼(Daniel Kahneman)은 《생각에 관한 생각(Thinking, Fast and Slow)》(2011)에서 이러한 인지편향의 역할을 간단한 방법으로 설명한다. 그는 시스템 1과 시스템 2의 사고를 구별한다. 시스템 1 사고는 빠르고 충동적이다. 그것은 종종 무의식 수준에서 거의 또는 전혀 노력하지 않아도 자동적으로 일어난다. 바로 이 단계에서 우리의 인지편향이 작용한다. 이런 종류의 사고는 유용해서 우리가 살아남는 데 도움을 주기도 한다. 이러한 편견은 본질적으로 우리가 세상을 빨리 이해할 수 있게 해주는 지름길이다. 시스템 2는 느리고 의도적이고 고의적이다. 이 수준에서 우리의 사고를 의식한다. 인간에게는 두 가지 유형의 사고가 모두 필요하지만, 시스템 1의 사고는 잘못된 답으로 이끌 수 있는 잠재적인 리스크를 가지고 있다.

우리의 직원경험 설계 프레임워크는 그 자체로 우리를 넘어뜨릴 가능성이 있는 인지편향을 극복하는 데 도움을 줄 것이다. 예를 들어 확증편향은 우리가 이전의 믿음과 가정을 뒷받침하기 위해 데이터를 찾는 경향이 있다는 것을 의미한다. 다음 장에서 자세히 살펴볼 설계 사고의 원리를 이용하면 이러한 편견을 피할 수 있다. 틀 안에서 공감에 대한 강조는 또한 고정관념 편견을 극복하는 데 도움을 준다. 또한, 직원경험 설계에서 인지편향에 대한 지식을 유리하게 사용할 수 있다. 후광효과란 어떤 사람이나 무언가에 대한 우리의 전반적인 인상이 우리가 그들이 하는 거의 모든 것을 인식하는 방법에 직접적으로 영향을 미칠 것이라는 생각이다. 그래서 만약 우리가 어떤 조직이나 다른 사람과 좋은 경험을 한다면, 우리는 그들이 하는 모든 것을 더 긍정적으로 인식할 가능성이 크다.

피크 엔드 법칙(peak-end rule)은 직원경험 설계에서 고려해야 하는 또 다른 인지편향이다. 이 편견은 사건 후에 우리가 경험을 기억하고 평가하는 방식과 관련이 있다. 우리 마음속에 남아 있는 것은 어떤 경험의 마지막 순간뿐 아니라 긍정적이기도 하고 부정적이기도 한 강렬한 순간이다. 이것은 왜 때때로 고통을 수반하는 경험을 애틋하게 되돌아보는지를 설명하는 데 도움이 된다. 다시 한번 우리는 마라톤 주자들을 예로 생각할 수 있다. 직장 내에서 피크 엔드 법칙은 조직에서 일하는 우리의 전반적인 경험뿐만 아니라 그 과정에서 다른 특정한 경험에도 적용될 수 있다. 그리고 이것이 바로 사람들이 조직이나 팀을 떠날 때 경험하는 것이 매우 중요한 이유이다. 우리의 떠나는 경험은 우리와 함께 있으면서 우리의 지속적인 인상을 알려주기 위해 많은 비중을 두고 있으며, 종종 간과된다.

직원경험 관리하기

경험은 우리에게만 일어나는 것이 아니다. 우리의 마인드셋은 경험이 우리에게 어떤 영향을 미치는지에 중요한 역할을 한다. 지금까지 직원경험은 실질적으로 직원들에게 무엇인가 제공하는 것으로 생각되어 왔지만 개인의 마인드셋과 책임이 직원경험 디자인에서 충분히 표현되지 않았다. 여기서 조직의 역할을 포기하라는 뜻이 아니다. 기업들은 사람들이 번창하도록 돕는 경험을 설계하는 데 집중해야 한다. 그러나 다른 모든 조건이 평등하다면 직원들의 마인드셋은 일을 경험하는 방식에 중요한 역할을 하게 된다.

잠시 경험의 본질을 생각해보자. 대부분의 경험은 주관적이다. 예를 들어 같은 말벌에 쏘여도 사람에 따라 느끼는 고통이

다르며, 다른 사람의 고통을 측정하거나 똑같이 느낄 수 있는 사람은 아무도 없다. 주관적 경험은 감정적 요소와 인지적 요소를 모두 포함한다. 그러나 객관적인 경험도 존재한다. 객관적인 경험이란 실제 사건 그 자체이다.

조직의 사례를 살펴보자. 조직의 신규 입사자들을 불러서 하루 동안 신규 입사자 교육을 진행한다. 내성적인 사람들은 새로운 사람들을 만나야 하는 이 행사에 대해 걱정할 수 있다. 행사가 끝날 즈음에는 내향적인 사람들도 신규 입사자 교육이 대체로 긍정적인 경험이었다고 평가할 수 있다. 하루 중 어떤 부분이 불편했을 수도 있지만, 새로운 동료들을 만날 수 있는 기회를 감사하게 여기고, 조직에 대해 더 많이 알게 되었으며, 즐거운 시간을 보내게 되었고, 행사를 운영해준 회사에 감사하게 생각할 것이다.

또 다른 내향적인 사람들은 새로운 사람들을 만나야 하고, 자신들의 편안함에서 벗어나야 하는 것에 더 초점을 맞추면서, 그 경험이 그들에게 부정적이었다고 이야기할 수 있다. 객관적인 경험은 행사 자체였지만, 사람마다 각자의 사고방식에 따라 주관적인 경험이 다를 것이다. 요약하면, 우리의 주관적 경험은 우리의 마음에서 생산된다는 점에서 우리에게 독특하다. 이것이 우리의 개인적인 마음가짐과 심리가 전체 직원경험에서 중요한 역할을 하는 이유이다.

흥미로운 것은 우리의 사고방식이 우리가 경험에 대해 어떻게 느끼고 해석하는지에 영향을 미칠 뿐만 아니라, 실제로 경험의 결과도 바꿀 수 있다는 것이다. 키르시와 린(Kirsch and Lynn,

1999)의 연구는 이에 대해 설명한다. 눈을 가린 한 무리의 학생들이 그들의 팔을 옻나무로 문지르고 있다는 말을 들었다. 그러자 모든 학생의 팔이 옻나무에 반응해 증상이 나타났지만, 사용된 식물은 옻나무가 아니라 완전히 무해한 식물이었다. 그러고 나서 연구원들은 학생들의 다른 팔에 진짜 옻나무를 문질렀지만, 그것은 무해한 식물이라고 말했다. 모든 학생이 옻나무 알레르기가 있었지만, 그들 중 몇 명만 발진이 났다. 이 연구는 지금은 윤리적인 문제로 간주되고 있지만, 긍정적인 결과 또는 실제로 긍정적인 경험에 대한 기대가 더 많이 발생하도록 만든다는 것을 보여준다. 이를 '예측 인코딩'이라고 한다.

만약 우리가 긍정적인 결과를 기대하도록 우리 자신을 준비시킨다면, 우리가 하고 있는 것은 실제로 결과가 발생했을 때 그것을 인식하도록 우리의 뇌를 인코딩하는 것이다. 이것은 우리 회사의 명성과 우리의 매력, 그리고 채용 경험이 매우 중요하다는 주장에 무게를 더한다. 현 단계에서 훌륭한 경험을 통해 입사 시 긍정적인 직원경험에 대한 기대가 높아질 수 있다.

그런데 더 나은 경험을 느끼는 올바른 사고방식을 어떻게 정의할 수 있을까? 우리가 아직 이 질문에 정확히 답할 수는 없지만, 리더십 IQ(Murphy, 2020)의 최근 연구는 '자기 참여'에 필요한 특성들을 밝혀냈다. 그리고 우리는 이것이 향상된 직원경험을 위한 올바른 사고방식에 기여할 것이라고 믿는다. 1만 1,000명이 넘는 직원들을 대상으로 한 연구에서 그들은 소위 말하는 '자기 참여', 즉 그들의 낙관주의, 탄력성, 능동성, 적극성 그리고 야망에 대한 통찰력을 수집했다. 자기 참여 모델은

18가지 관점을 포함하며, 직원들이 개인적인 통제력을 가지고 있는 정도를 반영한다.

자기 참여 모델은 다음과 같은 항목들로 구성된다.

- 나에게 나쁜 일보다 좋은 일이 더 많이 일어나길 기대한다.
- 나의 경력에서 겪었던 힘든 시간들이 내가 성장하고 발전하는 데 도움을 주었다.
- 나는 내가 하는 모든 작업/프로젝트에서 흥미로운 것을 발견한다.

그들의 연구 결과는 직장에서 우리의 사고방식이 우리가 일을 경험하는 방식과 그 이후의 몰입 수준에 중요한 역할을 한다는 것을 보여주었다. 그런데 흥미로운 점은 이 연구가 종종 라인 매니저의 역할과 같은 다른 몰입 활성화 요소보다 자기 몰입이 더 중요하다는 것을 발견했다는 것이다. 특히 다음과 같은 요소가 모두 업무 참여에 중요한 역할을 하는 것으로 나타났다.

1. 낙관주의: 이 연구는 낙관적인 전망을 갖는 것이 직장에서 직원이 받는 영감의 30퍼센트를 설명한다는 것을 발견했다. 이 발견은 긍정 심리학의 관점으로 볼 때 이치에 맞는다. 우리는 낙관적인 사고방식이 하향곡선을 막을 수 있을 뿐만 아니라 불안의 정도를 줄일 수 있다는 것을 알고 있다.

2. 내부 통제의 중심점을 갖는 것: 이것은 직원들이 자신의 성공과 실패를 스스로 통제한다고 믿는 것이며, 운에 달려 있다고 생각하지 않고 현재의 위치에서 열심히 일하는 것이다. 이 연구는 내부 통제의 위치가 직원 영감의 26퍼센트를 설명한다는 것을 발견했다. 연구들은 높은 내부 통제의 위치를 가진 사람들이 더 많은 직업적 성공, 더 나은 건강 상태, 덜 불안하고 더 낮은 스트레스를 경험한다는 것을 계속해서 증명해왔다.

3. 회복력: 회복력이 있다는 것은 좌절에서 다시 살아나 당신이 희망했던 대로 일이 진행되지 않을 때 대처할 수 있다는 것을 의미한다. 상황이 어려울 때 잘 대처하는 탄력성은 직원들이 직장에서 느끼는 영감의 25퍼센트를 설명했다. 우리는 회복력이 전반적인 복지를 위한 핵심 기술이라는 것을 알고 있다.

4. 주장: 자기 주장은 직원 참여의 23퍼센트를 설명하는 것으로 밝혀졌다. 자기 주장이 높다는 것은 요구, 견해, 경계를 효과적이고 명확하게 표현할 수 있다는 것을 의미한다. 연구는 종종 자기 주장이 더 높은 수준의 자존감과 상관관계가 있으며, 건강한 자기 주장 기술은 직장에서의 갈등과 공격성을 감소시킬 수 있다는 것을 발견했다.

5. 흥미: 당신이 하는 일에서 흥미로운 것을 찾는다는 것은 직장에서 직원 영감의 24퍼센트를 설명해준다. 자신의 일에서 의미를 찾는 사람들은 더 영감을 받고 그들의 고용주와 함께

지낼 가능성이 더 크다. 그리고 직장에서 최선의 노력을 할 가능성이 더 크고, 그들의 고용주를 다른 사람들에게 추천할 가능성이 더 크다.

여기에 설명된 요소들은 모두 개발되고 학습될 수 있다. 이 요소들은 고정되어 있지 않다. 우리는 이러한 사고방식을 발전시키는 것이 직장 경험에 긍정적인 영향을 미칠 것이라고 믿는다. 요약하면, 우리는 직원들이 올바른 사고방식을 개발하고 스스로 참여하도록 지원할 수 있으며, 이는 직원들의 경험에 긍정적인 영향을 미칠 것이다.

일상적인 직원경험과 시작점

1장에서는 일상적인 직원경험에 대해 이야기했는데, 이를 미시적 경험이라고 한다. 최고의 직원경험 대화에서 얻은 인사이트는 우리가 직원경험을 조직이나 실무자들이 보는 시각과는 상당히 다른 시각으로 보는 경우가 많다는 것이다. 최고의 직원경험 스토리에서는 특정 직원의 라이프 사이클 구성 요소나 특정 직원의 여정에 대해 언급하는 일은 거의 없으며, 특전이나 혜택에 대해서도 언급하지 않는다. 최고의 직원경험 스토리는 매우 개인적인 것이며, 관련된 경험의 범위는 넓다. 예를 들어 큰 프로젝트를 수행하는 것과 관련된 이야기에는 리더 및 동료와의 관계, 개인적 성장, 기회를 준 회사에 대한 감사, 훌륭한 커뮤니케이션, 의사결정권자 및 업무를 수행할 수 있는 리소스 등이 포함될 수 있다. 전체적인 직원경험에 기여하는 것은 이러한 미시적 경험의 총합이기 때문에 직원경험 설계에서 일상적인 직원경험을 고려할 필요가 있다.

O.C. 태너의 연구(Tanner, 2020)는 92퍼센트의 직원이 자신의 직원경험을 '일상적인' 경험으로 묘사하고 있다고 밝혔다. 그리고 같은 조사에서 직원 중 42퍼센트만이 직원경험을 긍정적이거나 매우 긍정적이라고 평가했다. 그러면 일상의 직원경험을 디자인하는 것은 어디서부터 시작할까?

칩과 댄 히스(Chip and Dan Heath)는 그들의 책 《결정적인 순간의 힘(The Power of Moments)》(2017)에서 특정 경험이 왜 우리에게 머무르는지에 대한 통찰력을 공유하고 있다. 우리는 이 통찰력을 사용하여 우리의 감정에 긍정적인 변화를 주는 일상적인 직원경험을 만들 수 있다. 우리는 이미 '피크 엔드 법칙'에 대해 알고 있다. 즉 어떤 경험이 우리에게 어떤 느낌을 주었는지 되돌아볼 때 우리는 최고 또는 최악의 순간, 피크와 결말을 기준으로 평가한다. 그래서 우리는 매일매일의 모든 순간이 정상에 달하도록 하기보다는 직장에서 어떻게 정상에 달할 수 있는지 이해할 필요가 있다. 칩과 댄은 그들의 책에서 '구덩이를 메우고 봉우리를 쌓아야 한다', 즉 좋지 않은 경험을 분류하고, 더 많은 봉우리를 쌓는 데 초점을 맞춰 매일매일의 직원경험을 디자인할 필요가 있다고 설명한다. 그리고 피크 경험을 설계하기 위해 다음과 같은 5단계를 추천한다.

1. 작은 봉우리를 찾는다.
2. 관계를 축하하고 존중하라.

3. 강점을 찾고 인정하라.

4. 새로운 가능성을 확인한다.

5. 영적인 통찰력을 찾아라.

그리고 우리는 여러분이 이 일을 할 수 있도록 돕는 이상적인 방법을 알고 있다. 바로 긍정 탐구(Appreciative inquiry)이다. 긍정 탐구는 원래 케이스 웨스턴 리저브 대학교의 데이비드 쿠퍼라이더 박사, 수레시 스리바스타 박사, 프랭크 배럿 박사가 개발하였다. 긍정 탐구는 여러분 스스로 어떤 것이 작동하는지 배우고, 어떤 통찰을 사용할 수 있도록 해주는 단순한 강점 기반 도구이다. 긍정 탐구는 그룹, 팀 및 조직이 업무 경험에 대해 서로 다른 대화를 나눌 수 있는 간단한 프레임워크를 제공한다. 이 방법론은 5-D 사이클로 알려진 것을 기반으로 한다(그림 3.3 참조).

5-D 사이클은 긍정 탐구 개입을 계획할 때 따라야 할 간단한 프로세스를 제공한다. 조사는 전체 사이클에 따라 다음과 같은 방식으로 이루어진다.

1. 정의

이 단계에서는 긍정 탐구 주제를 설정한다. 긍정 탐구를 사용하여 '구덩이'를 해결할 수 있는데, 문제가 있는 온보딩 직원경험을 해결하려 한다고 말하기보다는 훌륭한 온보딩 직원경험을 만들고 싶다고 말하는 것이다. 또한 일상적인 직원경험의 일부로 더 많은 피크 모멘트와 경험을 설계하고 전달하는 데

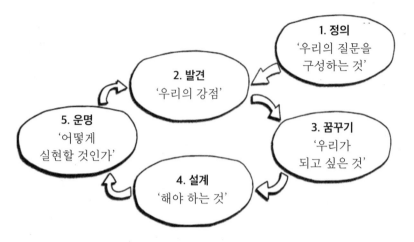

그림 3.3 AI를 활용한 강점 기반의 직원경험 설계 프로세스

긍정 탐구를 사용할 수 있다.

긍정 탐구에 대한 주제가 정의되면 프로세스로 넘어간다. 기본적으로 참가자들은 사이클을 돌며, 다른 관점을 통해 주제에 대해 심도 있게 이야기할 수 있는 기회가 주어진다. 세션 전에 질문 초안을 작성하여 각 단계에서 이야기와 토론을 유도하는 경우가 많지만, 유연하게 진행하는 것이 도움이 된다. 이 과정은 소규모 그룹으로 운영될 수도 있고, 팀과 함께 운영될 수도 있고, 수백 명 또는 수천 명의 직원이 참여하는 대규모 정상회담에서 운영될 수도 있다.

2. 발견

긍정 탐구 주제가 정해지면 검색 단계의 프로세스가 시작된다. 이 부분은 참가자들로부터 이야기를 수집함으로써 최고의 혹은 긍정적인 경험에 대해 성찰하는 것이다. 여기서 우리는 최고의 직원경험 활동 또는 유사한 활동을 사용하여 직원들로부터 최고의 경험 사례를 발굴한다.

3. 꿈

일단 긍정 탐구 개입이라는 주제 안에서 현재 혹은 이전의 경험들에 대해 생각하는 시간을 보내고 나면, 우리는 그다음 꿈의 단계로 넘어간다. 이러한 대화는 무엇이 될 수 있는지에 초점을 맞추고, 직원들에게 현재와 다른 미래를 상상하도록 요청한다. 이 단계는 모든 가능성에 대해 기술하는 것이다. 참가자들이 무엇이 될 수 있는지에 집중하도록 강조한다. 여기서 참가자들은 그들의 생각을 넓히고 다른 미래와 가능성에 대해 흥분하게 만들도록 도전한다. 질문이나 활동은 참가자들이 자신이 원하는 위치에 대한 명확하고 가시적인 시각을 만들어내도록 영감을 주기 위해 고안되었으며, 참가자들에게 이 미래를 자세히 묘사하도록 요청한다.

꿈의 단계는 발견 단계부터 학습과 토론을 기반으로 하며, 참가자들이 새로운 것을 창조하도록 격려하는 것이다. 예를 들어, 긍정 탐구 개입의 주제가 일할 수 있는 멋진 장소를 만드는 것이라면, 꿈의 단계에서는 참가자들에게 무엇이든 가능한 것을 상상하도록 격려하고 그들의 조직을 위해 일할 수 있는 훌륭한 장소에 대한 미래 비전을 만들 것이다. '그곳은 어떤 모습일까? 어떤 느낌일까? 어떻게 될까?'

꿈의 단계에서 창의성을 시각화하는 것은 사람들로 하여금 일상적인 사고 패턴에서 벗어나게 한다. 이를 위해 우리는 각 그룹에게 미래에 일하기 좋은 장소를 위한 무드 보드 또는 시각적인 것을 만들도록 요청했다. 꿈의 단계에서는 2장에서 공유한 것과 같은 '미래 비전' 활동을 사용할 수 있다.

4. 설계

다음으로, 무엇이 되어야 하는지 생각하는 설계 단계로 돌입하게 된다. 이 프로세스 단계를 통해 참가자들은 이전 단계부터 학습한 내용과 대화를 바탕으로 무엇이 잘 작동할지 계획하고 우선순위를 정할 수 있다. 이전 단계부터 그들의 생각, 아이디어, 비전을 살리기 위해 무엇이 바뀌어야 하는지에 대한 질문이 이루어진다. 변경 사항이 식별되고 계획이 세워진다.

우리의 경험에 비추어 보면, 긍정 탐구 프로세스의 순환을 따라감으로써 이 단계에 도달했을 때, 참가자들은 무엇이 가능하고 무엇이 변화할 수 있는지에 대해 더 개방적이게 된다. 일반적인 문제해결 접근방식을 따를 경우보다 말이다. 마인드 갭 활동은 보고자 하는 직원경험을 설계하는 데 도움이 될 수 있는 한 예다.

5. 운명

긍정 탐구 사이클의 마지막 단계는 운명이다. 이 단계에서는 이전 단계에서 논의한 설계를 제공하거나 실행하기 위해 필요한 작업에 초점을 맞춘다. 이 단계에서는 직원들이 자신의 직원경험에 대해 어떻게 책임을 질 수 있는지, 그리고 직원들이 개인적으로 앞으로 나아갈 것, 책임질 것, 심지어 실험할 것인지를 살펴본다. 이 단계에서는 조직이 원하는 위치에 더 가까이 다가가기 위해 참여자들이 오늘날 할 수 있는 작은 변화의 잠재력과 가치를 강조한다. 팀 성찰 활동을 사용하여 이 작업을 수행할 수 있다.

활용 연습

벌어진 틈을 조심하라

최상의 직원경험 대화를 통해 피크 순간을 파악하고 미래 비전 대화를 통해 원하는 미래를 파악한 후에는 갭 분석을 수행하여 어떤 조치가 필요한지 결정할 수 있다. 이 활동을 통해 메워야 할 공백을 찾아낼 수 있다. 이 세션은 긍정 탐구의 정의 단계를 통해 정의된 직원경험에 대한 갭 분석을 수행하는 데 도움이 된다.

갭 메우기

이전 세션에서 발견된 테마를 그룹에게 알려준다.

- 오늘날 우리의 위치: 최고의 직원경험 활동으로부터
- 우리가 가고자 하는 위치: 미래 비전 활동으로부터

그룹을 소규모 작업 그룹으로 나누고 다음 사항에 대해 논의하고 문서화하도록 요청한다.

1. 우리가 원하는 곳에 얼마나 가까이 있는가.
2. 우리가 원하는 위치에서 얼마나 멀리 떨어져 있는지, 우리가 개발해야 할 모든 영역을 나열하기

그 간격이 얼마인지 보라. 그 차이가 우리에게 말해주는 것이 무엇인지, 가능한 행동이 무엇인지에 대해 이야기하라.

대화할 시간

갭 분석을 수행하는 것은 우리가 무엇을 하고, 어떻게 하고, 상황을 더 좋게 만들기 위해 무엇을 할 수 있는지 분석하고 이해할 수 있는 훌륭한 방법이다. 그룹별로 그 차이를 논의하고 파악한다.

해야 할 것

'중지, 시작, 계속' 탬플릿에 모든 작업을 간단히 캡처한다.

직원경험 설계를 위한 도구로서의 긍정 탐구

긍정 탐구는 직원경험 설계 과정에서 사용할 수 있는 강력한 도구이다. 그리고 비록 그것이 디자인 싱킹의 영역에서 가져온 것은 아니지만, 프레임워크와 접근방식에는 많은 공통적인 원

칙이 있다. 예를 들어 정의 과정이 솔루션 중심적이고 긍정적인지 확인하는 것이다. 발견 단계는 공감과 통찰력 수집을 촉진하는 데 도움이 되며, 꿈의 단계는 모두 다른 사고에 관한 것이다. 긍정 탐구는 참가자들에게 실제 경험과 스토리를 말하고 공유하도록 동기부여 한다. 과거에 이미 효과가 있었거나 오늘날 효과가 있는 것을 살펴보는 것이다. 이러한 실제 이야기와 경험들은 미래의 가능성을 상상하는 데 훌륭한 기초가 되며, 그것은 그렇게 멀리 있거나 압도적으로 보이지 않는다.

심리적인 관점에서 볼 때 긍정 탐구가 강점을 기반으로 한다면, 그 과정 자체가 긍정적인 감정과 경험을 만들어낸다. 그것은 그 자체로 사람들이 즐기는 긍정적인 경험이다. 이 과정은 또한 시작할 때 명확한 목적을 제시하고 참여자들 사이의 자율성을 촉진한다. 그들은 자신의 이야기와 아이디어를 제공하고 자신의 해결책을 개발한다.

마지막으로, 미래의 가능성을 상상하기 위해 그룹이 함께 일하는 것은 직원들을 참여시키고 그들에게 목소리를 주는 훌륭한 방법이다. 요약하면, 긍정 탐구 프로세스는 칩과 댄 히스가 지지하는 원칙을 통합하여 일상적인 직원경험을 포함해 우리와 함께할 경험을 발견하고 설계하는 데 도움을 준다.

1. **작은 성공 경험을 찾자.** 이를 위해 최적의 직원경험 활동을 사용하라.
2. **관계를 기념하고 존중하라.** 긍정 탐구 과정 전체는 차이점을 살펴보기보다는 우리의 공통점에 초점을 맞추고 동료

들과 함께 센스메이킹을 만들어냄으로써 이를 뒷받침할 것이다.

3. 강점을 찾고 인정하라. 긍정 탐구 접근법은 강점을 기반으로 한 접근방식이다.

4. 새로운 가능성을 파악한다. 이를 위해 미래 비전 활동을 활용한다.

5. 영적 통찰력을 찾아라. 이를 위해 최고의 직원경험과 미래의 비전 활동을 활용하라.

핵심 요약

이 장에서는 무엇이 훌륭한 직원경험을 만드는지 이해하는데 도움을 줄 수 있는 주요 심리 모델과 접근방식을 개략적으로 설명하고, 이 지식을 사용하여 훌륭한 경험을 설계할 수 있는 방법을 설명하였다.

- 긍정적인 경험은 우리에게 심리적 이점을 주기 위해 신경 전달물질의 혼합물을 방출한다.
- 우리는 환경을 설계할 때 위생 요인과 동기 요인을 구분하고 사람들에게 정말로 중요한 것에 집중하도록 해야 한다.
- 훌륭한 직원경험에는 긍정적인 감정만 있는 것은 아니다.
- 직원경험은 주관적이고 개인적인 것이지만, 훌륭한 직원 경험에 대한 보편적인 테마가 있다.
- 직원경험 디자인은 인지편향을 극복하는 데 도움을 줄 수 있다.

- 피크 엔드 법칙은 직원경험을 설계할 때 정말 중요한 사항에 초점을 맞추는 데 도움이 된다.
- 개인의 사고방식은 우리가 세상을 어떻게 경험하느냐에 중요한 역할을 한다.
- 우리는 긍정 탐구를 사용하여 더 나은 일상 경험을 이해하고 설계할 수 있다.

4장.
조직문화와 리더십
그리고 직원경험

이 장에서 다룰 내용은 다음과 같다.

- 문화와 직원경험 사이의 관계
- 문화를 정의하는 다양한 방식과 의미
- 문화가 거시적, 미시적 수준에서 미치는 영향과 이에 대해 해야 할 일
- 가치가 중요한 이유와 가치를 더 의미 있게 만드는 방법
- 디자인에 대한 문화의 영향과 문화에 대한 디자인의 영향
- 매력적인 직원경험 형성을 위한 리더의 역할
- 성공을 위한 리더 준비/교육
- 성공을 위한 지도자 설정
- 관리자의 역량 평가

문화와 직원경험의 관계

문화는 직원경험에 가장 중요한 영향을 미치는 요소 중 하나이다. 직원경험은 조직문화의 맥락 속에서 발생하며, 문화는 '직원경험이 녹아 있는 수프(Wright-Wasson, 2019)'로 표현하기도 한다. 훌륭한 문화가 훌륭한 직원경험을 보장하지는 않지만, 그럴 가능성은 훨씬 크다. 2020년 O.C. 태너의 연구에 따르면, 훌륭한 조직문화를 가진 기업의 직원들은 자신들의 직원경험 만족도를 102퍼센트 더 높게 평가했다.

문화는 잠재적 직원을 유인하는 동시에 이들이 입사했을 때 조직을 어떻게 경험하는지를 결정하는 중요한 요소이다. 미국, 영국, 프랑스, 독일 성인의 4분의 3 이상이 회사에 지원할 때 문화를 고려한다(Glassdoor, 2019). 또한, 71퍼센트는 조직문화가 악화되면 다른 조직으로의 이동을 알아본다.

물론 이러한 사실이 중요시되지 않은 것은 아니다. 경영학 전문가, 학계 등에서 잘 정립된 '문화 개혁' 운동도 존재한다. 리처드 뷰캐넌(Richard Buchanan, 2015) 교수에 따르면, 이 운동은 조직문화를 재설계하고 문화적 가치와 조직의 목적에 대해 더 나은 이해를 돕는 것과 관련이 있다. 직원경험의 디자인 맥락에서 흥미로운 점은 뷰캐넌이 언급했듯이, 문화 개혁 운동의 가장 중요한 인물들인 피터 드러커(Peter Drucker), 톰 피터스(Tom Peters), 피터 센게(Peter Senge) 모두가 문화적 변화의 요소로 디자인/설계의 중요성을 인식했다는 것이다.

문화란 무엇인가?

문화가 중요한 것은 모두 알지만, 그렇다면 문화란 무엇인가? 문화가 어떻게 직원경험에 영향을 미치고 이에 대해 무엇을 해야 하는지 이해하려면, 먼저 문화의 정의를 명확히 해야 한다. 직원경험과 몰입처럼 문화도 다양한 정의가 존재한다. 학계 연구에서 50개가 넘는 정의가 확인되었으며, 종종 이벤트, 관습, 상징을 해석하기 위해 직원들이 말하는 이야기도 포함한다.

시오반 맥헤일(Siobhan McHale, 2020)는 저서 《The Insider's Guide to Culture Change(문화 변화에 대한 내부자 안내서)》에서 문화를 '비즈니스 운영방식을 결정하는 패턴 혹은 계약'으로 설명한다. 혹은 더 간단하게, '조직 내 운영방식'이라고 표현한다.

《컬처 코드(The Culture Code)》의 저자 대니얼 코일(Daniel Coyle, 2018)은 '문화는 공통의 목표를 향해 일하는 살아 있는 관계의 집합'이라고 설명하며 문화를 보다 유기적인 존재로 바라본다. 문화에 대한 다양한 정의를 살펴보면, 문화가 다양한 수준에서 작용한다는 것을 알 수 있다. 문화는 볼 수 있으며 느낄 수도 있다. 예를 들어 문화는 우리가 부분적으로 하는 일이기 때문에 관찰할 수 있다. 업무를 수행하는 방식부터 벽에 걸린 포스터, 사무실 환경, 심지어 조직도나 프로세스 맵에 이르기까지 우리가 볼 수 있는 이 모든 것이 문화의 산출물이다.

뿐만 아니라 우리는 문화를 느낄 수 있다. 안정적인 혹은 긴장을 주는 소속감을 느끼고 있는지, 조직이 수직 혹은 수평적인지, 신나는지 혹은 정치적인지 등에 대해 볼 수는 없지만 우리는 느낄 수 있다. 그리고 이는 종종 더 깊은 수준의 문화에서 유래한다. 한 문화 내에서 우리가 경험하는 많은 것이 몇 년에서 몇 세기에 걸쳐 조직 전체의 역사 속에서 학습하고 강화된 가치, 신념 및 가정에서 비롯된다. 이는 실제로 볼 수 없지만 상당한 영향을 미친다. 여기서 주의해야 할 점은 벽에 걸린 포스터는 더 성숙한 문화에서 작용하는 더 깊은 가치, 신념, 혹은 가정을 의미하는 것이 아닐 수 있다는 것이다. 다시 말하면, 자신의 조직이 이런 식으로 운영된다고 해서 실제로 이렇게 조직이 운영된다는 의미는 아니다.

이러한 이유로, 조직문화 분야에 대해 많은 책을 집필한 사상가인 에드거 샤인(Edgar Schein)의 정의를 선호한다. 그는 한 그룹의 문화를 시간이 지남에 따라 앞서 언급한 가치와 가정들이 모여 조직이 내부적으로 돌아가는 방식으로 자리 잡는 동시에 외부 환경의 조건 변화에 적응할 수 있는 것으로 정의했다.

한 집단의 문화는 외부 적응과 내부 통합의 문제를 해결하면서 배운 기본적인 가정의 패턴으로 정의된다. 그러므로 새로운 구성원이 이러한 문제와 관련해서 올바른 방식으로 인지하고, 사고하고, 느낄 수 있도록 알려줘야 한다(Schein, 2004).

이 정의는 특히 지금 이 시점에 더 적절하게 느껴진다. 조직이 COVID-19 위기의 지속적인 영향에 적응함에 따라, 변화하는 외부 환경에 대응하기 위해 서로 연결되고 협업할 수 있는 새로운 방법을 빠르게 찾고 있다.

문화가 직원경험에 미치는 영향

앞서 언급했듯이 문화는 큰 의미에서 조직이란 무엇인지, 조직은 왜 존재하는지에 관한 기대치를 알려주기 때문에 조직에 합류하기 전부터 조직에 대한 사람들의 경험에 영향을 미친다. 그러나 문화는 직원이 조직에서 경험하는 모든 미시적 경험에까지 영향을 준다. 조직을 떠나도 좋았던, 혹은 좋지 않았던 경험들은 기억으로 계속 남는다. 이 두 가지에 대해 살펴보자.

미시 경험

O.C. 태너는 2020년 보고서에서 미시적 경험과 문화에 대해 다음과 같이 설명한다.

"조직문화와 직원의 미시 경험은 깊이 연결되어 있고, 이 둘은 시너지 효과를 발휘한다. 문화는 직원들이 상호작용하고, 생각하고 일하는 방식에 영향을 미친다. 문화는 직원들로 하여금 최고 혹은 최악의 경험을 포함한 미시 경험을 하도록 하며, 이 경험들이 쌓여 조직문화를 강화하는 방식으로 작동한다."

따라서 문화는 사람들이 서로 관계를 맺는 방식을 포함하여 일상적인 경험을 구성한다. 2013년도에 에어비앤비 공동 창립자이자 CEO인 브라이언 체스키(Brian Chesky)는 전사에 보낸 메일에 다음과 같이 적었다.

"문화는 천 번의 시도와 천 번의 실패로 만들어진다. 문화는 구성원을 채용할 때, 이메일을 작성할 때, 프로젝트를 수행할 때, 복도를 걸을 때 핵심 가치를 실천하는 것이다. 우리는 가치를 실천함으로써 문화를 구축할 수 있는 힘이 있다. 또한 가치를 어김으로써 문화를 파괴할 수 있는 힘이 있다(Chesky, 2014)."

거시적 관점

조직은 항상 문화에 대해 이야기하므로, 그 문화는 사람들의 기대치에 영향을 미친다. 〈MIT 슬론 매니지먼트 리뷰(MIT Sloan Management Review, SMR)〉에 게재된 연구(Sull et al, 2020)에 따르면, 80퍼센트 이상의 미국 기업은 본인 조직의 공식적인 가치를 웹사이트에 게시한다. 이를 통해 조직 내 직원들의 행동과 결정을 이끄는 문화의 중요성을 드러낸다. 이것은 단순한 웹사이트가 아니다. 지난 30년 동안, 〈하버드 비즈니스 리뷰(Harvard Business Review, HBR)〉와 인터뷰한 CEO의 4분의 3 이상이 조직의 문화와 핵심 가치에 관해 구체적으로 물어보지 않았음에도 불구하고 이에 대해 언급했다.

가치는 문화의 핵심이다. 조직이 열정이 없거나 실제 추구하는 가치가 벽 혹은 웹사이트에 적혀 있는 내용과 다른 경우에도 마찬가지다. 조직이 중요하다고 말하는 것과 실제로 행하는 것 사이의 간극은 흔하게 발생한다. MIT SMR에 게재된 연구(Sull et al, 2020)에 따르면, 조직이 공식적으로 내세우는 문화적 가치와 직원 관점에서 '조직이 얼마나 이러한 가치를 잘 실천하고 있는지' 사이에는 상관관계가 없다. 상관관계가 없다는 것이 핵심이다. 자세한 내용을 위해서는 연구를 살펴보길 추천한다.

이러한 모순에도 불구하고, 가치 선포는 조직의 성공을 위해 리더가 중요하다고 생각하는 것을 반영하기 때문에 문화의 일부라고 할 수 있다. 또한 리더가 직원, 고객, 이해관계자의 관점에서 본인의 조직을 차별화한다고 믿는 문화적 요소를 드러낸다. 그러나 문제는 기대가 현실로 바뀌지 않으면 사람들의 경험에 영향을 미치는 인지 부조화가 발생한다는 것이다. 몇 달 전에 새로운 회사에 입사한 친구로부터 "내가 생각했던 것과 다르다"는 말을 얼마나 자주 들었는지 생각해보자.

무엇을 해야 하는가

문화를 얘기할 때, 에드가 샤인의 '우리가 만족하는 만큼 얻는다'라는 말이 종종 인용되곤 한다. 이것은 사실이다. 인간의 무리는 아무것도 없는, 일종의 진공 상태에서 함께 일하는 것이 아니기 때문에 문화는 어떤 형태로든 항상 나타난다. 집단 내에 기존에 형성된 문화가 없다면, 리더를 선발하고 성공을 인정하며 보상하기 위한 자체적인 프로세스를 빠르게 만들기 시작할 것이다. 이상적인 직원경험과 마찬가지로 문화는 의도적이어야 하며, 이를 주도하는 모든 사람과 협업을 통해 생기를 불어넣는 리더의 정교한 설계 작업이다.

《Adaptation Advantage(적응의 이점)》(2020)의 저자인 맥고원(McGowan)과 쉬플리(Shipley)에 따르면 문화가 의도적으로 설계되지 않을 경우 조직문화는 일종의 독으로 변한다. 따라서 성공한 조직문화는 의도적이다.

성공적인 조직문화를 위해서는 통합된 접근방식이 필요하

4장. 문화, 리더십 그리고 직원경험

다. 문화와 직원경험이 분리되면 직원경험에 격차가 발생하게
된다. 많은 조직이 통합된 접근방식의 중요성을 간과하는 경우
가 많은데, 조직은 자신들의 문화 활동을 직원경험 활동과 연결
해야 한다.

앞에서 언급한 MIT SMR 연구 보고서(Sull et al, 2020)에서는
'조직이 선포한 가치를 얼마나 잘 실천하고 있는지에 대한 증거
기반의 검토'를 수행하는 것이 리더가 해야 할 문화 개선의 첫 단
계라고 제안한다. 이 과정에서는 조직문화의 어떤 요소가 잘 실
행되고 있고 무엇이 부족한지, 그리고 어떤 팀 혹은 부분이 조직
문화를 해치고 있는지에 대해 파악해야 한다. 또한, 우수한 문화
를 갖추고 있는 곳은 어디인지도 확인하는 것이 중요하다. 즉 리
더는 조직이 선포한 가치가 무엇을 의미하는지 명확히 이해하고
전달해야 한다. 요약하면 다음과 같다.

- 행동으로 옮길 수 있고, 차별화되며 결과와 연결된 가치를
  만들어라.
- 바람직한 행동에 대한 구체적인 가이드를 제공하여 리더가
  가치에 대해 효과적으로 커뮤니케이션할 수 있도록 하라.
- 조직을 차별화하는 요소를 명확히 하라. 직원이 고유한 조
  직문화를 인식할 때, 조직의 핵심 가치를 본인 일상생활에
  투영하고 조직 목표를 추구할 가능성이 커진다.
- 가치가 중요한 이유와 조직이 목표를 달성하는 데 가치가
  어떤 도움을 주는지 설명하라.

활용 연습

보고, 느끼고, 믿어라
_통합된 문화 활동

정의: 이 활동은 조직의 상징과 시스템이 직원경험을 제고하거나 저해하는 데 어떤 역할을 하는지 생각하게 한다.

이유: 조직문화는 우리가 눈으로 볼 수 있는 시스템과 상징부터 눈에 보이지 않는 가치와 생각까지 매우 다양한 수준에서 작용한다. 조직 내에서 강조되는 가치가 실제로 해당 조직에서 중요하게 여겨지는 것과 일치하지 않을 수 있다는 점을 유의해야 한다. 이러한 활동을 통해 우리는 조직문화를 의도적으로 관찰하고, 문화의 일관성을 다양한 수준에서 확인할 수 있다.

활용 방법: 조직이 의도한 문화와 실제 문화 수준 사이에 간극이 있음을 이해하고, 이 간극을 줄이기 위한 방안을 찾아라. 비록 본 활동은 직원경험 전반적인 흐름에 걸쳐 사용하는 방법을 알려주지만, 자유롭게 변경이 가능하다. '온보딩'과 같은 특정 직원경험 요소에 집중해도 된다.

참여자: 다양한 직원으로 구성된 그룹과 함께 활동을 진행해라. 만약 직원경험의 특정 요소(예: 온보딩)에 중점을 두고 있는 경우는 이와 관련된 직원(예: 신규 입사자)을 초대하라.

진행자 가이드
1. 목표로 설정한 조직문화에 따라 조직을 재구성하라.

2. 직원 생애 주기를 따라가면서(그림 4.1 참고) 각 단계별 경험
을 확인하라.

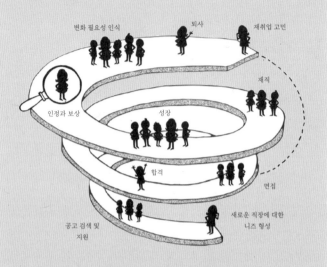

그림 4.1 직원 생애 나선주기

3. 이제 실제로 경험하는 문화와 의도/설정한 문화가 얼마나
일치하는지 생각해보라.

4. 직원들이 느끼는 것과 조직이 의도하는 경험 사이에 가장
큰 간극이 있는 지점을 찾아라. 격차를 좁히기 위해 어떤
노력이 필요할까? 다음 [표 4.1]은 이러한 격차를 줄이기
위해 대화를 체계적으로 구조화하고 기록하는 유용한 방
법인 문화 통합 액션 플랜이다. 아무리 문화의 요소 중 가
장 눈에 띄는 것에 변화를 주어도, 문화를 둘러싼 가치와
가정이 일치되지 못하면 경험을 바꾸지 못한다는 것을 기
억하라. 직원의 경험에 변화를 주기 위해서는 더 근본적인
노력이 필요하다.

문화적 시스템 혹은 상징	의도된 경험	해당 경험이 어느 부분에서 통합되고, 어디서 실패했을까?	우리의 가치와 신념은 어느 경험에서 드러나고, 어디서 빠져 있을까?	무엇을 해야 하는가?
성과 관리 시스템				
근무 환경				
임직원 소통				
온보딩 프로세스				

표 4.1 문화 통합을 위한 액션 플랜

디자인 싱킹과 문화

디자인 사고 분야의 많은 도구와 원칙을 활용하기도 하고 종종 문화와 디자인 프로세스 사이의 다이내믹을 볼 수 있다. 워릭 경영대학원(Warwick Business School)이 2014년에 보고한 바와 같이, 디자인은 문화적으로 잘 통합되고 특히 경영진의 강력한 지원이 있을 때 힘을 갖는다. 반대로, UCLA(University of California, Los Angeles)와 임페리얼칼리지런던(Imperial College London)은 33개의 실증적 연구를 살펴보고 디자인 싱킹 도구를 활용하는 것이 문화에 상당한 영향을 미칠 수 있다는 결론을 내렸다 (Elsbach and Stigliani, 2018). 그들은 도구의 경험적 특성(즉 사람들이 적극적으로 실습 활동에 참여)이 올바른 작업방식에 관한 규범, 가치, 가정에 영향을 미친다고 주장한다. 문화적 영향은 다음 3가지 영역에서 나타난다.

사용자 중심적

공감 기반의 니즈를 찾는 도구(7장 참조)의 활용은 사용자의 니즈를 활동의 중심에 두는 문화를 촉진한다. 버지니아 대학교 다든 경영대학원(University of Virginia Darden School of Business)의 경영학 교수이자 디자인 싱킹에 대한 연구로 잘 알려진 진 리드카(Jeanne Liedtka)는 이러한 활동이 우리에게 공감을 학습시키고 더 궁금증을 갖게 한다고 주장한다. "우리는 타인의 생생한 경험에 몰두하고 있고 데이터를 축적하고 있다. 이는 감정적인 연결을 만들고, 우리의 관점을 바꾸고, 새로운 방식을 보여준다(Liedtka, 2020)."

모호성, 위험 감수 및 협업에 대한 개방

아이디어 생성과 관련된 도구와 활동(예: 브레인스토밍, co-creation)은 초기에 명확한 지시가 없어도 일에 몰두하고, 성공의 보장이 없어도 프로젝트를 수행하는 문화를 형성하는 데 도움을 준다. 또한, 사람들은 더 개방적이 되어 타 팀과 협업하고, 자신의 아이디어에 대해 덜 방어적인 자세를 취하게 된다.

실험과 실패에 대한 개방

디자인 문화는 '실패'를 구분하지 않으며, 어떤 것에 대한 첫 번째 시도를 하나의 학습으로 인식한다. 디자인은 종종 반복적인 과정이며, 모든 시도가 성공하는 것은 아니다. 실제 실험은 새로운 아이디어를 평가하고 개선점을 찾기 위한 필수적인 방법이다. 이뿐만 아니라 실험은 또 다른 종류의 가치를 제공한다. 변화에 대한 직원의 두려움을 줄이는 역할을 한다.

명확히 말하면, 직원경험에 디자인 접근방식을 적용하는 것이 항상 최선의 방법이라고 주장하는 것은 아니다. 특정 조직에서는 그들만의 독특한 워크숍과 같은 조직문화 행사를 바꿀 만한 여력이 없을 수도 있다. 그러나 디자인 싱킹은 팀에 긍정적인 영향을 미치고, 이런 영향력은 점차 확산될 수 있음은 분명하다.

활용 연습

문화 차원 카드 분류
_대화 중심의 진단

정의: 문화의 성격과 직원의 긍정적/부정적인 경험의 순간을 파악할 수 있는 활동이다.

목적: 활동의 목적은 문제해결을 위한 솔루션을 찾는 것이 아니라, 각 조직의 문화적 강점과 약점을 파악하기 위함이다. 문제해결을 위한 과정은 다음 장에서 다루는 직원경험 디자인 과정을 통해 시작할 수 있다(5장 참조).

방법: 이 활동은 소규모 그룹으로 진행할 수도 있고, 타운 홀과 같은 대규모 진행할 수도 있다. 여러 그룹을 대상으로 활동을 반복하여 조직 전체의 큰 그림을 그릴 수 있다. 또한, 간단하게 할 수 있는 활동이기 때문에 빠르게 반복 수행하여 타깃 대상에 대한 실시간 변화를 감지할 수 있다.

참여자: 누구나 참여 가능하다. 문화에 대한 광범위한 통찰력을 얻기 위해 조직 내 다양한 구성원을 모집하는 것이 좋다.

배경

조직문화에 대한 이해를 돕는 도구들은 많지만, 우리는 종종 단순한 대화를 시작하는 것이 조직문화에 대해 배울 수 있는 가장 좋은 방법이라는 사실을 깨닫곤 한다.

문화에는 다양한 차원이 있다. 어디서부터 시작해야 할지 막막하다면, 우리의 훌륭한 직원경험(MAGIC-CA 모델에 정의된)의 특성을 확인하는 것부터 시작하길 추천한다. 그 후에 본인이 생각하는 문화의 차원을 추가하면 된다.

진행자 가이드

1. MAGIC-CA 모델의 7가지 차원에 대해 "나는 ~을 경험하고 있다"라는 구문을 사용하여 포스트잇에 작성하라. 7가지 주제는 다음과 같다.

   예를 들어, "나는 업무를 통해 성장하고 있다."
   - 의미(meaning)
   - 감사(appreciation)
   - 성장(growth)
   - 영향(impact)
   - 연결(connection)
   - 도전(challenge)

-자율성(autonomy)

2. 이 7가지 외 누락되었다고 생각하는 문화 차원을 자유롭게 추가하라.

3. 보드에 수평선을 그려라. 선 위에 '매우 동의' 필드를 추가하고, 선에는 '중립', 선 아래는 '매우 비동의' 필드를 만들어라.

4. 참가자들에게 각 영역에 본인이 작성한 포스트잇을 붙이도록 요청하라. 가능하면 이를 조용하게 진행하여 각자의 작업이 다른 사람에게 영향을 주지 않도록 한다.

5. 각 영역에 붙여진 포스트잇을 확인하고 참가자들이 특정 영역에 포스트잇을 붙인 이유에 대해 토론하라.

6. 참가자들에게 각 차원에서 본인이 강하거나 혹은 부족한 부분이 있는지 질문하라. 구체적으로 어떤 경험이었는지 사례를 물어봐라. 참가자들이 사용하는 단어를 주의 깊게 듣고, 그들의 경험을 더 깊게 이해하기 위해 계속해서 질문하는 것이 중요하다.

7. 토의가 끝나면, 앞서 언급한 문화 차원에 대한 이해도가 높아지고 새로운 시각이 생겼는지 질문하라. 만약 그렇다고

4장. 문화, 리더십 그리고 직원경험

응답하면 참가자들이 기존에 본인이 붙인 포스트잇을 옮기도록 요청하라.

8. 마지막으로, 참가자에게 직장 내 경험을 개선하기 위해 본인이 중요하다고 생각하는 두 가지 차원에 대해 스티커를 붙이라고 요청하라.

적용: 특정 영역에 초점을 맞추고 더 깊게 논의하는 세션을 여러 번 진행하는 방식도 있다. 또한 가상 플랫폼을 활용할 수도 있다.

다음 할 일: 조직문화 중 가장 취약한 부분이자 구성원에게 가장 우선시되어야 할 영역이 직원경험 디자인 프로세스의 시작점이다(상세 내용은 5장 참조). 그러나 좀 더 실용적인 인사이트를 도출하고 싶다면, 본인 조직문화의 강점을 살펴보는 것도 좋은 방식이다. 조직문화의 강점을 찾고 이를 통해 문화의 취약한 부분을 강화하는 데 활용할 수 있다.

탁월한 직원경험을 위한 리더의 역할

주제에 대해 더 깊게 살펴보기 전에 이 책에서 관리자와 리더라는 용어는 동일한 의미로 사용한다는 점을 먼저 알린다. 수많은 연구, 책 등을 통해 리더와 관리자의 개념이 다르다고 알고 있다. 리더는 미래에 집중하여 전략적인 역할을 가지고 타인에게 영감을 주어야 하는 반면, 관리자는 현재에 집중하여 업무를 완성하는 데 더 중점을 둔다는 견해가 있다. 그러나 실제로는 이렇게 간단한 문제가 아니다. 관리자는 리드해야 하고, 리더는 관리해야 한다. 두 개념의 차이를 정의하는 것은 우리의 역할이 아니다. 따라서 이 책에서는 조직 내 구성원에 대해 일종의 책임 있는 사람들을 리더 혹은 관리자라고 하겠다.

에드거 샤인(Edgar Schein, 2004)은 리더의 가장 중요한 역할을 문화를 담당하는 것, 특히 더 이상 조직에 도움이 되지 않는 문화를 인지하고 변화하는 것이 중요하다고 말한 것으로 유명하다. 실제로 그는 리더십과 문화가 동전의 양면이라고 언급한다. 문화적 규범은 조직이 리더십을 정의하고 리더를 선발하는 방법을 나타낸다.

단순히 직관적으로 리더가 직원경험에 있어 중요한 역할을 하는 것처럼 보이지만, 이러한 가정을 뒷받침하는 근거에 대해 살펴볼 필요가 있다. IBM(2017)은 이상적인 직원경험을 이해하고, 직원경험의 결정 요인과 효과를 파악하기 위해 심층 연구 프로그램을 수행했다. 연구 결과 직원경험은 리더의 지시와 지원으로 시작되며, 리더가 사용하는 용어를 통해 직원경험이 촉진된다는 점을 밝혔다.

'직장 내 관행'에는 신뢰, 관계, 의미, 권한 부여, 인정, 의견 개진, 성장 등의 요소가 포함된다.

IBM은 연구를 통해 '리더와 관리자는 조직의 전반적인 분위기와 방향을 설정하고, 긍정적인 직원경험을 위한 단계를 효과적으로 설정하는 데 강력한 역할을 한다'는 결론을 내렸다(2017).

추가 분석을 통해 리더가 매력적인 직원경험에 기여하는 방법이 밝혀졌으며, 구체적인 방향성 제시와 구성원이 중요한 이유를 제시하는 것을 시작으로 조직을 발전시킨다. 그러나 직원의 56퍼센트만이 그들의 상위 리더가 조직의 방향성에 대해 명확히 제시하고 있다고 말한다. 이는 개선이 필요하다. 또한, 리더가 팀을 지원할 때 직원경험에 긍정적인 영향을 미친다는 점을 발견했다.

추가로, 갤럽(Gallup, 2019)의 연구 역시 직원경험에 있어 리더의 중요성을 강조한다. 직원 수명주기의 여러 단계를 검토하면서, 리더와 구성원의 상호작용이 직원경험에 있어 가장 큰 차이를 가져온다는 것을 발견했다. 예를 들어,

- 유인: 밀레니얼 세대는 새로운 직장을 구할 때 '리더의 자질'을 가장 중요하게 생각한다.
- 온보딩: 리더가 온보딩에 적극적인 역할을 할 때, 구성원은 자신의 온보딩이 훌륭했다고 강력하게 동의할 가능성이 2.5배 더 크다.
- 몰입: 놀랍게도 관리자는 팀 몰입도의 70퍼센트 정도 역할을 담당한다.
- 성과: 구성원 10명 중 2명만이 훌륭한 성과를 달성하도록 동기부여 하는 방식이 자신의 성과 관리에 도움이 된다는 데 강력히 동의한다.
- 퇴사: 퇴사자의 52퍼센트는 리더가 퇴사를 방지할 수 있었다고 응답했다. 오직 51퍼센트의 퇴사자만이 퇴직 전 3개월

직원경험 설계

동안 몰입도, 성장 혹은 미래에 대해 리더와 대화를 나눴다고 답했다(Gallup, 2019).

직원경험에 문화적 환경 요인의 영향력과 이것이 구성원 몰입도에 미치는 영향을 조사한 연구들을 통해 추가적인 근거를 찾을 수 있다(Shuck et al, 2011). 조사 결과에 따르면, 리더십은 직원경험의 중요한 요소이며, 이는 구성원 몰입도와 연결된다. 리더십이 긍정적인 직원경험에 가장 중요한 역할을 한다는 논의도 존재한다(IBM, 2017).

직원들의 몰입도를 높이기 위해 매력적인 직원경험이 필요하다는 것을 확인하고, 리더십 스타일과 몰입도 사이의 연관성을 보여주는 많은 연구가 있다. 팀스(Tims et al, 2011)는 변혁적 리더십 스타일이 종업원 몰입도에 미치는 영향을 연구했다. 해당 연구는 라인 매니저의 리더십 스타일이 직원 몰입도에 영향을 미치는 방식을 탐구했다. 연구 결과, 일상적인 변혁적 리더십과 종업원의 일상적 몰입도는 긍정적인 관계를 보이며, 이 관계를 리더의 낙관성이 매개하는 것으로 나타났다. 이 경우, 낙관적인 리더십 스타일은 종업원 몰입도에 영향을 미친다.

"진정성 리더십 역시 직원 몰입도에 영향을 미치는 것으로 밝혀졌다. 진정성 리더십이란 긍정적인 심리적 능력과 윤리적 분위기를 조성하며, 구성원과 투명한 관계를 형성하는 리더의 행동 패턴으로 정의된다(Walumbwa et al, 2010)."

이러한 리더십도 직원 몰입도와 긍정적인 관계를 가지는 것으로 확인되는데, 수와 쿠퍼 토마스(Xu and Cooper Thomas, 2011)는 다음과 같은 구체적인 리더십 행동이 직원 몰입을 촉진한다고 주장한다.

- 팀 지원
- 효과적 업무 수행
- 진정성 있는 실천

추가 분석에서는 팀을 지원하는 것이 몰입도에 가장 큰 영향을 주는 것으로 나타났다. 팀을 지원하는 것이 긍정적인 직원경험에 기여하기 때문으로 생각된다. 또한, 지적 자극 리더십으로 알려진 리더십 스타일은 열정, 희망, 자부심, 행복, 영감과 같은 긍정적인 감정이 리더십을 보완할 때 직무 만족도, 노력, 업무 효율성을 증가시키는 것으로 나타났다(Zineldin, 2017).

이러한 연구를 통해 리더가 이끄는 방식은 직원이 조직 내에서 어떤 경험을 하는지와 관련된 다양한 결과에 영향을 미친다는 것을 알 수 있다. 흥미롭게도 변혁적 리더십과 진정성 리더십은 긍정적인 리더십으로 비춰지기도 한다. 긍정적인 리더십은 다양한 리더십 모델이 공통으로 가지고 있는 핵심 요소를 포함하는 포괄적인 용어이다. 경험, 모델링, 긍정적인 감정에 대한 의식과 팀의 발전에 대한 관심도 포함한다. 또한, 높은 수준의 자기 인식, 낙관주의 및 개인의 도덕성도 포함된다.

3장에서 다룬 직원경험에서의 긍정적인 감정의 역할에 대한 논의를 고려할 때, 긍정적인 리더십이 매력적인 직원경험을 설계하는 것에 도움이 된다는 것은 당연한 얘기다. 긍정적인 리더십에 대해 더 이해하기 위해서는 킴 카메룬(Kim Cameron, 2013)의 저서 《긍정적인 리더십의 실천(Practicing Positive Leadership)》을 추천한다. 긍정적인 리더십의 영향에 대한 실증적 결과뿐만 아니라 실무적인 도구와 기법에 대해서도 잘 설명하고 있다. 요약하면, 카메룬은 긍정적인 리더십을 통해 구성원과 조직이 번창하고, 최대의 잠재력을 이끌어내며, 높아진 에너지 경험을 통해 더욱 효율적으로 작동할 수 있다고 주장한다.

성공을 위한 리더의 준비

종종 조직은 리더 역시 직원이며, 리더와 관리자는 그다음의 포지션이라는 사실을 간과한다. 팀이 훌륭한 직원경험을 하기 위해서 우리는 팀 리더의 경험에 제대로 집중해야 한다. 간단히 말해서 리더는 조직 내 직원경험을 개선하거나 망가뜨릴 수 있기 때문에 리더에게 투자해야 한다. 첫째는 의도적으로 매력적인 직원경험을 설계할 것, 둘째는 본인의 팀이 매력적인 직원경험을 할 수 있도록 지원할 준비를 하는 것이다. 리더가 매력적인 직원경험을 촉진하는 방법을 이미 알고 있을 것이라고 가정하지 말아야 한다. 그들 역시 도움이 필요하다.

우리는 훌륭한 리더십, 관리 방식이 무엇인지 잘 알고 있으며 참고할 만한 수많은 연구 결과와 책이 있다. 이에 관해 갤럽(2019)은 리더가 팀 내에서 훌륭한 직원경험을 설계할 수 있도록 어떻게 지원해야 하는지 몇 가지 유용한 내용을 소개한다.

- **리더와 관리자를 신중하게 선발하라.** 뻔하지만 중요한 이야기다. 많은 사람이 구성원을 이끌고 관리하는 능력보다 본인의 기술적인 전문 능력 때문에 리더로 승진됐다고 생각한다.

- **리더와 관리자에게 적절한 지원을 제공하라.** 갤럽(2019)의 연구에서 리더십 개발 프로그램이 리더 본인의 미래에 대한 준비와 영감을 얻는 과정으로 인식되지 않는다는 점을 발견했다.

- **시간을 투자하여 조직의 리더와 관리자들이 느끼는 감정에 대해 살펴봐라.** '관리자의 경험: 관리자가 당면한 과제와 특혜(Gallup, 2019)'는 5만 명 이상의 관리자에 대한 연구 결과를 얻을 수 있는 훌륭한 아티클이다. 조직 내 리더와 관리자의 의견을 듣는 것만큼 중요한 일은 없다. 갤럽(2019)은 연속적이고, 다양한 방식으로 경험할 수 있는 학습 프로그램을 개발할 것을 제안한다.

직원 생애 주기의 모든 단계에서 브랜드, 목적, 문화를 경험할 수 있도록 준비하라. 이 조언은 리더뿐만 아니라 모든 구성원에게 필요하다. 직접 경험하지 않으면서 조직이 의도한 브랜드나 문화를 팀에 적용하길 기대하는 것은 어렵다.

우리는 3장에서 경험의 심리학에 대해 다루고 긍정 심리학에 초점을 맞춘 사례를 다뤘었다. 스완 아처(2011)는 긍정성에 집중하는 것이 긍정적인 직원경험에 어떻게 영향을 미치는지에 관한 이해를 도와준다. 따라서 긍정의 리더십이 직원경험 형성에 영향을 주는 것은 당연하다. 긍정 리더십에 관한 킴 카메룬(2013)의 연구는 리더가 긍정적인 직원경험을 형성할 수 있도록 하는 실질적인 가이드를 제공한다. 카메룬은 자신의 4가지 긍정 리더십 전략에 기반한 몇 가지 긍정 리더십 관행을 강조한다.

- 긍정적 의미
- 긍정적 기후
- 긍정적 커뮤니케이션
- 긍정적 관계

그가 주장하는 높은 수준이란 다음과 같다.

- **풍요로운 문화를 만들어라.** 이것은 본질적으로 강점과 약점을 동시에 살피고 잘 하는 것과 그렇지 않은 것에 초점을 맞추는 것을 의미한다.
- **에베레스트와 같은 목표를 설정하라.** 최고의 성과를 달성할 수 있도록 큰 목표를 설정하여 동기부여 해야 한다.
- **긍정적인 에너지 네트워크를 구축하라.** 스스로 긍정 에너지를 개발하고 긍정 에너지를 가진 타인과 네트워킹하며 긴밀한 시간을 보내는 것을 의미한다.
- **부정적인 피드백을 긍정적으로 전달하라.** 곤란한 메시지를 전달할 때 도움을 줄 수 있는 커뮤니케이션 방식을 사용하는 능력을 의미한다. 방어적인 태도를 지양하고, 타인에게 적절하고 타당한 자세를 유지해야 한다.

아직 리더와 직원경험 관계에 대한 명확한 역량 모델은 존재하지 않는다. 그러나 CIPD는 2011년도에 직원 몰입에 중요한 관리 행동을 규명하기 위한 연구를 진행했고, 우리는 해당 연구 모델이 직원경험과 전적으로 관련이 있다고 믿는다. 프레임워크에서 볼 수 있듯이, 역량은 3장에서 다룬 직원경험의 심리학적 요소와 직원경험에 영향을 주는 특정 리더십 스타일과 모두 연결되어 있다(표 4.2 참조).

직원경험을 관리하기 위한 확실한 역량 프레임워크가 없는 현 상황은 오히려 좋은 시작점이 될 수 있다. 조직 맥락과 연관된 역량을 프레임워크에 추가할 수 있다. 프레임워크는 관리자 교육에 통합되거나 360도 피드백 프로세스에 활용할 수도 있다. 또한, 성과 관리나 평가 시스템에 활용하여 바람직한 행동양식과 가치를 강화하는 데 도움이 되기도 한다. 역량 기반의 질문은 해당 역량 혹은 스킬을 보유하고 있거나, 잠재력이 있는 채용 담

역량	요약
개방성, 공정성, 일관성	정직하고 일관성 있는 관리, 개인의 이슈와 감정에 대한 관리, 대인 관계 유지에서 긍정적인 태도를 취하는 것
갈등과 문제해결	직원 간의 갈등(직장 내 괴롭힘 등)을 다루고 조직 차원에서 적절한 자원을 활용하는 것
지식, 명확성, 가이드	명확한 커뮤니케이션, 조언과 가이드, 역할 정립 및 이해, 의사결정에 대한 책임
관계 구축과 유지	공감과 배려를 바탕으로 직원들과 네트워크 형성
경력개발 지원	직원의 경력 발전과 개발을 지원

표 4.2 '지속적인 직원 몰입을 위한 관리 방안' 프레임워크

직원경험 설계

당자를 지원하는 프레임워크를 참고하여 개발이 가능하다.

아마도 프레임워크의 가장 유용한 요소는 리더에게 '좋은 것'이 무엇인지 정확하게 설명하는 능력일 것이다. 1장에서 언급했듯이, 직원경험의 정의는 다양하고 광범위하다. 역량 프레임워크를 통해 리더에게 매력적인 직원경험을 촉진하는 데 필요한 행동과 역량을 공유할 수 있다.

활용 연습

관리자의 역량 평가

'지속 가능한 직원 몰입을 위한 관리' 프레임워크는 리더가 자신의 팀원을 몰입시키는 데 도움이 되는 행동을 다룬다. 리더의 이러한 역량은 긍정적인 직원경험을 촉진할 것이다. 다음의 설문을 통해 리더의 역량을 평가하고, 그들이 이미 잘하고 있는 행동, 더 해야 할 행동, 덜 해야 할 행동을 파악하라. 또한, 본 설문지는 360도 평가, 본인 평가, 선발 과정, 관리자 개발 작업 등에서 온전히 혹은 부분적으로 활용할 수 있다.

- 360도 평가에 단독 활용
- 360도 평가 프로세스에 부분적 활용
- 본인 평가
- 선발 과정에 부분적 활용

설문지

1. 개방성, 공정성, 그리고 일관성

나의 리더는 나와 팀원들에게 지나치게 비판적이지 않다.

나의 리더는 의사결정이 끝난 내용에 대해 나와 팀원을 비난하지 않는다.

나의 리더는 실수를 큰 의미를 두지 않는다.

나의 리더는 본인의 능력에 대해 스스로의 믿음을 보인다.

나의 리더는 명령하기보다 나와 상의한다.

나의 리더는 본인의 의사결정에 대한 충고/비판을 수용한다.

나의 리더는 유머와 풍자를 적절하게 사용할 줄 안다.

나의 리더는 편애하지 않는다.

나의 리더는 팀원의 뒷담화를 하지 않는다.

나의 리더는 타인 앞에서 나와 다른 팀원을 까내리지 않는다.

나의 리더는 스스로를 존중한다.

나의 리더는 예측 가능한 감정 상태를 유지한다.

나의 리더는 압박적인 상황에서도 침착하게 행동한다.

나의 리더는 스트레스를 전가하지 않는다.

나의 리더는 일관성 있게 관리한다.

나의 리더는 업무 일정이 촉박하여도 침착하다.

나의 리더는 부정적인 피드백보다 긍정적인 피드백을 많이 한다.

2. 갈등 및 문제 핸들링

갈등 상황에서 중재자 역할을 한다.

나의 리더는 사소한 말다툼이 크게 확대되기 전에 해결한다.

나의 리더는 구성원 사이의 갈등에 대해 객관적인 태도를 유지한다.

나의 리더는 구성원의 갈등을 중재하기 위해 노력한다.

나의 리더는 문제를 해결하기 위해 HR의 도움을 받는다.

나의 리더는 필요시 각 분야의 전문가에게 도움을 구한다.

나의 리더는 갈등 해결 후에도 상황을 예의주시한다.

나의 리더는 갈등이 발생하면 구성원을 위해 힘쓴다.

나의 리더는 직장 내 괴롭힘에 대처한다.

나의 리더는 일이 잘못될 경우 본인이 최종 책임자임을 분명히 한다.

3. 지식, 명확성 및 지침

나의 리더는 필요할 때 조언을 해준다.

나의 리더는 상위 관리자에게 문제해결에 대한 책임을 요구한다.

나의 리더는 애매하지 않게, 구체적으로 조언해준다.

나의 리더는 R&R을 명확히 한다.

나의 리더는 리더로서 자신의 역할에 대해 정확히 인지하고 있다.

나의 리더는 본인이 처한 상황에 대해 의사소통한다.

나의 리더는 계획 수립에 충분한 시간을 준다.

나의 리더는 프로세스와 절차를 이해하고 있다.

나의 리더는 나를 위해 시간을 할애한다.

나의 리더는 결단력 있다.

4. 관계 구축 및 유지

나의 리더는 나의 삶에 관심을 보인다.

나의 리더는 내가 괜찮은 상태인지 체크한다.

나의 리더는 내가 겪고 있는 스트레스 상황을 이해한다.

나의 리더는 정기적으로 1:1 미팅(1 on 1)을 할 수 있는 시간을 마련한다.

나의 리더는 간식을 사준다/제공한다.

나의 리더는 팀원들과 잘 지낸다.

나의 리더는 직장에서 즐겁게 일하려는 자세를 가지고 있다.

나의 리더는 나의 업무 외적인 삶에 관심이 있다.

나의 리더는 수시로 내 컨디션을 체크한다.

5. 경력 개발 지원

나의 리더는 경력 개발에 관해 함께 논의한다.

나의 리더는 나의 경력 개발을 적극적으로 지원한다.

나의 리더는 구성원의 경력 개발을 위해 별도의 시간을 계획하거나 마련한다.

나의 리더는 다양한 경력 개발 활동을 준비한다.

리더가 구성원의 경험에 영향을 미친다는 것은 당연한 얘기다. 의도적으로 개입하여 직원경험을 설계한다면 긍정적인 방향으로 큰 변화를 가져올 것이다.

핵심 요약

이번 장에서는 문화, 리더십, 그리고 직원경험 간의 관계와 이들이 각각 어떻게 서로에게 영향을 미치는지 살펴보았다.

- 문화는 직원경험의 다양한 수준에서 영향을 미치며 참여적인 직원경험을 전달하기 위해서는 일관성 있는 접근방식이 필요하다.
- 문화와 설계 사이에는 상호 간에 영향을 미치는 반복되는 관계가 있다.
- 많은 문화 개혁 사상가는 설계가 문화 변화의 중요한 요소라고 믿는다.
- 리더와 관리자는 우수한 직원경험을 설계하는 데 결정적인 역할을 한다.
- 당신의 리더들을 성공에 대비시켜라. 그들의 성장에 투자하고 방치하지 말아야 한다.

5장.
직원경험 설계

이 장에서 다루는 내용은 다음과 같다.

- 직원경험 설계가 의미하는 바와 중요한 이유
- 직원경험 설계의 근원과 디자인 싱킹, 애자일 간의 연결 고리
- 직원경험 설계의 3가지 원칙: 공감, 호기심, 실험
- 직원경험 설계의 프레임워크와 시작하는 방법
- 직원경험 설계에 대한 일반적인 오해

직원경험 설계란 무엇이고, 왜 중요한가?

모든 직원은 회사를 고용주로서 경험해왔다. 직원들의 경험은 이들이 조직에 합류하기도 전에 시작되고, 이들이 회사에서 일하지 않게 된 이후에도 오랫동안 기억으로 지속된다. 문제는 '직원들이 원하고 필요로 하는 경험이 어느 정도이며, 회사가 의도한 직원경험과 얼마나 일치하는가'이다. 일상적인 경험

뿐만 아니라 의미 있는 경험을 많이 만들어내는 의도적 개입이 있어야 더 큰 차원에서의 직원경험 전반을 설계할 수 있다. 디자인 원칙을 응용하는 방법은 먼저 회사가 직원들의 요구와 기대를 이해하고 난 후 최상의 경험을 만들기 위해 솔루션을 개발하고 테스트하며, 이 과정을 반복하는 것이다. 여기서 '최상의 경험'은 의도적으로 쓰인다.

직원경험은 만병통치약이 아니며 때로는 타협이 필요하다. 최상의 경험이란 조직적 맥락, 업무와 직원 요구사항 등 3가지의 경쟁 요소와 변화하는 니즈 사이의 균형을 맞추는 것이다. 이런 식으로 보면 직원경험 설계는 개발 과정의 한 단계가 아니라는 것이 분명해진다. 회사의 인트라넷, 상품 또는 서비스를 멋지게 보이게 하는 것도 아니다(미학적인 요소가 한몫할 수 있지만). 그보다는 직원이 조직과 함께하는 작은 단위, 중간 단위, 대단위의 경험에 지속적으로 초점을 맞춰 의도적으로 경험을 발전시키고, 결과적으로 누적적인 경험이 만들어내는 영향에 초점을 맞추는 과정에 가깝다.

이 장에서는 직원경험 설계 프레임워크를 소개하고 직원경험 설계를 시작하는 방법을 설명한다. 다음 장에서는 각 단계와 관련된 도구에 대해 자세히 설명한다. 직원경험 디자인은 순차적이지 않고, 다른 프로세스보다 더 자주 반복적으로 진행된다. 하지만 어느 정도 구조화된 방식으로 접근하면 필요에 따라 유연하게 활용할 수 있다.

직원경험 설계의 기원: 디자인 싱킹 소개

직원경험 설계를 이해하려면 먼저 디자이너들이 문제해결을 위해 사용하는 디자인 싱킹에 대한 이해가 필요하다. 제품, 프로세스, 환경 등에 대해 창의적이고 인간 중심적인 접근으로 문제를 해결하는 디자인 싱킹은 독자적인 학문 분야가 없기 때문에 디자인 분야를 넘어서 엔지니어링, 비즈니스, 기술에 이르기까지 많은 분야에 걸쳐서 활용된다. 디자인 싱킹에 관해서는 다양한 정의와 해석, 기원이 존재한다. 여기에서 우리는 디자인 싱킹에 관해 모든 내용을 다루기보다는 대표적인 사례만 살펴볼 예정이다.

일반적으로 디자인 싱킹의 기원은 학자들이 새로운 것을 창조하는 방식으로 디자인 과학을 언급하기 시작한 1960년대로 거슬러 올라간다. 디자인 싱킹은 다이얼, 기계와 같은 것을 사용하기 쉽게 만들 수 있는 방법을 살펴보는 인간공학 심리학과도 연관성이 있다. 인간공학 심리학은 제2차 세계대전 때 여러 전문가가 모여 비행기의 안전을 개선했을 때 본격적으로 시작되었다. 인간공학 심리학은 이후 컴퓨팅, 제조, 생산품 디자인, 엔지니어링, 심지어는 군대를 포함한 많은 영역에서 중요한 역할을 하게 된다. 디자인 싱킹은 특히 프로토타이핑과 사용자 테스트를 통해 다양한 아이디어를 사고방식과 도구에 결합한다.

디자인 싱킹은 디자인 세계에서 시작되었지만 운영이나 전략을 포함한 거시적인 비즈니스 문제를 해결하는 데 사용된 지 이미 오래되었다. 디자인 싱킹의 이데올로기와 언어는 1992년 디자인, 관리 및 혁신 교수인 리처드 뷰캐넌이 학술지인 〈디자인 이슈(Design Issues)〉에 아티클을 실으면서 처음으로 널리 발표되었다. 뷰캐넌 교수는 복합적이고 어려운 문제들에 대해 실행 가능한 솔루션을 찾기 위해 창의성이 필요한 문제에 디자이너의 사고 과정을 접목해보기를 제안하였다. Stanford d.school(스탠퍼드 디자인 스쿨)이 이 아이디어에 착안하여 비즈니스 전반에 걸쳐 문제해결 방법으로 디자인 싱킹을 대중화했고, d.school은 그 이후로 디자인 싱킹의 가장 열렬한 지지자가 되었다.

디자인 싱킹은 표준화된 분석 방법론으로는 문제를 해결할 수 없을 때 비즈니스 전반에서 효과적인 도구로 사용된다. 디자인 싱킹 방법론을 활용하는 실무자는 최종 고객의 요구 사항에 대한 탐색을 기반으로 문제의 본질에 대해 깊이 생각하게 되고, 문제를 해결하기 위해 다른 관점을 가진 사람들과 의도적으로 협력한다. 이 접근방식은 스탠퍼드 대학을 비롯한 학술 기관과 애플, Google, LEGO 및 IDEO(아이데오)와 같은 유명 기업을 통해 널리 보급되었다. IDEO의 회장인 팀 브라운(Tim Brown)은 새로운 제품과 서비스를 만드는 방법뿐만 아니라, 그의 비즈니스가 작동하는 전체 방식을 디자인 싱킹으로 설명한다. 그는 2009년 저서 《디자인에 집중하라(Change by Design)》를 통해 대중에게 디자인 싱킹을 소개했으며, 디자인 싱킹에 관한 한 가장 많이 인용된 정의를 소개했다.

디자인 싱킹은 사람, 기술의 가능성 및 비즈니스 성공을 위한 요구사항을 통합하기 위해 디자이너의 도구 모음에서 끌어오는 혁신에 대한 인간 중심 접근방식이다(Brown, 2009/2019).

디자인 싱킹의 작동 원리

브라운과 IDEO의 디자인 싱킹에 대한 해석은 영감과 아이디어가 만들어지는 과정, 아이디어의 구현으로 요약될 수 있다(Brown, 2009/2019). 또한 성공적인 디자인 싱킹은 최종 사용자에 대한 공감, 반대 아이디어를 활용해 새로운 솔루션을 만들어 내는 통합적 사고, 낙관주의와 부문 간 협업이 필요하다는 점을 강조한다.

문제해결에 대한 접근방식으로 디자인 싱킹은 느슨하면서도 구조화된 비선형적 프로세스이다. 디자인 싱킹은 추상적이거나 복잡하거나, 혹은 두 가지 모두에 해당하는 문제가 있는 사람이라면 누구나 사용할 수 있는 도구 모음을 바탕으로 한다. 많은 조직에서 가장 좋은 소구점은 사람들이 모호하고 복잡한 문제를 이해하고 해결할 수 있는 명확하고 간단한 방법을 제공하는 것이다. 여기서 반복적인 프로세스가 시작되며, 각 반복 구간을 통해 실무자는 최적의 솔루션에 더욱 다가갈 수 있다.

이러한 명확한 출발선이 최고의 설득 방법일 수 있지만, 디자인 싱킹의 강점은 복잡한 문제를 해결한다는 것 그 이상의 효과가 있다는 것이다. 버지니아 다든 경영대학(University of Virginia Darden School of Business)의 경영학 교수인 진 리드카는 조직에서 디자인 싱킹의 영향에 대해 광범위하게 연구해왔다. 그는 2020년 5월 연설에서 디자인 싱킹에 대해 '혁신가의 사고 방식과 신념을 통해 기술을 변화시키고 창의적 자신감, 심리적 안정감을 제공하고 새로운 것을 시도하려는 개방성과 의지를 만드는 참여적이고 협력적인 프로세스'라고 강조했다.

따라서 디자인 싱킹은 단순히 문제를 해결하는 효과적인 방법을 넘어서서, 변화 관리의 한 형태로 새로운 솔루션을 도출할 때 프로세스와 연관 있는 사람들을 결집시킨다. 어떤 사람들은 이러한 과정을 마치 '버그(bug)'라고 묘사하기도 한다. 전염되고 지속되는 작업방식이라는 의미이다.

디자인 싱킹과 직원경험이 함께 작동하는 방법

디자인 싱킹 도구와 원칙은 직원경험 디자인의 핵심이다. 디자인에 관한 낙관주의적인 사고는 긍정 심리학과 잘 어울린다. 사실, 이 둘의 개념은 서로 호환이 가능한다. 그전에 디자인 싱킹의 3가지 조건을 어떻게 적용되는지 주목할 필요가 있다. 팀 브라운(2009/2019)은 디자인이 조건 없이 이루어질 수 없다고 이야기한다. 또한 이러한 조건을 열성적으로 수용하는 것이 디자인 싱킹의 기초라고 이야기한다. 이에 대한 3가지 조건은 다음과 같으며, 이 조건들을 평가할 프레임워크를 만드는 것이 디자인 싱킹의 첫 번째 단계가 된다(6장 참조).

- **실현 가능성**: 기능적으로 가능한 것은 무엇인가?
- **지속 가능성**: 비즈니스를 위해 지속 가능한 것은 무엇인가?
- **바람직성**: 사람들에게 의미 있는 것은 무엇인가?

디자인 싱킹 도구를 적용할 때 이 3가지 조건은 직원경험과 더 직관적으로 연결된다. 즉 직원경험은 다음의 사항에 따라 경험을 의도적으로 큐레이션하는 것이다.

- **사람들의 필요와 기대**: 사람들에게 의미 있는 것
- **작업 요구사항**: 작업의 기술 또는 기타 요구사항(예: 사람들이 있는 위치, 보유 장비 및 따라야 하는 프로세스)
- **조직 맥락**: 상업적 목적과 문화, 브랜드, 목적, 가치 및 기타 요구사항

우리는 자부심을 갖고 디자인 싱킹을 차용하고 적용하고 있지만, 일부 디자이너는 디자이너가 아닌 (우리와 같은) 사람들이 디자인이라는 단어를 잘못 사용하고 있다고 지적하기도 한다. 물론 누군가가 주말에 재단을 시작한다고 해서 패션 디자이너가 되는 것은 아니다. 그럼에도 불구하고 직원경험의 경우 디자인이라는 단어가 적절하다. 사내 커뮤니케이션과 같은 인적 자원과 사람 중심 활동에 대한 의도적인 접근은 전통적인 접근방식과 현저히 다르기 때문이다.

경험 많은 디자이너들 또한 디자인 싱킹의 지나치게 구조화된 접근법에 이의를 제기하는 것으로 알려져 있다. 사실, 구조라는 것은 느슨할수록 도움이 된다. 직원경험 설계에 관련된 대부분의 사람은 디자이너가 아니고, 디자인 싱킹과 관련된 많은 행동과 활동이 생소하기 때문에 구조가 새로운 언어와 자신감을 빠르게 확립하는 데 유용한 가드레일로서 도움이 된다.

이미 말했듯이 이 장과 이후의 장에서 이야기할 직원경험 프레임워크와 도구에 대해 우리는 엄격하게 적용하지 않는다. 다

시 말해, 우리의 접근방식은 디자인 싱킹에서 차용한 것이지만 동일하지는 않다는 것이다. 고객과 작업할 때 접근방식과 사용 도구를 누구나 유연하게 조정할 수 있다. 직원경험 디자인 도구와 활동을 선택하고 자신에게 맞는 방식으로 적용하는 것이 좋다.

디자인 싱킹과 직원경험

어떻게 디자인 싱킹의 시대가 되었나

직원경험에 접근하는 방법으로서 디자인 싱킹은 2015년 딜로이트의 〈글로벌 인적 자본 동향 보고서〉에서 처음 언급되었다. 딜로이트는 보고서에서 디자인 싱킹이 프로그램 및 프로세스 구축을 넘어 생산적이고 효율적인 디자인이라는 새로운 목표로 HR의 초점을 어떻게 옮기고 있는지 설명했다. 디자인 싱킹은 강력하고 즐겁고 간단한 솔루션을 통해 의미 있는 직원경험을 제공한다. 1년 후 같은 보고서에서 딜로이트(2016)는 직원경험에 대한 디자인 싱킹의 영향을 평가하기 시작했으며, 가장 높은 가치를 제공하는 HR 조직이 디자인 싱킹을 사용할 가능성이 거의 5배 더 높다고 제안했다.

실제로 2015년 이전부터 개인, 팀 및 회사 전체가 직원을 위해 만들어온 경험에 집중해왔다. 그리고 이제 그 과정에 사람들을 참여시키는 것은 새로운 현상이 아니다. 엠마는 그녀의 책 《직원 참여》의 초판(Bridger, 2015)에서 직원 몰입의 한 축으로 '참여'를 도입했다. 여기서 변경된 사항은 이제 직원경험 설계를 지원하는 방법론과 도구 모음이 있다는 것이다. 디자인 싱킹과 애자일 방법론 사이에 많은 원칙이 공유된다는 사실(아래에서 자세히 설명)은 접근방식을 수립하고 자신감과 역량을 구축하는 데 도움이 되었다.

〈EX Leaders Employee Experience(EX 리더스 임직원경험) 2020 글로벌 보고서〉(Kennedy Fitch 및EX Leaders 네트워크, 2020)는 직원경험에 초점을 맞추는 것이 이제 대부분의 글로벌 포춘 500대 기업(및 상당수의 소규모 기업)의 특징이라고 제안했다. 딜로이트와 마찬가지로 리더를 나머지 무리와 구분하는 것은 디자인적 사고 능력이며, 우리는 이것이 계속될 것이라고 믿는다.

COVID-19 전염병은 모든 조직과 직원에게 많은 것을 변화시켰다. 팬데믹은 새로운 노동 시대의 도래를 앞당겼다. 일과 고용주에 대한 우리의 필요, 기대, 태도가 바뀌었다. 고용주는 계속 듣고, 학습하며 응답해야 한다. 많은 전통적인 HR 활동은 종종 어제의 문제에 대한 기능적 솔루션을 제공하는 것에 관한 것이다. 그 어느 때보다 지금 우리는 오늘과 내일의 기회를 설계해야 한다.

HR팀은 어떤 형태로든 직원의 경험에 실제로 영향을 미치는 요소를 찾고, 깊이 이해하고, 재설계해야 한다. 그리고 재설계는 복잡성과 불확실성을 수반한다. 디자인 싱킹에 뿌리를 두고 있는 직원경험 설계는 변화를 전달하는 데 그치지 않기 때문에 도움이 되는 독특한 위치에 있다. 어떤 변화가 필요한

지 발견하고 그 과정에서 보다 인간 중심적인 문화를 만들어
갈 수 있다.

직원경험 설계의 3가지 핵심 원칙

디자인 싱킹을 학습할 때에는 일련의 도구와 활동에 집중하기 십상이다. 그러나 디자인 싱킹은 단계와 재료가 포함된 혁신적인 레시피 그 이상의 것이다. 디자인 싱킹은 호기심, 공감, 실험을 중심으로 하는 사고방식이기도 한다. 직원경험 설계는 인간의 경험을 이해하고 이를 개선하기 위한 솔루션을 설계하는 것이 가능하다는 믿음에 뿌리를 둔 낙관적인 3가지 원칙을 갖고 있다. 이것이 디자인 싱킹과 긍정 심리학이 연결되는 지점이다.

- **호기심**: 사람들에 대한 끝없는 호기심을 갖고 이들을 움직이는 원동력을 확인한다.
- **공감**: 프로세스의 중심에 사람과 경험을 둔다.
- **실험**: 끊임없는 학습을 반복한다. 문제를 해결하거나 기회를 찾기 위해 여러 개의 작은 솔루션이나 프로토타입을 테스트한다.

1. 직원경험 설계와 호기심

호기심은 가정에 도전하고 질문을 제기하기 때문에 훌륭한 디자인의 기본이다. 보다 창의적인 솔루션을 생성하기 위해서

는 깊고 확장된 사고가 필요하다. 하버드 비즈니스 스쿨 교수인 프란체스카 지노(Francesca Gino, 2018)는 호기심이 많을 때 확증 편향에 덜 취약하다는 것을 밝혔다. 다시 말해서, 우리는 우리의 믿음을 뒷받침하는 정보를 찾고 우리가 틀렸다는 증거를 무시하려고 한다. 따라서 다른 사람에 대한 호기심을 가질 때 고정관념에 빠질 가능성이 줄어들고, 개인과 그룹에 대한 광범위한 판단을 덜 내리게 된 것이다.

또한 우리가 질문을 많이 할 때 비로소 우리 스스로가 모든 답을 가지고 있지 않다는 것을 인정하는 것이 더 수월해진다. 호기심은 또한 우리에게 부족한 통찰력이나 기술을 가진 사람들을 찾고 함께 일하게 한다. 최고의 디자이너는 문제를 진정으로 이해하고 해결책을 찾는 데 모든 배경과 경험을 가진 사람들이 필요하다는 것을 알고 있다. 직원경험의 일부만 이 HR 제품과 서비스로 구성되며, HR은 디자인팀의 한 부분이어야 한다. 훌륭한 직원경험 설계를 위해서는 조직 전체에 새로운 연결과 파트너십, 대화가 필요하다.

앤섬(Anthem, Inc.)은 이를 광범위하고 다단계적이며 평등주의적이라는 의미로 '급진적 참여'라고 부른다. 급진적 참여는 조직 전체의 다양한 관점과 전문 지식을 결합해 강력한 솔루션을 창출하고, 변화에 대한 거부감을 줄이며, 참여 의식과 헌신을 높인다. 이는 참여자들이 변화를 시행할 책임과 권한이 있다고 느끼기 때문에 자신의 솔루션을 거부할 가능성이 작기 때문이다(Plaskoff, 2017).

2. 직원경험 설계와 공감

인간 중심의 디자인은 다른 사람의 입장에 서서 그들의 눈으로 세상을 보는 능력인 공감에 뿌리를 두고 있다. 공감은 질문에 대한 올바른 답을 찾아 나가는 과정이다. 공감을 통해 우리는 선입견에 도전하고 다른 사람에게 실제로 무슨 일이 일어나고 있는지 발견해서, 우리가 진실이라고 생각하는 감각을 뒤로 제쳐 두도록 만든다.

공감은 우리가 다른 사람들의 세계로 여행하고 탐험하기 위해 이들과 어떻게 연결되는지에 관한 것이다. 공감을 통해 우리는 이전에 보지 못한 문제를 발견하고 해결하고 새로운 기회를 실현할 수 있다. 직원경험 설계에 대해 깊이 들어가지 않으면 금요일에 임직원에게 제공하는 맥주와 축구 테이블 수를 제공하는 것으로 아이디어가 갇히게 될 것이다. 이러한 사무실 특혜는 있으면 좋지만 정서적으로 풍요로운 인간 경험을 만들고 유지하는 데 있어 필요한 것을 건드리지 못한다(3장 참조). 공감은 우리가 경험을 디자인해야 할 사람들과 물리적으로 가까이 있어야만 하는 것은 아니다. 함께 디자인할 사람들의 참여가 중요하고, 이러한 점에서 공감은 급진적인 참여라고 할 수 있다. 또한 솔루션을 개발할 때 패러다임을 전환하는 방식이다.

3. 직원경험 설계 및 실험

실험은 학습을 위해 무언가를 시도하겠다는 마음가짐과 함께 머리로부터 시작된다. 새로운 것을 시도할 때 우리는 새로운 신경 경로를 생성하여 뇌세포를 다시 정렬시킨다. 반대로, 우리의 오래된 습관과 규칙적인 행동 방식에는 강하고 길이 잘 난 신경 경로가 있기 때문에 우리가 종종 기존의 습관과 행동방식에 의존하게 된다. 일상생활에서 기존의 습관과 행동방식에 기대는 것이 유용할 수 있지만, 혁신을 시도하거나 새롭고 다른 아이디어를 원할 때 의도적인 실험이 이루어져야 한다. 실험적 사고방식을 채택한다는 것은 우리로 하여금 우리의 오래된 습관이나 일을 하는 방식으로 되돌아가기보다는 새로운 것을 시도하도록 하는 것이다.

실험적 사고방식은 장난과 같다. 장난은 아이들이 배우기 위해 본능적으로 하는 일이다. 대부분의 디자인 지향적인 비즈니스는 문제해결뿐만 아니라 문화의 중심에 재미있는 실험 접근방식을 가지고 있다. 예를 들어 LEGO는 놀이의 가치에만 집중하고, 더 많은 사람을 지역 사회에서 놀이 홍보대사로 만들기 위해 1년에 하루 사업을 중단한다. 장난처럼 진행되는 실험 방식의 장점에도 불구하고, 우리는 너무 자주 실험에 대한 추진력을 잃고 만다.

직원경험 설계의 실험적 사고방식은 개발하는 데 지나치게 오랜 기간이 걸리고 결국 실패하는 솔루션을 만들어내는 걸 방지할 수 있다. 대신 지속적인 실험과 빠른 학습을 장려한다. 훌륭한 직원경험 솔루션은 구축되고 난 후 또다시 개선되기 때문에 항상 베타 버전일 수밖에 없다. 진화를 추구하며 실험적 사고방식이 직원경험 설계를 추진하는 데 도움이 된다.

애자일과 직원경험 설계: 상호 보완적인 접근법

소프트웨어 개발에서 태어난 개념인 민첩성은 광범위한 개념, 시스템 및 프로세스를 설명하는 데 사용되기 때문에 여러 가지를 의미할 수 있다. 피아-마리아 토렌(Pia-Maria Thorén)은 2017년 《Agile People: A radical approach for HR and manager(애자일 피플: HR 및 관리자를 위한 근본적인 접근방식)》에서 애자일을 앞으로 나아가며 가치를 창출하는 방법으로 설명한다. HR에게 애자일이란, 프로세스 개선과 운영 고도화를 의미한다. 또한 상향식(Bottom-up) 접근방식을 수용하여 구성원이 더 빠르게 결정을 내릴 수 있도록 권한을 부여하고, 관료적 구조를 줄이고, 운영을 단순화하고, 불필요한 프로세스/시스템/보고서 및 체크리스트를 제거하는 것을 의미할 수도 있다.

그러나 HR 변혁은 큰 그림의 일부일 뿐이다. 애자일 변혁은 조직문화에 관한 것이다. 토렌은 애자일을 '사람과 그룹이 도전에 직면하고, 빠르게 배우고, 변화에 대응할 수 있는 사고방식'이라고 설명한다(Thorén, 2017). 따라서 애자일은 직원경험에 분명한 영향을 미친다. 개인이 올바르고 적절한 속도로 일할 수 있도록 권한을 부여하고 지원하는 민첩한 조직은 구성원의 업무 경험에 큰 영향을 미치고, 또 조직이 직원경험 설계에 접근하는 방식에도 영향을 미친다. 직원경험 설계와 애자일 사이에는 많은 중복 원칙이 있다. 특히 최종 사용자, 실험, 신속한 프로토타이핑 및 점진적 개선에 중점을 두며, 둘 다 협업과 다기능 팀을 토대로 진행된다.

애자일이 이미 확립된 곳에서 직원경험 설계가 더 쉬울 수 있다. 반면에 불완전하거나 비효율적으로 구현된 애자일 변혁은 직원경험과 조직의 직원경험 설계 능력에 해로운 영향을 미친다. 실패한 애자일 혁신의 결과는 혼란, 몰입 저하, 성과 저하 및 높은 이직률로 이어지는 악순환을 만들어 재앙이 될 수 있다.

사례 연구

직원경험과 애자일

로슈(Roche)와 리버 아일랜드(River Island)에서 두 가지 접근방식이 함께 작동한 방식

네벨 크로허스트(Nebel Crowhurst, Roche UK의 인력 및 문화 책임자이자 전 River Island EX 대표)는 직원경험의 원칙에 중점을 두면서 두 조직에서 애자일 혁신을 주도했다. 여기에서 애자일, 직원경험 및 직원경험 설계 간의 관계와 이들이 어떻게 잘 어울리는지 살펴보고자 한다.

기술에서 HR 혁신으로

리버 아일랜드는 70년의 전통과 전 세계적으로 1만 2,000명 이상의 직원을 보유한 하이 스트리트 패션 소매업체이다. 최근 몇 년 동안 고객을 위한 온라인 쇼핑 경험을 창출하는 방향으로의 전환으로 인해 애자일의 장점이 드러나는 대규모 기술 중심의 혁신이 이루어졌다. 그러나 실제로 변화하기 시작한 것은 조직 전반에 걸쳐 보다 광범위하게 애자일 기능을 구축하기 시작했을 때였다.

HR의 경우 애자일 덕분에 변화하는 직원의 기대치를 더 잘 충족할 수 있도록 기존 관행을 업그레이드할 수 있었다. 단순히 방침과 절차를 지킨 것이 아닌, 반응형 접근방식으로 훨씬 더 사람 중심적인 사고방식을 개발하기 시작했다. 이것은 사고방식과 실천 모두에서 거래적 방식에서 변혁적 방식으로의 전환을 의미했다.

마음가짐의 중요성

반복을 통한 전달이라는 아이디어는 애자일 철학에 깊숙이 박혀 있으며, 이것은 사람들이 애자일 방식으로 작업할 때의 이점을 이해하는 데 있어 반드시 숙지해야 할 첫 번째 개념이다. 사람들이 이미 알고 있는 것을 고수하고 싶어 하지만, 열린 마음과 건전한 호기심을 갖는 것이 변화를 시작하는 데 도움이 된다.

기본적으로 새로운 접근방식을 배우고 경험하고 싶은 욕구가 있는 '성장 마인드셋'이 필요하다. 어떻게 하면 성장 마인드셋을 키울 수 있을까? 변화에 불편함을 느끼는 사람들에게 어떻게 긍정적인 영향을 미칠 수 있고 변화를 열망하는 사람들을 어떻게 활용할 수 있을까? 이에 대한 해답은 천천히, 그리고 점차적으로 해야 한다는 것이다. 하룻밤 사이에 일어나는 사고방식의 변화가 아니며, 민첩한 반복 원칙에 기반하여 함께 개발하거나 성장하는 것이다.

큰 규모의 변화가 시작될 때 완전하게 몰입해야 하며, 진정한 이득을 얻기 위해서는 앞으로 몇 년 동안의 작업과 신중한 계획이 필요하다는 것을 알아야 한다. "오늘까지 우리는 HR팀이었지만, 내일은 진보적인 직원경험팀이다"라고 선언하는 것보다 사람들이 변화 뒤에 숨겨진 이야기를 알려고 노력하는 것이 중요하다. 직원들이 앞으로의 진행 상황을 이해하고, 감사의 여정으로 이끄는 능력은 HR의 의사소통 기술로부터 시작된다. 구성원들이 왜 새로운 방식으로 일해야 하는지, 그리고 성장 마인드셋에 대해 이해해야만 HR에 대한 새로운 정체성을 더할 수 있다.

제약 소매업에서의 직원경험 디자인

리버아일랜드의 경우 팀을 새롭게 정의하고 새로운 전달방식을 구축함으로써 '구성원 경험(People Experience)' 콘셉트를 만들었다. 장황한 구식의 프로젝트 계획을 없애는 대신, 우리는 새로운 혁신 방식이 구성원들의 니즈에 부합하는지 확인하기 위해 피드백을 반복하여 듣는 접근방식을 활용했다. 이를 통해 낭비를 없애고 효율성을 개선할 수 있었다.

우리는 현재 로슈(Roche)와 비슷한 방법을 활용하고 있다. HR 혁신은 민첩한 의사결정을 지원하고 대담한 혁신을 촉진하며 실험을 축하하는 문화로 전환시키는 보다 광범위한 조직의 애자일 혁신이다. 이를 위해서는 무엇보다 사람들의 사고방식의 전환이 필요하다.

여기에서는 조직에 관계없이 동일한 방법이 적용된다. 접근방식과 각각의 경험을 설계하는 이유를 정의하는 작업을 하고, 직원들이 혁신의 여정에 참여하고 싶어 하도록 영감을 주는 매력적인 이야기를 만든 다음, 로슈에 '구성원과 문화'로서 HR에 새로운 정체성을 도입한다.

우리가 애자일, 직원경험 설계 및 직원경험의 원칙을 결합할 수 있는 좋은 방법은 현대화된 온보딩 프로그램을 제공하는 것이다. 온보딩은 결코 사라지지 않는 것이며 지속적인 개선과 발전이 필요하다. 그러나 종종 온보딩의 중요성이 간과되기 때문에 온보딩 '프로세스'가 근본적으로 망가져 직원들에게 의미 있는 경험을 제공하기 힘들다.

로슈 UK팀에서 우리는 온보딩 접근방식의 개선이 필요함을 깨닫고, 애자일 원칙을 통해 직원의 요구에 실제로 부합하는 것을 제공할 수 있다는 결론을 내렸다. 초기에는 '디자인적 사고' 또는 '인간 중심적 사고'의 관점에서 현재 구성원들이 경험하는 종적 경험이 어떤 모습인지, 어디에 끊어진 연결고리가 있는지, 온보딩에서 구성원들이 필요로 하고 기대하는 것이 무엇인지 평가했다.

또 공감의 요소를 적용했다. HR 부서에서는 우리가 모든 답을 알고 있고, 사람들이 무엇을 원하고 필요로 하는지 가장 잘 알고 있다고 믿는다. 하지만 현실은 직원들과 지속적으로 대화하고 피드백에 대해 개방되어 있지 않으면 진정한 변화를 끌어내기 힘들다는 것을 깨달아야 한다. 우리의 문제해결에는

직원경험 설계

현업 관리자, 최근에 이 조직에 합류한 사람들, 앞으로 3개월 안에 합류할 예정인 사람들과의 인터뷰가 포함되었다. 이 프로세스는 우리가 어디에 노력을 기울여야 하는지에 대해 훨씬 더 풍부한 그림을 제시했다.

온보딩을 제공한 경험이 있는 사람은 구성원과의 접점이 복잡하고 다양한 계층으로 이루어져 있다는 것을 알 것이다. 따라서 우선순위가 지정된 작업부터 정의하기 시작하면 앞으로의 작업이 산만하게 느껴질 수 있다. 따라서 이 프로세스에서는 민첩성을 발휘해야 한다. 애자일 스프린트를 통해 워크로드를 관리 가능한 덩어리로 나누고, 정기적인 스프린트 스탠드업을 통해 작업 추진력을 유지하고, 간단한 칸반(Canvan) 트래커를 통해 워크플로를 관리하면 진행 상황에 대한 명확하게 이해할 수 있다. 애자일은 이렇게 여러 계층을 제거하고 공동으로 작업하고 공유하며 협업하는 문화를 지향하고, 보다 진보적인 사고 방식이 필요하다.

이러한 방식으로 작업함으로써 우리는 입사하는 모든 신규 입사자에게 개인화된 중요한 순간을 제공할 수 있었다.

직원경험 설계의 구조

지금까지 직원경험 설계의 원칙에 초점을 맞추어 설명했다면, 이제 직원경험에 대한 전략적 접근방식과 직원경험 과제, 인간 중심의 프로토타입 솔루션 개발을 위한 도구를 살펴보고자 한다.

더블 다이아몬드에 관한 소개

2004년에 창설된 영국의 디자인 위원회는 더블 다이아몬드 (Double Diamond)라고 불리는 모델을 통해 모든 디자인과 혁신 프로젝트의 단계를 명문화했다. 디자인 싱킹에 대한 이 표현(발견, 정의, 개발 및 제공)은 이제 전 세계적으로 디자인 언어로 통용되고 있다.

더블 다이아몬드는 문제 공간(문제를 발견하고 정의하는 곳)과 솔루션 공간(문제를 해결하기 위한 아이디어를 생성한 다음 프로토타입을 개발하고 테스트하는 곳)으로 분류된다. 직원경험 설계의 목적을 달성하기 위해 우리는 문제 공간을 기회 공간이라고 부르는 것을 선호하는데, 이는 더욱 낙관적이고 강점 기반 사고를 장려하기 때문이다. 더블 다이아몬드 모델은 또한 각 단계에서 일어나는 사고를 보여준다. 다이아몬드는 새로운 정보를 찾거나 새로운 아이디어를 창출하는 발산적 사고를 나타낼 때 넓어진다. 디자인 팀이 발견한 문제나 기회를 정의하고 이를 해결하기 위한 솔루션을 정의할 때에는 수렴적 사고를 나타내는 것으로 좁혀진다.

Stanford d.school 모델은 또 다른 접근법이다. 이 방식은 많은 회사에서 재현되었는데, 여기서 중요한 것은 경험이 계속 세련된 방식으로 개선될 수 있도록 피드백 루프를 열어두는 것이다. 이를 위해 사람들을 여정에 참여시키고, 이야기를 공유하는 것이 중요하다. 우리가 왜 변화를 일으키고 있는지, 이러한 변화가 구성원, 부서(팀), 비즈니스에 어떤 이점이 있는지, 그리고 무엇이 달라질 것인지에 대한 이야기를 지속적으로 해야 한다.

결국 우리는 이 모든 과정을 혼자 할 수 없다. 변화를 도우려면 조직 내 사람들의 공통된 목소리를 사용해야 한다. 우리는 사람들의 말에 귀를 기울이고 그들과 함께 일하며 새로운 협업 문화를 실현해야 한다.

IDEO를 포함해서 디자인 싱킹 방식을 위한 템플릿이 사용된다. d.school 모델은 공감, 정의, 아이디어, 시제품, 테스트의 다섯 가지 활동 프로세스를 제안한다. 이것이 우리가 구축한 모델로, 각 단계에서 다양한 도구와 활동이 이루어진다. 각 활동을 테스트하고 구현할 솔루션을 찾게 되면 그다음 활동으로 변환되는 산출물이 만들어진다. 이 프로세스는 새로운 HR 도구, 프로세스, L&D, 사내 커뮤니케이션, 워크숍이나 커리어 코칭 등에 이르기까지 다양한 솔루션을 설계하는 데 사용할 수 있다.

세 번째 다이아몬드에 관한 소개

직원경험에 대해 이야기할 때 우리는 [그림 5.1]의 왼쪽 다이아몬드에 있는 세 번째 공간인 범위 지정 공간에서도 작업한다. 이것은 우리가 직원경험 설계에서 사람, 작업 및 조직의 경쟁 및 조정 요구를 전략적 수준에서 평가하는 영역이다. 더블 다이아몬드(기회와 해결책)와 마찬가지로 첫 번째 다이아몬드에도 발견 과정의 활동이 있다. 현재 위치와 달성하려는 목표에 따라 이 공간에서 많은 시간을 보내지 못할 수도 있다. 가장 중요한 직원경험을 보고 어디서부터 시작해야 하는지 이해하려는 경우 좋은 공간이 될 수 있다. 또한 이 다이아몬드의 활동(6장 참조)을 사용하여 만들려는 전체 경험을 정의할 수 있다.

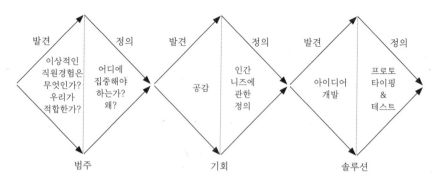

그림 5.1 직원경험 디자인 프레임워크

직원경험 설계 프레임워크 개요

[범주를 정하는 공간]

발견: 구성원, 업무 및 조직적 맥락의 니즈를 충족시키기 위한 직원경험은 무엇이어야 하는가? 그리고 어떤 부분에 직원경험이 제공되고 있는가? 혹은 제공되지 않는 부분은 어디인가?

정의: 이 단계에서는 발견 활동의 결과로 의도적인 직원경험을 정의하는 것이다. 이것은 직원가치제안(EVP) 또는 비전으로 의도한 직원경험에 대해 진술한 문장으로 표현될 수 있다. 중요한 것은 달성하려는 전반적인 경험에 대한 비전을 설정하고 이를 사용하여 어디에 노력을 집중할지 우선순위를 정하는 것이다.

[기회의 공간]

발견: 이 단계에서는 호기심과 공감을 활용하여 이슈에 대한 이해를 넓히고 심화할 수 있다. 이때 단순히 설문조사를 하거나 데이터를 보는 것이 아니라 해당 이슈의 영향을 받는 사람들과 이야기하고 시간을 보내는 것이 포함된다.

정의: 발견 단계의 아웃풋에 대해 통찰력을 더하고, 영향을 받는 사람들의 입장에서 문제나 기회를 재정의한다. 이때의 정의는 아이디어를 내고 솔루션을 개발할 때 무엇에 초점을 두어야 하는지 명확히 하는 것이다.

[솔루션 공간]

개발: 이 단계에서는 문제를 해결하거나 기회를 실현하기 위해 많은 아이디어를 만들고, 이 중 하나 이상의 솔루션에 관한 개발과 테스트에 집중한다.

아이디어: 개발한 내용에 대해 테스트하고 피드백을 받기 위해 이 단계는 빠르고 작은 프로토타입으로 진행된다. 다양한 솔루션을 소규모로 테스트함으로써 실패한 솔루션을 폐기하고, 실패를 통해 학습한 다음 또 다른 솔루션을 개발할 수 있다.

사례 연구

실행 중심의 직원경험 설계

인비전(InVision)이 온보딩 프로그램을
재설계한 방법

인비전은 세계적 수준의 디지털 제품을 만드는 회사를 위해 생산품 설계 및 개발을 돕는 플랫폼이다. 빠르게 성장하는 인비전은 100퍼센트 원격으로 전 세계에 분산되어 있다. 본사도, 사무실도 없다. 직원경험 디자인 관리자 마리 크레트로(Marie Kretlow)는 동료인 데니스 필드가 인비전에서 새로운 온보딩 프로그램을 디자인하기 위해 디자인 주도 접근방식을 취한 방법을 설명한다.

인비전은 고유한 문화와 운영방식을 갖고 있고, 직원 온보딩은 이를 반영해야 한다는 미션이 있다. 우리는 의도적으로 직원 온보딩을 설계하고 신중하게 유지/보수해야 한다고 믿는다. 따라서 온보딩은 디자인이 필요한 경험이다. 즉 사용자를 깊이 이해하여 문제를 해결하고, 요구사항을 충족하는 솔루션을 만들고, 제대로 된 솔루션을 얻을 때까지 해당 솔루션을 테스트 및 반복하는 방식을 활용했다.

문제/기회 발견

온보딩 프로세스를 재설계하는 첫 번째 단계는 누가 고객인지를 발견하고 고객에게 공감하는 것이다. 제대로 된 공감을 위해 이해관계자를 모아 신규 입사자가 근로계약서에 서명하는 것부터 첫 30일 동안의 현재 온보딩 경험을 계획했다. 신규 입사자의 활동, 지원팀 활동, 온보딩 프로세스 및 도구에 대한 청사진은 신규 입사자 경험의 차이를 만들어냈다. 특히 설문조사와 일대일 인터뷰를 통해 직원들의 직접적인 피드백을 바탕으로 실제 상황을 더해 설계했다. 또 수집한 정보를 더 잘 이해하기 위해 몇 가지 주제로 분류하고, 우리는 이러한 종합적인 주제를 서비스 청사진에 반영함으로써 신규 입사자가 생각하고 느끼는 바를 보여주었다.

문제/기회 정의

온보딩 여정에 있어서의 전반적인 환경과 신규 입사자의 개별적인 요구사항, 경험에 대한 지식을 얻은 이후에는 문제를 해결할 수 있는 프레임, 강점과 약점, 기회를 확인하고자 했다. 우리는 신규 입사자 경험의 End to End Map을 분석하고 이를 사용자 스토리로 구성했다.

- 신규 입사자로서 나는 멀리 떨어진 지역에서 인비전이 어디에, 어떻게 존재하는지 이해할 수 있도록 회사 문화를 배우고 싶다.
- 신규 입사자로서 인비전의 기대치를 명확하게 정의하여 오늘, 다음 주, 그 이후에 내가 해야 할 가장 중요한 일이 무엇인지 알고 싶다.
- 신규 입사자로서 나는 인비전이 내 역할을 소중하게 여기

고 준비할 수 있도록 내 온보딩 경험을 더욱 세심하게 관리하기를 바란다.

- 신규 입사자로서 나는 시스템과 각종 도구에 관한 문제보다 새로운 팀과 역할에 집중하고 싶다.

일단 우리의 문제가 잘 정의되고 그 안의 기회 요인이 충분히 있다고 생각하고, 무엇을 제공할 수 있는지 탐구하기 시작했다.

우리는 북극성을 정의하기 위한 여정과 스토리텔링을 통해 온보딩에 대한 궁극적인 비전을 설명했다. 우리가 만들고자 한 프로그램이 인비전의 최초의 전사 온보딩 프로그램이었기 때문에 우리의 직속팀과 리더십팀 모두 프로그램의 방향성을 이해할 수 있도록 비전을 정의하고 싶었다. 그 비전을 전파하기 위해 우리는 구체적인 사명 선언문, 우리의 디자인 원칙, 브랜드 개념 및 경험의 핵심 요소를 간략하게 설명했다. 우리는 신규 입사자의 눈을 통해 들려주는 온보딩 스토리를 통해 이 모든 것을 엮었다. 또 전사적 온보딩에 관한 'Pitch Deck(피치덱)'을 구성하여 더 많은 팀에 우리의 비전을 알렸다.

아이디어 개발

우리의 디자인 원칙 및 사명은 일련의 아이디어와 개념화를 도출하는 데 있어 지향점의 역할을 했다. 완전히 원격으로 일하는 팀이었기 때문에 자체 디지털 화이트보드 도구인 Freehand(프리핸드)를 활용하여 각 사용자 스토리에 대해 '어떻게…'를 보면서 동시에 브레인스토밍했다. 또한 온보딩 프로그램이 '사람, 실행, 플랫폼'에 중점을 둔 다른 회사의 사례를 참고할 수 있는 방법을 탐색하면서 Google 문서 및 인비전의 주석 달기 기능을 사용하여 비동시적으로 개별적인 아이디어를 구상하고 피드백을 제공했다. 많은 토론과 조사 끝에 우리는 솔루션 테스트가 가능한 단일 MVP(최소 실행 가능 생산품) 또는 MLP(가장 사랑스러운 생산품)을 만들어낼 수 있었다. 우리는 사용자에 대한 영향력, 비즈니스 니즈와 프로그램을 신속하게 구축하는 실행 가능성의 관점을 통해 프로그램의 기초에 절대적으로 필수적인 요소(도구, 형식, 콘텐츠 등)를 평가하여 아이디어를 종합했다.

솔루션 개발: MVP 개요

• **도구:** MVP를 위해 우리는 신규 입사자가 이미 사용하고 있는 도구(예: 온보딩 전에 활용되는 도구)와 직원으로서 여정 전반에 걸쳐 사용해야 하는 도구(예: 화상 회의, 인스턴트 메시징 및 학습 관리)를 사용하기로 결정했다.

• **형식:** 첫날 경험은 모든 회사에 중요하지만 특히 완전한 원격 조직에서 더욱 중요하다. 우리는 신규 입사자의 첫 주를 위한 5일 프로그램을 설계했다. 이 프로그램에는 일일 라이브, 중심 콘텐츠 세션, 30일에 걸친 체계화된 보안 교육 및 혜택 등록과 같은 온보딩 작업의 지속적인 '숙제'가 포함되었다. 우리의 목표는 입사 시작 날짜에 가장 잘 맞도록 격주로 프로그

램을 실행하는 것이었다.

- **콘텐츠:** 온보딩 콘텐츠에 대한 프레임워크는 사람, 아웃풋 및 실행에 중점을 두었다. 목표는 신규 입사자가 배우고, 다른 직원과 팀과 연결되고, 회사에서 성공할 수 있도록 안전한 공간을 만드는 것이었다.

솔루션 테스트

우리가 정의한 범위와 학습하고자 하는 목록을 갖고 MVP 프로그램의 시제품을 만든 후 고객 대면 부서의 소규모 직원 그룹을 대상으로 첫 번째 파일럿 테스트를 시작했다. 잘 작동하는 부분과 개선할 수 있는 부분을 알아보기 위해 우리는 파일럿 그룹에 설문조사 형태로 매일 피드백을 제공하도록 요청했고, 30일 동안의 피드백을 제공했다. 우리는 이 과정을 통해 온보딩 프로세스의 중심 구성 요소가 성공적이었고, 콘텐츠 전달 및 라이브 수업 참여를 개선할 여지가 있다는 것을 배웠다.

솔루션 반복

2018년 파일럿 테스트 이후 크고 작은 수많은 개선 작업을 수행했으며 수백 명의 새로운 인비저너(InVisioner)를 원격으로 온보딩했다. 이들은 적극적으로 참여하고, 인비전 커뮤니티에 연결되어 있다는 느낌을 받으며 지속적으로 온보딩을 마무리한다. 우리는 현재 피드백을 통해 세 번째 버전으로 개선된 프로그램을 사용 중이며 아직까지 최고의 방식임을 입증하고 있다.

솔루션: 최신/최고의 온보딩 프로그램

우리는 한 달에 한 번, 일주일간의 온보딩 프로그램을 실행하였다. 이를 통해 신규 입사자에게 회사 문화와 커뮤니티, 혼자만의 시간에 대해 디자인적 기초 지식을 제공했다. 우리는 우리가 공유하는 정보를 모든 직원이 알아야 한다고 생각하지만, 이것을 능가하여 더 중요시되는 가치가 있다. 바로 소속감이다.

조직에 대한 소속감을 높이기 위해 우리의 온보딩 교육은 신규 입사자를 온전한 인간으로서 환대하고 가장 진정한 자신으로 느껴질 수 있도록 '인비전 생활'이 실제처럼 느껴질 수 있도록 한다. 이때 가장 큰 목표는 일주일 안에 신규 입사자가 자신의 역할이 사람들과 연결되고, 참여를 통해 자신감을 갖는 것이다.

· **플립러닝:** 기존의 강의 형식으로 콘텐츠를 제공하는 대신 신규 입사자에게 다음 날의 콘텐츠에 대해 미리 알아보고 토론에 대한 준비를 해서 수업에 참석하도록 안내한다. 이때 주말을 이용하여 각 소그룹이 'Show and Tell'을 제공한다.

· **실시간 공동 작성:** 화상회의 도구인 줌(Zoom)과 무한 화이트보드 역할을 하는 인비전 자체 제품인 프리핸드를 통해 수업 토론을 용이하게 만든다. 우리는 매일의 목표와 개요를 설정하되, 대화는 자유롭게 인도될 수 있도록 한다. 모두가 함께 쓰고, 그리고, 낙서한다.

· **소그룹 논의:** 우리는 의도적으로 부서를 섞어서 소그룹을

만든다. 온보딩 호스트/퍼실리테이터가 없는 더 작고 친밀한 공간을 만들어 신규 입사자는 개방적이고 솔직한 대화를 나누고 인비저너로 있는 동안 지속하는 유대감을 형성한다.

• 올인하는 태도: 프로그램을 최대한 활용하고 인비전의 문화에 진정성 있게 적응할 수 있도록 신규 입사자에게 다음 3가지 사항에 대해서 요구한다.

1. 용기를 가져라: 질문을 마구 던지고 잘못된 아이디어에 대한 걱정을 버려라. 당신이 생각한 만큼 나쁜 것은 없다.
2. '예, 그리고'라고 말함으로써 협력하며 서로의 아이디어를 덧대도록 한다. 또한 참여하고 싶은 커뮤니티를 만드는 데 도움을 주도록 한다.
3. 린 인: 더 적극적인 방향으로 밀어붙이며 실행하라! 일주일에 더 많이 투자할수록 더 많은 것을 얻을 수 있다.

프로세스 정보

진정성 있게 의도적으로 신규 입사자 경험을 설계했기 때문에 우리는 누구를 위해 헌신하는지 이해할 수 있었고 이러한 온보딩 프로그램을 만들 수 있었다. 이 프로그램은 디자인을 활용한 첫 번째 프로그램 설계였으며, 그 이후로 많은 작업에서 이 프로그램을 사례로 사용했다. 우리는 계속해서 고객의 소리에 귀를 기울이고 고객의 니즈를 충족하기 위해 반복하며, 우리가 성장하고 확장함에 따라 비즈니스에 적합한 일을 할 것이다. 좋은 디자인은 결코 완결되지 않는다. 바로 지금, 우리는 수준을 높이고 더욱 즐겁고 원활한 경험을 만드는 방법을 찾기 위해 종단 간(End to End) 후보자와 신규 입사자 여정을 다시 한번 검토하고 있다.

인비전이 사용한 활동 및 도구에 대해 자세히 알아보려면 다음을 참고하라.

여정 매핑: 6장과 7장

인터뷰: 7장

인사이트와 사용자 스토리: 7장

'어떻게' 질문: 7장

직원경험 설계 구조에 대한 오해

순서대로 진행된다는 오해

종이 위의 세 개의 다이아몬드는 깔끔해 보이고 선형적인 과정으로 보인다. 그러나 실제로는 이보다 훨씬 유연한다. 직원경험 설계는 호기심, 공감, 실험의 원칙을 기반으로 하는 창의적이고 실용적인 활동 모음이다. 따라서 반드시 일정한 순서로 진행되지 않는다. 예를 들어 새로운 솔루션을 만들 때 프로토타입 단계에서 문제에 대해 새로운 것을 이해해야 하기 때문에 처음부터 다시 시작할 수 있다.

가능한 작업 프로그램의 범위를 지정하고 프로그램을 검증하기 위한 통찰력이 필요할 때 사람들의 니즈와 행동을 탐색하기 위해 기본 시제품을 만드는 것도 가능한다. 핵심은 현재 어떤 상황에 있고, 왜 그런지를 명확하게 이해하는 것이다. 실험적 사고방식을 유지하고 이것이 반복적인 프로세스임을 기억해야 한다. 솔루션을 찾기 전에 여러 루프를 거칠 수 있다는 점을 명심하라.

디자인 스프린트에 대한 오해

여러 날에 걸쳐 디자인 스프린트(모든 사람이 연속적으로 디자인 프로세스를 통해 빠르게 작업하기 위해 가상공간을 포함한 같은 장소에 있는 것)를 진행해야 한다고 오해할 수 있지만, 이러한 방식이 일반적이지 않다. 시작하는 직원경험팀의 경우 다양한 협업팀으로부터 며칠을 투자하겠다는 약속을 얻어내는 것이 까다로울 수 있다. 따라서 일부 팀은 이러한 방식으로 함께 크랙 설계 과제를 해결하지만 실제 활동이 몇 주 또는 몇 달에 걸쳐 분산될 가능성이 더 크다.

모두가 같은 공간에 있어야 한다는 오해

문제에 대해 같은 관점을 공유하고 다양한 솔루션을 도출하기 위해 나란히 함께 작업하는 디자인팀에 대해 할 말이 많다. 사실 모두 같은 공간에 있기 위해서는 많은 에너지가 필요하기 때문에 모두가 한 장소에 있는 것이 항상 필수는 아니다. 실제로 참여하고 싶은 일부 사람들에게는 원격으로 공동 작업하는 것이 더 나을 수도 있다. 예를 들어 원격 인터뷰를 활용한다면 훨씬 더 광범위하게 인터뷰를 진행할 수 있다. 또 내성적인 성향을 가진 구성원이 있는 경우 대면 브레인스토밍보다도 더 나은 결과를 낳을 수 있다.

직원경험팀이 반드시 필요하다는 오해

직원경험팀을 꾸리기 전에, 실제로 직원경험 설계 도구를 작업에 즉시 통합할 수 있다. 사용자들에게 다양한 질문을 하는 것이 대화와 접근 방식을 얼마나 빨리 바꿀 수 있는지 알게 된다면 놀랄 것이다. 다음 장에서 공유하는 도구는 프로젝트 실험을 시작하거나, 회의나 워크숍을 뒤흔들 수 있는 실용적이고 쉬운 방법이다. 직원경험 설계 도구는 유연하고 창의이며, 나의 팀에 가장 적합한 방식으로 적용하면 된다.

우리(HR)가 직원을 대신할 수 있다는 오해

공감에 기반하여 일련의 가치 기반 활동들이 분명 의미가 있다. 하지만 설문조사 데이터나 문서에 기반하여 합리적으로 작업하는 데 익숙한 팀에게는 직원경험 설계가 다소 모호하고 개인적인 차원으로 느껴질 수 있다. 그러나 공감은 연결에 관한 것이고, 누군가를 대신해서는 타인과 깊이 연결될 수 없다. 아무리 직원을 잘 알고 있다 하더라도 항상 새로운 것이 발견되고 감지되지 않은 요구사항이 드러나게 될 것이다.

당신이 회사에서 어떤 역할을 맡고 있든, 당신도 직원이다. 그렇다고 해서 당신의 요구가 다른 모든 사람의 요구와 동일하다는 것을 의미하지는 않는다. 당신은 직원을 대신할 수 없다. 당신은 직원들의 옆에 함께 서 있어야 한다. 직원의 참여를 유도

하는 것은 힘든 싸움이 될 수 있다. 하지만 이길 가치가 있다.

브레인스토밍에 관한 모든 것

많은 아이디어를 얻을 수 있는 브레인스토밍은 재미있지만 서두를 필요는 없다. 아인슈타인은 "문제를 해결하는 데 1시간이 주어진다면 문제에 대해 55분간 생각하고 5분 동안 솔루션을 낼 것이다"라고 말했다. 여러분도 이와 마찬가지로 해야 한다. 사람들의 눈을 통해 문제나 기회를 진정으로 탐구해야만 해결책을 찾을 수 있다. 의미 있는 문제해결은 결승선을 향해 질주하거나, 단일 솔루션에 너무 빨리 수렴하지 않는 발산적 사고로부터 나온다.

직원경험 설계의 시작

직원경험 설계 도구와 활동은 주어진 상황 조건에 적응하고 상황의 정보를 활용할 수 있을 만큼 유연하게 진행된다. 그럼에도 불구하고 이를 통해 기존의 일하는 방식에 대해 다시 한번 생각해볼 수 있도록 만든다. 많은 팀과 조직에서 빠르게 움직이고, 항상 베타 버전을 유지하기 위해 직원과 함께 설계하는 방식으로 전환하는 것은 중요한 변화이다. 직원경험 설계라는 것이 낯설고 다르게 느껴질 수 있다. 특히 조직에 디자인 문화가 없는 경우에는 더욱 그렇다. 직원경험 설계 접근방식을 도입하는 것은 애자일하고 반복적인 방식으로 작업하는 데 익숙한 소프트웨어 회사에서 훨씬 쉬울 수 있다. 직원경험 설계는 린, 애자일, 행동경제학 등과 같은 기존의 다른 접근방식을 보완할 수 있고, 이러한 것과 조합하기에 매우 적합하다. 직원경험 접근방식은 규모, 디자인 방향, 문화 및 비즈니스 요인에 따라 모든 조직에서 다르지만 몇 가지 공통점이 있다.

작게 시작하기

가장 좋은 시작 방법은 작게 시작하는 것이다. 대규모 미국 소프트웨어 회사의 경우 한 HR 담당자가 운영하는 파일럿 직원경험 프로그램이 첫해에 15개의 작고 다양한 프로젝트를 다루었다. 영국의 한 펍 회사나 보건당국은 단순히 페르소나와 여정 지도 정도를 소개하거나 회의, 계획의 초점을 변경하기도 한다. 직원들과 시간을 보내고 직원들의 경험을 탐구하기 위한 질문을 많이 던지고 난 후, 통찰력을 팀과 공유하여 기존 사고를 바꾸기도 한다.

위험이 덜한 프로젝트 찾기

좀 더 대담한 방법은 작은 프로젝트를 수행해보는 것이다. 차터드 인사개발연구소(Chartered Institute of Personnel and Development)의 디지털 경험 담당인 사라 코니(Sarah Corney, 2020)는 블로그에서 새로운 아이디어와 실험을 테스트하기 위해 작고 위험도가 낮은 방식인 '트로이 마우스' 프로젝트를 제안했다. 그녀는 작은 성공을 점진적으로 활용하여 보다 급진적인 변화의 사례를 만들었다. 한 글로벌 석유 회사에서 직원경험을 담당하는 리더는 최종 사용자와 이해관계자가 섞인 6~8명으로 구성된 그룹의 활동으로 직원경험 솔루션의 80퍼센트 수준에 빠르게 도달할 수 있다고 전했다.

스폰서 및 동맹 찾기

비즈니스 전반에 걸쳐 스폰서와 이해관계자를 참여시키는 것이 중요하다. 디자인 싱킹에서 쓰이는 용어가 혼선이 있을 수 있다. 때로는 '디자인'이라는 단어조차도 문제가 될 수 있으므로 조직 내에서 쓰이는 용어로 바꿔보라. 한 직원경험 설계 전문가는 직원경험 설계 자체보다는 '문제 정의 비즈니스'에 방점이 찍힌다고 이야기한다. 시스코(Cisco)의 디자인 혁신 이사인 제이슨 시르(Jason Cyr, 2019)는 직원경험 설계 전도사의 첫 번째 임무로 과정보다 원칙을 옹호하고, 대화에 참여할 사람을 신중하게 고르는 것이라고 이야기한다. 이해관계자와 후원자, 조력자를 만들기 위해 공감을 활용하라.

친숙한 프레임에 담기

직원경험은 작업의 크기에 압도된 나머지 이해가 어려울 수 있다. 새로운 방법을 제시하면 잠재적인 동료들에게 낯선 느낌이 들 수 있다. 이때 이미 사람들이 알고 있는 맥락에서 대화를 구성한다면 보다 직원경험이 친숙하게 느껴질 수 있다. 고객경험에 대한 강력한 문화가 있는 경우 직원경험에 대한 모든 대화를 이에 맞추어 익숙한 것으로 시작할 수 있다. 한 음악 산업에서의 직원경험 개척자는 직원경험에 대해 친숙하게 설명할 수 있을 때 훨씬 더 발전할 수 있었다고 한다. 결국 모든 것은 인간의 경험에서 시작된다는 것을 잊지 말라.

과정을 신뢰하라

이 모든 것이 힘든 일처럼 보이더라도 미루지 마라. 직원경험 설계 능력은 아무리 초기 단계라고 할지라도 항상 이득을 가져다줄 것이다. 디자인 싱킹 도구의 효과적인 사용은 훌륭한 직원경험 솔루션으로 이어질 수 있다. L&D의 한 글로벌 헤드에 따르면 직원경험 설계는 바이러스처럼 조직문화에도 영향을 미치며 확산된다. 인간 중심의 변화가 오는 것을 기다리는 사람들이 아니라, 만들고 싶어 하는 변화를 시작하는 개척자를 발견하게 될 것이다. 디자인 싱킹은 사람들이 참여하고 싶어 하는 변화 관리의 한 형태이다. 때로는 프로세스가 최종 아웃풋만큼 중요하다.

완성도 높은 직원경험 설계

직원경험 설계 능력은 조직의 상황에 따라 다양한 방식으로 개발되고 확장되지만, 흔히 볼 수 있는 몇 가지 일반적인 단계가 있다. 각 단계에서 접근방식을 개발하기 위한 몇 가지 팁을 설명하고자 한다.

실험 중
개인과 팀 단위로 직원경험 설계 도구를 실험하고 있다.

증거

- 직원경험이 화제가 된다.

- 직원경험 설계 도구가 오프라인과 워크숍에서 보인다.

- 고객경험팀과 고객경험에 관한 토론이 진행된다.

접근방식을 개발하는 방법

새로운 대화와 사고를 위해 직원경험의 요소에 대한 데이터 기반 통찰력, 공감, 호기심, 실험의 원리가 논의된다.

도구

직원경험 설계 도구가 사람들 프로젝트 전반에 걸쳐 정기적으로 사용된다.

증거

- 다양한 여정에 대한 이해를 높이는 데 도움이 되는 데이터와 통찰력, 설계 도구가 자주 사용된다.

- SER 연구 및 테스트가 일상적인 작업방식이 되기 시작한다.

- HR, IT 및 시설과 같은 기능 간의 협업이 문제를 해결하는 데 중점을 두고 더욱 빈번해진다.

접근방식 개발법

- 교육에 투자하여 디자인 싱킹 능력을 키운다.
- 퍼실리테이터와 같이 사외 전문가의 도움과 지원을 받는다.

- 사용자 연구 및 테스트에 더 많은 시간을 쏟는다.

전달

직원경험 설계 방법론이 프로젝트에서 일관되게 사용된다.

증거

- 새로운 직원경험팀, 역할과 기능에 대한 투자가 집행된다.
- 다기능(Cross-Function) 팀이 직원경험 솔루션을 찾기 위해 정기적으로 협력한다.

새로 설계되고 반복되는 솔루션의 영향력이 일상적으로 측정되고 보고된다.

접근방식을 개발하는 방법

- 디자인 주도의 접근방식에 대한 영향력을 인식하고 프로젝트의 성공을 축하한다.
- 탁월한 디자인 싱킹 센터를 만들고 새로운 작업방식에 대해 긍정적으로 평가하는 네트워크를 만든다.

스케일링

직원경험 비전을 명확하게 표현하고, 이를 실현하기 위한 끊임없는 혁신이 있다.

증거

- 직원경험 디자인 초점이 전통적인 HR 제도/서비스를 다루는 것 이상이다.
- 디자인 기능에 많은 팀에 포함되어 있다.
- 직원경험 설계 프로세스에 많은 사람과 부서가 참여한다.
- 비즈니스 전반에 걸쳐 디자인 싱킹에 초점을 맞춘다.

접근방식을 개발하는 방법

회사 브랜드를 강화하는 데 도움이 된 경우 성공 사례를 반드시 문서화하고 검토한다.

핵심 요약

직원경험 디자인은 먼저 디자인 원칙을 활용하여 구성원들의 요구사항과 기대치를 이해하고, 이들에게 최상의 경험을 제공하기 위해 솔루션을 개발하며, 이를 반복적으로 테스트하는 것이다. 이 장에서는 직원경험 설계 프레임워크를 소개하고 직원경험 설계를 시작하는 방법을 설명했다.

가장 중요한 것은 경쟁하는 요구사항과 변화하는 요구사항(조직적 맥락, 업무 요구사항, 사람들이 필요로 하고 기대하는 것) 사이의 균형이다.

- 직원경험 설계는 인간 중심 디자인의 한 형태인 디자인 싱킹에서 도구와 활동을 차용한다.

- 디자인 싱킹을 통해 직원경험을 통해 발생하는 시스템이 복잡하게 느껴질 수 있지만, 쉽게 시작할 수 있다.
- 직원경험 설계는 디자인 싱킹에서 차용한 공감, 호기심, 실험의 3가지 원칙을 가지고 있다.
- 직원경험 설계와 조직문화의 관계는 양방향으로 서로 영향을 미친다. 공감, 호기심, 실험이 풍부한 문화는 직원경험 설계 접근방식을 지원한다. 그리고 직원경험 디자인 접근방식을 채택하면 사람들은 더 넓은 차원에서 공감하고 호기심을 갖고 실험할 것이다.
- 직원경험 설계는 범주/기회/솔루션의 세 차원에서 발생할 수 있다. 다양한 활동이 그다음 활동으로 이어지는 결과를 만들어내고 결국에는 솔루션을 만들어낸다.
- 조직은 다양한 방식과 다양한 이유로 직원경험 설계를 시작하며, 종종 애자일 변혁과 함께 진행된다.
- 서포터 없이(있더라도), 현황에 대해 의구심을 품고 새로운 데이터 포인트와 새로운 가능성을 찾기 위해 선구적인 직원경험 디자인 활동을 전개하다 보면 조직 내 저항에 부딪힐 수 있다. 직원경험 설계 활동이 기존과 매우 다르게 느껴지고 불편할 수 있기 때문에 작게 시작하고 빠른 승리를 확보하는 것이 도움이 될 수 있다.

6장.
직원경험의 범위 설정하기

이번 장에서는 다음 내용을 다루고자 한다.

- 직원경험에서 범위 설정이 의미하는 것과 2장의 직원경험 비전 및 목표 활동과의 연계
- 의도된 직원경험과 실제 경험 간의 차이를 탐색하는 도구의 활용
- 직원경험 설계 도구 및 활동들은 문제를 해결하는 시작점을 정하는 우선순위 선정에 도움을 준다. 이러한 도구는 '페르소나', '직원 생애 곡선', '여정 지도' 그리고 '중요한 순간' 등이 있다.

직원경험 범위 설정의 의미

직원경험팀은 두 가지 길을 걷는 경향이 있다. 그들은 너무 많은 것을 하려고 하거나, 혹은 프로젝트 수준에서 작업하지만 큰 틀과 연결하기 어려워 접근방식을 확장하지 못한다. 직원경

험 설계 프레임워크에 세 번째 다이아몬드를 도입한 이유는 이 난제를 해결하기 위해서이다. 디자인 싱킹은 실무자들이 사용자 만족도, 상업적 실행 가능성 및 기술적 타당성에 대한 요구를 탐색하는 것으로 시작하도록 권장하지만, 우리는 이 과정에서 정확하게 어떤 일들이 일어나는지에 대해서 분명하게 이야기하고 싶다.

범위 지정 공간에서는 직원경험과 함께 목표로 하는 것에 대한 비전을 발견하고 정의하기 위해 큰 그림이나 전략 차원에서 일하는 것이다. 그런 다음 우선순위를 매길 곳을 찾고 정의한다. 이를 통해 중요한 작업을 수행하고 접근방식을 확장하는 데 필요한 이점을 얻을 수 있다.

2장에서는 직원경험 비전을 정의하고 목표를 전략적 비즈니스 우선순위에 맞추는 방법, 3장에서는 미래에 대한 비전을 창조하기 위해 AI(Appreciative inquiry) 방법론을 사용하는 것에 대해 살펴보았다. 이러한 과정을 통해서 미래의 비전과 현재의 상황 사이의 차이를 확인하는 직원경험 설계 프레임워크(그림 5.1)에 대해 소개했다. 이러한 활동이 모두 첫 번째 다이아몬드에 포함된다는 점에 대해 좀 더 명확하게 설명할 수 있다.

이 장에서는 2장과 3장에서 소개한 툴과 활동을 기반으로 하고 있으며, 귀사가 제공하는 직원경험과 이 책에서 제시하는 직원경험 모델과의 차이를 더 많이 발견할 수 있도록 지원하는 방법을 제안한다. 또한 격차를 해소하기 위해 우선순위를 매길 위치를 정의하는 데 도움이 되는 다양한 직원경험 설계 도구 및 활동도 소개한다. 이는 직원경험에 대한 전략적 접근에 관한 것이다. 그러나 전략적 접근방식을 적용하는 데 있어서 우리는 기준을 너무 높여 여러분이 시작하는 것에 대한 두려움을 주고 싶지는 않다. 전략을 수립하는 것에서 시작하는 것 말고도 다양하게 직원경험 여정을 시작하는 것도 가능하다. 따라서 직원경험 전략을 개발할 책임이 없더라도 이번 장을 읽어보라. 여기서 소개하는 툴은 전체 직원경험 설계 접근방식 개발 전략 및 특정 직원경험 솔루션 개발의 핵심이다. 이 도구들에 대해서는 다음 장에서 자세히 설명하겠다. 여기서는 직원경험 솔루션 개발에 대해 자세히 알아보겠다.

직원경험 설계에 전략적 접근방식을 채택해야 하는 이유는 무엇인가?

모든 조직은 직원경험 설계 성숙도에 따라 각기 다른 단계에 있다. 일부 조직에는 전체 팀이 있고(작지만), 또 다른 조직에는 HR의 가장자리에 고독한 챔피언이 있다. 우리는 고객이 어느 곳에 있든 유연하고 실질적인 도움을 제공하기 위해 이 책을 출간했다. 그리고 고객이 어디에 있든, 큰 그림이나 전략적 관점을 가질 가치는 충분하다.

- **전략적 연계 확보**: 경험을 개선할 수 있는 기회를 쉽게 찾을 수 있다. 그러나 조직 목표와 연계되지 않으면 비즈니스에 의미 있는 기여를 하지 못할 수 있다. 이러한 전략적 연계의 결여는 아무 곳에도 쓰일 수 없는 솔루션들을 양산

하는 데 그치고 만다.

- **영향력 창출:** 직원경험 접근방식을 확장하는 가장 좋은 방법은 성공을 경험하는 것이다. 의미 있는 무언가를 제공하지 못한다면 우리가 사용하는 다양한 접근방식이나 활동들이 기대에 부응하지 못할 것이다. 결과적으로 협업의 파트너가 필요한 순간에 오히려 우리의 활동을 비판하는 사람들을 만들게 된다.

의도된 경험과 실제 경험 사이의 차이를 발견하기

직원경험 비전을 정의했으며(2장 참조), 직원경험 비전이 전략적 목표에 부합하는 이유와 방법을 이미 알고 있다. 하지만 당신의 경험은 어떻게 평가되는가? 이를 탐색하는 한 가지 방법은 3개의 직원경험 렌즈를 사용하는 것이다.

[그림 6.1]에서는 직원들이 하는 일과 어떻게 그 일들을 하는지, 조직의 문화와 가치, 리더, 팀 동료, 파트너 및 고객과의 관계에 이르기까지, 직원들의 경험을 살펴보고 싶은 몇 가지 요소를 제안한다. 이러한 예는 규범적인 것이 아니라 직원경험의 다양한 요소와 어디서 어떻게 사람들의 실제 경험을 발견하기 시작할 수 있는지를 보여주기 위한 것이다. 이 렌즈들을 출발점으로 사용하고 여러분의 사람들, 사업 그리고 일에 가장 관련성이 높은 요소들을 추가하라.

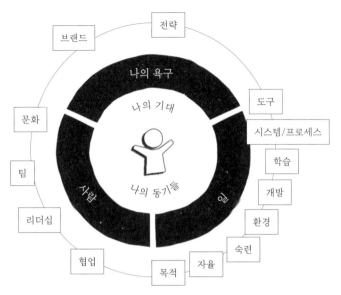

그림 6.1 3가지 직원 경험 렌즈의 사례

핵심 직원경험 설계 도구들

이 장의 나머지 부분에서는 사용자의 경험에 대해 자세히 알아보고, 어디에 중점을 두어야 할지 정의하는 데 사용할 수 있는 핵심 직원경험 설계 도구 세트를 소개한다. 이러한 도구만이 직원경험 설계에 사용하는 유일한 방법은 아니지만 가장 널리 사용되는 도구임으로 직원경험 설계 접근방식 전반에 걸쳐 사용할 수 있도록 이러한 도구에 대해 알아두는 것이 중요하다.

페르소나

페르소나는 직원 그룹을 대표하는 가상의 캐릭터이다. 핵심 설계 도구로써 양적 및 질적 데이터를 통합하여 직원의 요구, 경험, 행동 및 목표에 대한 이해를 높인다. 페르소나는 직원 경험 설계 과정에 관련된 모든 사람이 직원의 관점에서 사물을 볼 수 있다. 설계 프로세스 전반에 걸쳐 연속적이고 다방면으로 사용되어 모든 작업에 대한 다차원적 접근을 보장한다. 캐릭터 들은 변화 프로그램에 대한 인간 중심의 접근방식을 만드는 데 도움을 줄 뿐만 아니라, 팀이 인간 경험을 이해하고 우선순위를 정하는 데 도움을 준 강력한 방법이기도 했다.

　페르소나를 만드는 것은 직원경험 설계 기능을 구축하는 첫 번째 단계이다. 또한 고객경험 또는 마케팅팀으로부터 전문 지식을 빌리기에 좋은 장소가 될 수 있다. 하지만 이를 시작할 때 일을 너무 복잡하게 만들지 말라. 페르소나를 사람 중심의 디자인 접근방식을 지원하는 방법인 사고 도구라고 생각하라. 데이터 분석가팀을 보유하고 있거나 심층 인터뷰를 할 시간이 많지 않은 한 고객경험이나 마케팅에서 볼 수 있는 것만큼 과학적으로 강력하지는 않을 것이다.

　우리는 단계별로 페르소나 개발에 접근하는 것을 추천한다. 인터뷰를 활용하여 태도 및 행동 측면을 추가하기 전에 역할, 재직 기간, 수준 등을 나타내는 것으로 시작할 수 있다. 핵심은 사람을 살아 있게 하고, 계속 반복해서 찾아보는 것이다. 고급 인물 집합을 하나 만들고 로컬팀 및 기능이 해당 인물에 기반을 두어 자체 프로젝트를 지원하는 추가 세부 정보를 사용할 수 있도록 하면, 유연성이 보장되며 인물을 최신 상태로 유지할 수 있다.

[페르소나 사용 방법]

직원경험의 범위를 지정하는 동안 다음과 같은 다양한 방법으로 페르소나를 사용할 수 있다.

- 이 장에 소개된 도구들을 활용하여 직원경험에 대해 더 깊이 있는 통찰력을 발견하라.
- 인재 부족 또는 높은 수준의 이직률과 같은 특정 비즈니스 요구에 따라 우선순위 페르소나를 정의한다.

한 그룹의 직원이 다른 그룹보다 더 중요하다는 의미가 아니라, 핵심 비즈니스 우선순위와 관련된 페르소나로 시작하는 것이 지원 세력을 확보하고 직원경험 디자인 접근방식의 가치를 입증하는 데 도움이 될 것이라는 의미이다.

직원 생애 곡선(Employee life spiral)

직원 생애 곡선(그림 4.1 참조)은 사고 및 대화 도구이다. 이 곡선은 입사부터 퇴사까지 가장 중요한 직원경험을 나타낸다. 이러한 곡선형 구조는 선형적이지 않기 때문에 사내 이동 및 재입사와 같은 전략적 영향이 큰 직원경험을 포함하여 종종 간과되는 직원경험 영역에도 더 많은 초점을 맞출 수 있다. 경력 개발이라는 것이 일방적인 상향방식의 사다리가 아닌 좌우 상하로 연결된 거미줄로 생각하도록 장려하여 더 혁신적인 방법을 제공할 수 있다.

[직원생애 곡선 사용 방법]

생애 곡선은 여러 가지 방법으로 사용될 수 있다. 인간 중심 접근에 매우 중요한 공감 원칙을 적용하기 위한 대화 도구로 사용한다. 직원경험 범위를 지정하는 동안 생애 곡선을 사용하여 다음을 수행한다.

- 회의와 워크숍에서 라이프 사이클 사고에서 벗어나 개개인의 다양한 직원경험에 중점을 둔다.
- 이해 관계자들에게 처음으로 직원경험을 소개한다.
- 직원경험의 여러 부분에 대해 이미 알려진 것과 알려지지 않은 것을 탐색하여 데이터 및 통찰력 격차를 해소한다.
- 전체 경험을 총체적으로 파악하여 문제 영역에 대해 논의하고 우선순위를 지정한다.

활용 연습

직원 생애 곡선 SWOT

정의: SWOT 분석(강점, 약점, 기회 및 위협)을 직원 생애 곡선과 결합하여 직원경험 중점 영역에 우선순위를 부여하고 직원경험 전략 또는 계획을 정의하는 활동이다.

목적: SWOT 분석을 직원 생애 곡선과 함께 사용하면 비즈니스, 업무 및 직원의 요구에 따라 우선순위를 정의할 수 있다.

사용 방법: 관련 자료(직원 몰입 서베이, 인사자료 등)를 사전에 검토하여 분석의 틀을 제공하고 포스트잇 등을 사용하여 워크숍을 진행한다.

함께 참여할 대상: 이 활동은 HR팀과 비즈니스 관계자와 함께 진행하는 것이 좋다.

배경: 직원경험에 대한 실행 계획을 세울 때는 단순히 직원경험이 제공하지 못하거나 더 나은 작업을 수행할 수 있는 기회를 찾는 것 이상의 작업을 수행해야 한다. 우선순위를 매기는 방법이 필요하다.

퍼실리테이션 가이드

- 세션의 목표(직원경험 계획의 우선순위 지정)와 생애 곡선을 사용하는 이유(HR 활동보다는 직원경험에 초점을 맞추고 비선형 여정을 보다 잘 보이도록 하기 위해)를 설명한다.

- 직원경험 비전을 제시하고 직원경험 기회를 구체화하라. 직원경험이 조직에 있어 중요한 이유를 명확히 제시한다.

- 공개 토론으로 시작하여 사람들이 대화를 나누고 프로세스를 이해하도록 한다. 먼저 '우리 회사의 직원경험의 장점은 무엇인가? (비즈니스 내부 및 외부 모두에서) 잘한다고 알려진 것은 무엇인가?'라고 질문하라. 기존의 서베이나 인터뷰 자료 등을 활용할 수 있다.

- 각 포스트잇에 하나씩 모든 아이디어를 모은 다음, 현재 진행 중인 작업을 설명하면서 생애 곡선에 추가하기 시작한다(화이트보드에 있는 인쇄물 또는 생애 곡선의 표현을 사용). 녹색

포스트잇을 사용하여 활동의 다음 부분과 구별한다. 약점, 기회 또는 위협이 나타나면 일단 보류한다. 직원경험의 핵심 부분이 곡선으로 표현되지 않으면 이를 추가한다.

- 이제 약점을 보라. 그룹에게 빨간색 포스트잇을 나누어 주고 '어디서 전달에 실패했는가?' '무엇을 잘못했는가?'라는 질문에 대한 답변을 적어달라고 요청한다. 포스트잇당 하나의 생각을 생애 곡선에 추가한다.

- 토론을 통하여 이러한 약점들이 왜 중요한지를 논의한다. 소그룹을 구성하여 나선형으로 돌면서 작업을 진행한다. 그룹에게 경험을 개선하거나 확대할 수 있는 기회를 탐색하도록 요청한다. 우리의 직원, 조직, 업무의 관점에서 왜 중요한가? 그런 다음 위협에 대해서 생각해보라고 이야기한다. "이 경험을 개선하지 않으면 직원, 조직, 업무에 어떤 위협이 있습니까?" 새로운 색상의 포스트잇에 핵심 내용을 작성하여 나선형 곡선에 추가한다.

- 각 분야에 대해 논의한 결과, 그룹으로 우선순위 수준을 합의한다.

∨ 즉시 실행, 이것은 즉시 착수해야 할 우선순위이다.
∨ 단기 실행, 이것은 다음에 작업해야 할 우선순위이다.
∨ 장기 실행, 주의를 기울일 필요가 있지만, 지금으로서는 이것을 우선순위에 포함하지 않는다.

- 마지막으로 선정한 3가지 우선순위가 각 영역별로 잘 분산되어 있는지 확인한다. 모든 것이 '즉시 실행'에 선정되는 것을 방지하기 위하여 사전에 각 밴드에 직원경험의 영역이 얼마나 포함될지에 대해 미리 합의하라.
- 마지막으로, 그룹에게 정렬 여부를 확인하고 다음 단계로 넘어간다.

여정 지도(Journey maps)

여정 지도는 개인이나 그룹의 관점에서 경험을 시각적으로 표현한 것이다. 가장 널리 사용되는 직원경험 설계 도구 중 하나로, 직원경험을 시각화하여 분석 및 개선하기 위해 구현된다. 여정 지도는 다음 내용들을 식별하는 데 사용할 수 있다.

- **실시 단계:** 직원이 특정 목표를 추구하기 위해 조직 내부 또는 외부에서 수행하는 업무
- **접점:** 직원들이 도구, 시스템 및 인력을 포함하여 조직과 상호 작용하는 지점
- **페인 포인트:** 효과가 없고 부정적인 영향을 미치는 단계 또는 접점
- **중요한 순간:** 직원경험 여정에서 경험에 불균형적으로 영향을 미치는 감정적인 순간들

여정 지도를 그리는 것은 일반적으로 개인이 어떤 단계를 거

치는지 파악한 다음, 각 단계를 다른 각도에서 보는 것으로 시작한다. 예를 들어 개인이 각 단계에서 생각하고 느끼고 무엇을 하고 있는가? 이는 설문조사의 정량적 데이터, 관찰의 정성적 데이터, 참여(즉 직접 프로세스를 거치는 것), 인터뷰 또는 그룹 토론에서 도출할 수 있다. 결과는 지도에 표시된 경험의 그림이다. 이것은 단순한 선 및 텍스트에서의 인포그래픽, 심지어 예술적 스타일에 이르기까지 다양한 방법으로 시각화할 수 있다.

[여정 지도 유형]

가장 중요한 직원경험 또는 육아 휴직 후 직장에 복귀하거나 처음 관리자가 되었던 몇 번의 짧은 여정들도 매핑할 수 있다. 온보딩 여정을 매핑하는 것은 빠른 적응에 대한 많은 잠재력을 제공하기 때문에 새로운 직원경험팀에게 가장 많이 활용하고 있는 분야이다. 또한 COVID-19 위기 동안 새로운 입사자들을 가상 작업 공간에 완전하게 맞이하는 방법을 배우려는 조직이 많아짐에 따라 이 문제는 우선순위가 되었다.

온보딩은 다양한 인력과 팀이 관여하고 있기 때문에 조직 간 사일로를 없애고 동시에 여러 팀에 직원경험 접근방식을 소개할 수 있는 좋은 출발점이 될 수 있다. 참여자들을 모아서 여정 지도를 구축하거나 성찰하게 하는 행위는 큰 영향을 미칠 수 있으며, 프로세스(비즈니스 중심)에서 경험(사람 중심) 마인드로 전환하는 데 도움이 된다.

직원경험 여정 목록은 길다. 관리 용이성을 높이기 위해 직원경험 설계팀은 여정을 분류하고 우선순위를 지정한다. 글로

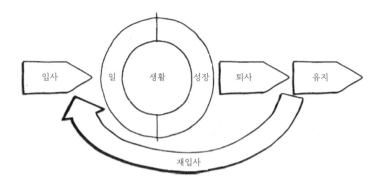

그림 6.2 여정 지도 카테고리

벌 조직의 경우 초기에는 한 시장에 초점을 맞추고 솔루션을 개발하여 다른 시장에 맞게 확장한다.

다음과 같은 방법으로 여정을 분류한다(그림 6.2 참조).

1. 입사: 입사와 관련된 여정
2. 일: 직원의 현재 역할 및 책임과 관련된 여정
3. 생활: 개인 생활 이벤트, 직원 및 가족 복지와 관련된 여정
4. 성장: 직원의 학습 및 개발과 관련된 여정
5. 퇴사: 퇴사와 관련된 여정
6. 지속: 퇴직자로서 관련된 여정
7. 재입사: 조직 재입사와 관련된 여정(퇴직 후 또는 육아 휴직과 같은 휴직 기간 포함)

[여정 지도 사용 방법]

여정 지도는 직원경험 설계 전반에 걸쳐 다양한 방식으로 사

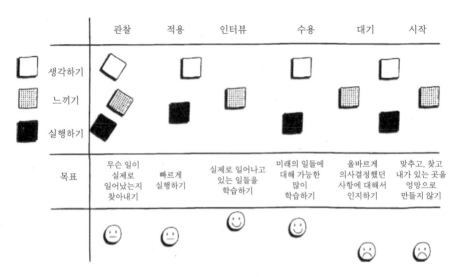

	관찰	적용	인터뷰	수용	대기	시작
생각하기						
느끼기						
실행하기						
목표	무슨 일이 실제로 일어났는지 찾아내기	빠르게 실행하기	실제로 일어나고 있는 일들을 학습하기	미래의 일들에 대해 가능한 많이 학습하기	올바르게 의사결정했던 사항에 대해서 인지하기	맞추고, 찾고 내가 있는 곳을 엉망으로 만들지 않기

그림 6.3 여정 지도 작성 활동

용할 수 있다. 직원경험 범위를 지정하는 동안 여정 지도를 사용하여 다음을 수행한다.

- 하나 혹은 그 이상의 페르소나를 위한 여정에 대한 통찰력을 수집 및 시각화하여 최고점(제공 위치)과 페인 포인트(제공되지 않는 위치)를 파악하고 활동에 집중할 곳의 우선순위를 정한다.
- 다양한 페르소나, 지역 또는 사업 단위의 여정을 파악하여 제공 중인 경험의 불일치를 찾아내어 최고점을 확대하고 페인 포인트를 해결한다.
- 직원경험 프로젝트의 범위를 정하고 강조하기 위한 여정 전반에 걸쳐서 '현재'와 '미래' 경험을 시각화하라.

직원경험 설계

활용 연습

직원과 함께하는 여정 지도 워크숍

직원과 함께 운영하는 여정 지도 워크숍이다. [그림 6.3]에서는 새로운 입사에 초점을 맞춘 여정 지도를 보여주었지만, 어떤 이동 경로에서도 동일한 접근방식을 사용할 수 있다.

사용 이유: 이 활동은 직원의 관점에서 여정 경험을 조명한다. 이러한 통찰력은 경험을 개선하기 위해 어디에 초점을 맞출지에 대한 우선순위를 정하는 데 도움이 될 것이다.

사용 방법: 이 활동은 판단력이 없는 구역이라는 것을 미리 분명히 해 두라. 직원들이 이 과정에서 편안함을 느낄 수 있도록 하라. 팀 및 이해관계자에게 질문만 하고 설명하지 않도록 하라.

사용 대상: HR 부서, 이해관계자들 및 관련 직원 그룹과 함께 여정 지도를 작성하면 문제 사항에 대한 통찰력을 증가시킬 수 있고, 그룹 전반에 걸쳐 에너지와 몰입을 창출할 수 있다. 다양한 정보를 얻기 위해서는 직원 4~5명(또는 그 이상)을 참여시켜야 한다.

배경: 거의 모든 활동 과정을 매핑할 수 있다. 그리고 여정 지도는 어떤 프로젝트에서나 인간 중심의 디자인 사고를 주입하는 가장 간단한 방법이다. 참여자들은 활력이 넘치며 이해관계자들 사이에서 프로젝트에 대한 헌신을 만들어내는 데 도

움을 준다.

퍼실리테이션 가이드

- 방을 미리 준비하라. 여정 지도를 추가할 수 있는 벽이 하나 이상 있는 공간을 확보하는 것이 이상적이다(그림 6.3 참조). 포스트잇과 마스킹 테이프가 필요하다. 작업을 시작하는 데 도움이 되도록 여정의 특정 영역에 레이블을 지정할 수 있다. 하지만 이것들은 단지 여러분이 과정을 진행하면서 바뀔 수 있다. 5E는 여정을 분류하고 레이블을 지정하는 방법을 생각해볼 때 유용한 가이드이다. 이 가이드를 활용하면 팀 프로세스를 원활하게 진행할 수 있다.

1. 유인(Entice): 사람들은 어떻게 빠져들게 되는가? 계기가 무엇인가?
2. 입력(Enter): 경험으로 이어지는 임계 지점의 활동은 무엇인가?
3. 몰입(Engage): 경험 중에 사람들은 무엇을 하고 있을까?
4. 출구(Exit): 이번 여정의 끝은 무엇인가?
5. 확장(Extend): 다음에는 무슨 일이 일어날까?

- 사람들이 서로를 알아가고 휴식을 취하도록 돕는 아이스브레이킹 활동을 하라.
- 그룹에 과제가 무엇이고, 왜 해야 하는지에 대해서 설명하라.

- 룸에 있는 여러 그룹의 역할을 명확히 하라. 직원들은 그들의 경험을 공유하기 위해 그곳에 있다. 인사팀과 다른 이해관계자들이 질문을 하고 스스로의 경험을 탐색하는 것을 돕기 위해 참여한다. 만약 그들이 공유할 수 있는 관련 경험이 있다면 좋지만 전체적인 분위기를 이끌어가지 않도록 주위해야 한다.
- 첫 번째 사례에서 그룹에게 지도를 보여주어라. 여러분 자신이나 다른 사람의 이야기를 들려주어 그룹에 생기를 불어넣으라.
- 그런 다음, 그룹 내 직원들에게 여정의 첫 번째 단계에서 목표를 공유하는 것으로 프로세스를 시작한다. 목표는 무엇이며, 그 이유는 무엇인가? 이것을 포스트잇 노트에 캡처해서 지도에 추가하라.
- 그러고 나서 그들에게 첫 번째 단계에서 무엇을 생각하고, 느끼고, 무엇을 하고 있었는지 물어보라. 여기에는 가족 및 친구들과 대화하기, 글래스도어 검토 등과 같은 조직 외부의 사항이 포함될 수 있다. 다른 색깔의 포스트잇 노트에 생각, 느낌, 행동을 적고 지도에 추가한다.
- 서두르지 말고 '또 무엇이 있는가?'와 '왜?'를 계속 물어보라.
- 단계별로 탐색을 마쳤으면 해당 단계가 끝날 때 기분이 어땠는지 기억하도록 요청한다. 기쁨, 슬픔, 보통을 의미하는 이모티콘을 추가한다. 개인이 아닌 그룹이 있는 경우, 집단적인 사고를 피하기 위해 논의하기 전에 개인별

로 이모티콘을 선택하고 부칠 수 있도록 해야 한다. 다양한 결과가 있을 경우, 어떤 사람에게는 효과가 있었지만 다른 사람에게는 효과가 없었던 점을 살펴보라.

- 단계마다 이 프로세스를 수행한다.
- 마지막에 그룹 구성원(대표 직원 그룹 중 한 명도 아님)에게 지도를 살펴보고 공유된 내용을 이해했는지 확인하면서 이야기를 들려달라고 요청한다. 직원 대표에게 전체적으로 결과물들이 잘 정리되었는지, 빠진 게 없는지 확인해보라.
- '가장 큰 변화를 가져오기 위하여 경험의 어떠한 부분을 변화시켜야 하는가?' 질문에 대한 답변으로 스티커를 사용하여 투표하도록 요청하여, 같은 그룹과 함께 해결해야 할 가장 중요한 문제점을 파악하도록 선택할 수 있다.

가상 여정 지도 세션 실행

여정 지도 작성은 온라인 화이트보드 플랫폼과 같은 다양한 도구를 활용하여 가상으로 수행할 수 있다. 온라인에서 세션을 진행할 때는 그룹의 참가자 수를 가능한 줄이고 의미 있는 경험들이 도출될 수 있도록 세 번 이상 반복해서 실행해야 한다. 한 사람의 경험에 대한 스토리가 전체를 대변하지 않도록 주의해야 한다.

중요한 순간(Moments that matter)

중요한 순간들은 실제로 디자인 도구가 아니라, 긍정적인 것이든 부정적인 것이든 경험과 몰입에 불균형한 영향을 미치는 강한 정서가 일어나는 순간들을 찾는 방법이다. 중요한 순간은 종종 여정 지도 과정 작성 과정에서 발견되며 다음과 같은 경우들이 있다.

- 첫 출근 또는 팀 첫 만남과 같은 특정 순간(specific moments)
- 매니저와의 정기적인 성과면담 같은 지속적 순간(ongoing moments)
- 시상식 행사와 같은 창조된 순간(created moments)
- 회사와 관련된 정보를 찾는 일, IT 기기에 대한 접근 혹은 360 피드백 제출 등의 경험이 마찰 없이 진행되는 경우 더 많은 의미를 부여할 수 있는 일상적인 순간들(broken moments)

[중요한 순간에 대한 우선순위]

중요한 순간의 우선순위를 정하는 것은 직원경험 설계 작업을 보다 관리하기 쉬운 것으로 세분화하는 데 유용한 방법이다.여정 지도 작성 단계에서 투표하거나 카드 정렬 활동을 사용할 수 있으며, 직원 그룹이 자신의 경험에 가장 큰 영향을 미치는 순간과 비즈니스가 어디에 집중해야 한다고 생각하는지 순위를 매길 수 있다.

또는 중요한 많은 순간이 경험을 전달하지 못할 때, 두 개의 축으로 구성된 간단한 2×2 그리드를 사용하여 효과적으로 진행할 수 있다. 하나는 수직, 하나는 수평으로 두 개의 축을 화이트 보드에 작성한다. 수직선은 '높은 영향'과 '낮은 영향'이고, 수평선은 '해결하기 쉽다' 혹은 '해결하기 어렵다'라는 레이블을 붙인다. 그런 다음 팀에게 다음의 두 가지 사항을 고려하여 표시하도록 한다.

- 이 문제를 해결하면 구성원들에게 높은 혹은 낮은 영향을 미칠 수 있다.
- 이 문제를 해결하는 것은 쉽거나 혹은 어렵다.

쉽게 해결할 수 있는 영향력이 높은 사분면과 해결하기 어렵고 영향력이 높은 사분면에 특히 주의를 기울이고 중점적으로 다룰 주요 항목을 선택하라.

중요한 순간에 우선순위를 매기는 또 다른 방법은 몇 가지 기준을 선택하고 각자에게 10점 만점을 주는 것이다. 당신이 포함하고자 하는 몇 가지 잠재적 기준을 나열했다.

- 사람들은 이 순간에 강한 감정적 반응을 보인다.
- 이 순간은 많은 사람에게 영향을 미친다.
- 이 순간은 자주 일어난다.
- 지금 이 순간은 리더십 파이프라인이나 고용 브랜드 개선 과 같은 전략적 목표와 밀접하게 연관되어 있다.
- 이 순간은 우리의 문화와 브랜드 가치와 강하게 일치한다.

사례 연구

실행 단위에서 직원경험의 큰 그림

랩솔(Repsol)의 직원경험 프레임

랩솔은 25개국 이상에서 2만 5,000명의 직원과 함께 직원 경험의 우선순위들을 선정하였다. 이 접근방식은 디지털 전환과 고객경험에 중점을 두고 있다.

직원경험 및 기업 브랜딩 매니저인 에스더 포자 캄포스 (Esther Poza Campos)는 이 접근방식은 '학습과 실행의 모든 것'이라고 설명한다. "우리는 새로운 것을 시도하지 않고 단순히 모든 고객경험 기술들을 모방하고 있다." 그 중심은 직원경험을 중심으로 한 디자인 문화를 창출하는 데 도움이 되는 디자인 사고이다. HR에서 시작하여 이제는 더 많은 조직으로 적용하고 있다. "우리는 여정과 페인 포인트를 살펴봤고 거기서부터 일의 우선순위를 정했다"라고 에스더는 설명한다.

모든 프로세스에는 소유자가 있으며 이를 연결하는 것이 역할의 큰 부분을 차지한다. 가장 큰 도전에 직면한 곳이기도 하다고 에스더는 말한다. '디자인 싱킹'은 새로운 사고방식이며 매우 다르게 느껴질 수 있다. 또한 조직 간 사일로를 없애고 프로세스 리더들이 우리들의 진행방식에 대해 회의적일 수 있다. 이것이 바로 랩솔의 직원경험 프레임워크가 필요한 부분이다. '우리가 우리 구성원들에게 전달하고 싶은 경험은 무엇인가?'라는 질문에 답함으로써 프로세스 리더와의 대화 맥락을 제공한다. 직원경험 프레임워크는 효율성, 존중, 기대 및 가치 제공이라는 랩솔의 4가지 문화적 기둥을 기반으로 한다.

직원들과 프로세스 리더들의 공동작업을 통해서 관점 및 부서들을 정렬하는 데 도움을 줄 수 있다. 에스더는 이렇게 설명한다. 예를 들어 온보딩 프로세스에는 많은 부서와 프로세스 리더가 있다. 그들 모두 최선의 의도를 가지고 일했지만, 사일로로 일하고 있었다. 그들과 함께 공동 창작 세션을 통해 디자인 사고를 적용하고 신입 직원과 관리자를 초대하는 것은 그들이 프로세스에서 자신이 맡은 부분이 미치는 영향을 깨닫고 전체 그림을 보는 데 도움이 되었다. 학습 말인가? 직원경험이 전략적 우선순위인 경우에도 당신은 여전히 그것을 판매할 필요가 있다.

우리는 시스템, 프로그램, 작업방식을 수정하고 있다. 그리고 우리는 그것을 하기 위해 다른 접근법과 사고방식을 취하고 있다. 과감하게 한 걸음 한 걸음 자신 있게 쌓아 나가야 하지만, 사람들을 데리고 갈 수 있는 방법도 찾아야 한다. 직원경험 프레임워크가 도움이 된다. 또한 직원경험은 직원들을 위해 좋은 경험을 창출하고 회사 전략을 제공하는 것이기 때문에 비즈니스 전략과 밀접하게 연계되어야 한다.

핵심 요약

이 장에서는 2장에서 소개한 도구와 활동을 토대로, 제공 중인 직원경험과 의도된 직원경험 간의 차이를 보다 자세히 알아볼 수 있는 방법을 제안한다. 또한 이 차이를 해소하기 위해 우선순위를 지정할 수 있는 다양한 직원경험 설계 도구와 활동을 소개했다.

- 사업에 영향을 줄 수 있는 큰 그림을 고려하면 이해관계자들의 지지를 얻고 접근방식을 확장할 수 있다.
- 이상적인 직원경험은 귀사의 고유한 것으로 귀사의 직원이 원하고 필요로 하는 것, 조직 상황 및 업무 자체의 요구사항의 교차점에 있다.
- 직원경험 렌즈 3개, 페르소나, 생애 곡선 및 여정 지도 등 직원경험 우선순위를 정의하는 데 도움이 되는 많은 도구가 있다.
- 중요한 순간은 경험과 몰입에 불균형한 영향을 미치는 정서적으로 강하게 연결된 순간이지만 항상 그런 식으로 시작되는 것은 아니다.

7장.
공감과 기회의 공간

이번 장에서는 다음 내용을 다루고자 한다.

- 직원경험 설계의 원칙으로서의 공감과 이를 기회 공간에서 작동시키는 방법
- 사람들의 경험의 진실에 대해서 알 수 있는 발견 활동
- 통찰력이 무엇이고 왜 중요한가?
- 탐색 활동의 데이터를 통찰력으로 전환하는 방법
- 직원의 관점에서 기회를 재정의하고 직원경험 프레임워크의 다음 단계에서 실행 가능하게 만드는 방법

이번 장에서는 직원경험 설계 프레임워크의 두 번째 다이아몬드인 기회 공간에 대한 이야기를 다루겠다. 이 공간에는 두 가지 종류의 활동이 있다. 첫째, 인간의 경험을 더 잘 이해하기 위해 공감적인 접근법을 취하는 것이다. 즉 우리는 문제에 대한 지식을 넓히고 깊이 있게 이해하기 때문에 확산적 사고방식이

라고 할 수 있다. 그런 다음 지식이나 데이터를 통찰력으로 전환하여 문제를 정의하거나 실현할 수 있는 기회로 세분화한다. 이것이 다이아몬드의 수렴적 사고방식이다. 이 프로세스를 통해 가정이 아닌 실제 요구, 문제 및 기회에 맞게 설계할 수 있다. 기회를 정의하는 것은 반복적인 과정일 수 있다. 프로토타이핑 및 테스트 단계에서 기회에 대해 더 자세히 알게 될 것이며, 이를 다시 정의해야 할 수도 있다. 만약 그렇다면 그러한 과정을 무시하지 말고 받아들여야 한다. 기회를 잘 잡아야만 올바른 해결책을 찾을 수 있다. 이 프로세스를 신뢰하면 실현 가능한 솔루션에 도달할 가능성이 훨씬 커진다.

공감이란 무엇인가?

우선 공감이라는 것이 무엇을 의미하는지 명확히 하는 것부터 시작하자. 공감이라는 것은 과정의 핵심이다. 올리버 재퍼스(Oliver Jeffers)의 아름다운 동화책인 《로스트 앤드 파운드(Lost and Found)》에서 길을 잃은 펭귄을 다시 남극으로 데려다 주는 한 소년의 이야기가 나온다. 하지만 그들이 남극에 도착했을 때, 펭귄은 여전히 슬퍼하고 있다. 펭귄은 길을 잃은 것이 아니라 외로웠을 뿐이었다. 그는 보트가 필요 없었다. 그는 친구가 필요했다. 문제는 이렇다. 그 소년은 그 문제를 잘 알아맞혔다. 하지만 그는 펭귄에게 너무 가까이 다가가지 못해서 진정한 욕구에 도달하지 못했다. 이것은 일반적인 문제이다.

실제 예를 들어 한 회사의 조직 몰입 설문조사에서는 사람들이 인정받지 못한다고 느꼈기 때문에 HR은 6개월 동안 많은 비용을 들여 이달의 직원 프로그램, 이를 지원하는 새로운 플랫폼, 그리고 수상자를 축하하는 대규모 이벤트를 설계했다. 그러나 다음 몰입도 조사에서 점수는 여전히 최하위였다. 알고 보니 사람들이 진정으로 원했던 것은 누군가가 '일을 잘해줘서 고맙다'라고 말하는 것이었다.

어느 날, 소년이 문 앞에 서 있는 펭귄을 봤어요.

펭귄이 어디서 왔는지 모르지만, 펭귄은 계속 소년의 뒤를 따라다녔죠.

펭귄이 슬퍼 보여서

소년은 길을 잃은 거라고 생각했어요.

그래서 로스트 앤드 파운드(Lost and found) 사무실을 찾아가서,

혹시 펭귄을 잃어버린 사람이 없는지 물어봤죠.

그리고 나무에 있는 새들에게 펭귄이 어디서 왔는지 아느냐고 물었어요.

목욕을 하면서 오리에게도 물었죠. 하지만 모두 모른다는 대답뿐이었어요.

펭귄을 도와주고 싶은 마음은 컸지만 방법을 모르는 소년은 그날 밤 잠들기 힘들었어요.

다음 날 아침, 소년은 책에서 펭귄이 남극에서 산다는 사실을 알았어요.

소년은 커다란 배에 자신을 남극에 데려다 줄 수 있는지 물었지만 소년의 목소리가 너무 작아서 배에 들리지 않았어요.

소년은 작은 배를 구해서 성능을 시험해본 뒤,

짐을 싸서 펭귄과 함께 남극으로 떠났어요.

소년과 펭귄은 몇 날 며칠을 배를 타고 바다를 건넜어요.

소년은 바다에서 펭귄에게 많은 이야기를 했죠.

날씨는 좋았다가 나빴다가 했는데….

어느 날 큰 파도를 만나 드디어 남극에 도착하게 되었어요.

소년은 남극을 찾아서 너무 기뻤어요. 하지만 펭귄은 아무 말도 없었죠.

소년은 펭귄이 배에서 나오는 걸 도와주었죠.

소년이 펭귄에게 잘 있으라고 인사를 하고 배를 타고 떠났죠.

소년은 펭귄을 다시 뒤돌아보는데 펭귄의 얼굴은 더 슬퍼 보였어요.

이상한 기분이 든 소년은 생각하고 또 생각하다가

문득, 펭귄이 길을 잃은 게 아니란 생각이 들었어요.

펭귄은 외로웠던 거였어요.

그걸 알게 된 소년은 펭귄을 다시 찾으려 남극 주변을 뱅글뱅글 돌았지만 펭귄을 찾을 수 없었죠.

그래서 포기를 하고, 집에 가려고 배에 탔어요.

배에서 소년은 오면서 그랬던 것처럼 이야기를 했지만 그의 말을 들어주는 이는 아무도 없었어요.

그런데 그때! 저 앞에서 점점 다가오는 무언가.

가까이서 보니 그건 바로 펭귄이었어요!

반가움에 소년과 펭귄은 포옹을 했고,

같이 집으로 돌아갔답니다!

감정 이입이 사람들의 진정한 욕구를 드러내는 방법이라면, 그것은 무엇일까? 우리는 공감을 다른 사람의 입장에 서서 그들의 눈을 통해 세상을 볼 수 있는 능력으로 생각하는 것을 좋아한다. 그것은 선입견에 도전하고, 우리가 진실이라고 생각하는 것을 제쳐두고, 다른 사람들을 위해 실제로 무슨 일이 일어나고 있는지를 발견하도록 강요한다. 거기서 우리는 우리에게 중요하다고 생각되는 것이 아니라 다른 사람들에게 중요한 것들을 위한 해결책을 만들 수 있다.

심리학자들은 공감의 정확한 정의에 대해 자주 토론하곤 한다. 그러나 대부분의 사람은 공감하는 것이 한 가지가 아니라 여러 가지라는 것에 동의한다. 그것은 사람들이 다른 사람들의 감정에 반응하는 다양한 방법을 나타내는 집합명사이다. 《협업과 창의성을 위한 실용적인 공감(Practical Empathy for collaboration and Creativity)》(2015)의 저자인 인디 영(Indi Young)은 그것을 하나의 도구에 비유한다. 키트를 펼치면 어떤 공감 도구를 꺼내야 할지 선택할 수 있다. 그 선택은 우리가 다른 사람들과 연결하는 방법에 있어서 필요한 시기에 유용한 다른 뇌 시스템을 활성화한다.

- 공감이란 우리가 다른 사람의 감정을 떠맡을 때이다. 펭귄이 슬퍼서 그 어린 소년은 슬펐다. 슬픈 이야기와 영화는 우리를 슬프게 한다. 감정적 공감대는 우리를 단순히 이야기와 연결해주는 것이 아니라 서로의 마음을 연결해준다. 이는 직원경험 설계에서 매우 강력하며, 아이디어화를 촉

진하고 프로세스를 최종 솔루션에 이르기까지 확인할 수
있는 에너지를 창출하는 데 도움이 된다.

- 공감은 우리가 다른 사람들의 관점을 확인하고 이해하는
  데 도움을 준다. 예를 들면 그들의 신발을 신고 걷는 것과
  같다. 그것은 우리가 디자인하고 있는 사람들의 핵심 욕구
  와 동기부여에 도달하고 우리 자신의 가정과 편견을 극복
  하도록 도와준다.
- 논리적인 관심은 다른 사람을 이해하고 그들의 감정을 공
  유하는 것을 넘어선다. 그것은 우리에게 행동을 취하도록
  영감을 준다. 리더, 매니저, 동료에게 도움이 되는 특성뿐
  만 아니라 문제해결에 있어서 유용한 에너지이다.

공감은 고정된 특성이 아니다. 개인, 팀 및 조직에서는 양성
되고 성장할 수 있다. 그리고 근육처럼, 공감은 더 많이 사용
될수록 강화된다. 이것은 강력한 정보이다. 《친절을 위한 전
쟁: 분열된 세상에서 공감대를 형성한다(The War for Kindness:
Building empathy in a fractured world)》(2019)의 저자이자 스탠퍼드
대학 심리학과 부교수인 자밀 자키(Jamil Zaki)에 따르면, 단순히
공감대를 형성하는 것이 가능하다는 것을 아는 것은 개인들에
게 공감을 불러일으킬 수 있다고 한다. 그리고 만약 우리가 다
른 사람이나 집단에 소속감이나 유대감을 가지고 있거나 혹은
그것을 창조하려고 한다면, 우리는 공감을 발휘할 가능성이 더
크다. 이는 혼합된 직원경험 설계팀 및 최종 사용자 직원과 함
께 어떻게 구축하고 협력해야 하는지 많은 것을 알려준다.

공감을 공공연히 중시하고 보상하는 문화도 공감을 키우는 데 도움이 된다. 일부 조직은 팀 간의 공감대를 배양하고 축하할 수 있는 순간과 기회를 만드는 데 집중하고 있다. 예를 들어 IDEO는 직원들이 동료들을 도울 수 있는 시간을 남겨두도록 장려하고, 고용과 승진의 시기 동안 관대함을 고려한다(Amabile et al, 2014). 그리고 많은 조직은 COVID-19로 인해 발생한 최근 작업방식의 변화를 정서지능(EQ) 부분에서 리더와 라인 관리자를 업그레이드하기 위한 기회로 받아들였다. 정서지능은 긍정적이고 건설적인 방식으로 감정을 식별하고, 이해하고, 관리하고, 사용할 수 있는 능력이다. 감정이입이 고정된 것이 아닌 것처럼, 우리의 정서지능도 그렇지 않다. 우리는 그것을 개발하고 개선할 수 있고, 따라서 공감할 수 있는 능력을 개발할 수 있는 것이다. 정서지능은 먼저 우리의 감정을 식별하고, 그다음에 그것들을 관리하고 조절할 수 있는 것을 포함한다. 정서지능을 개발하면 다른 사람들이 느끼는 것뿐만 아니라, 왜 그들이 그렇게 느끼는지도 이해할 수 있다.

공감 기반 직원경험 설계를 위한 탐색 활동

공감은 직원경험 설계의 핵심 원칙이지만, 기회 공간인 직원경험 설계 프레임워크의 두 번째 다이아몬드에서도 실제로 활용된다. 여기서 우리는 문제에 대한 이해를 넓히고 새로운 정보를 발견하기 위해 우리의 공감 능력을 발휘한다. 문제나 기회가 무엇인지 뿐만 아니라 왜 그런지를 밝히기 위해서이다. 때로는 가입 후 처음 3개월 이내에 탈퇴하는 사람들의 75퍼센트와 같이, 어떤 일이 일어나고 있음을 나타내는 설문조사나 기타 양적 자료에서 문제를 처음 이해할 수 있다. 또는 어떤 문제에 대한 잘못된 예감을 가지고 공감 기반의 발견부터 시작할 수 있다. 문제가 어디에 있는지 알아내기 위해 소수의 사람과 함께 깊이 파고든 다음, 양적 데이터로 검증하고, 아마도 영향을 받는 사람들과 함께 더 많은 것을 탐구하기 위해 돌아갈 것이다. 어떤 식으로든 공감 발견 과정은 필수적인 요소이다. 이것은 단순히 설문조사나 다른 데이터를 보는 것이 아니라, 그 문제에 영향을 받는 사람들과 이야기하고 시간을 보내는 것을 의미한다. 인지편향(우리의 마음이 정보를 처리하기 위해 사용하는 무의식적 가정) 때문에 우리가 알지 못하는 사이에 정보를 해석하고 결정을 내리는 방법에 영향을 미친다. 발견 프로세스에 공감을 구축하는 것은 이러한 편견을 극복하고 더 나은 결과를 보장하는 데 도움이 된다(직원경험과 직원경험 설계의 이면에 있는 심리에 대한 자세한 내용은 3장 참조).

그러나 프로세스의 이 부분에 적절한 시간과 에너지를 투자하려면 결심이 필요하다. 로즈 티게(Rose Tighe)는 대형 미디어 및 통신회사 혁신 랩의 혁신 코치이다. 이전에는 외부 고객경험에 초점을 맞췄던 그녀는 이제 조직이 COVID-19로 인해 필요로 하는 새로운 작업방식과 관련된 도전과 기회를 보다 광범위하게 탐색할 수 있도록 지원한다. 고객경험이든 직원경험이든 직접 영향을 받는 사람들과 함께 문제나 기회를 모색하는 데 시간을 보내는 것이 중요하다고 말한다. 그러나 이는 종종 해결책으로 너무 빨리 건너뛰려는 팀의 열망을 의미한다. 시간, 공간 및 방법론의 부족은 많은 대기업에서 행동에 대한 강한 편향과 함께 팀들이 종종 문제나 기회 공간에 대한 이해에 과소 투자한다는 것을 의미한다고 그녀는 말한다. 계획을 전달해야 한다는 압박에 시달리는 팀들은 결국 '문제의 표면적인 증상을 다루고 그 밑에 숨어 있는 덜 분명하고, 종종 역설적인 진실을 놓치고 있다'라는 이유로 다이얼을 돌리지 않는 해결책을 내놓게 된다.

직원경험 설계 프로젝트의 성공과 관련해서는 다양한 지식과 관점을 한데 모아 다양한 목소리를 들을 수 있는 포용적 공간을 제공하는 데서 출발한다. 그러나 매우 강력한 것은 단지 발견과 서로 다른 정보들 사이에 새로운 연결고리를 만드는 것만이 아니다. 그것은 또한 프로세스 자체이기도 하다. 발견 프로세스를 통해 해결된 문제(또는 실현된 기회)와 성공적인 결과를 측정하는 방법에 대한 팀 조정을 구축할 수 있다. 티게는 연구를 통해 정렬이라고 제안한다.

버지니아 대학 다든 경영대학(Darden School of Business)의 진 리트카(2020)는 디자인 과정의 이 단계를 몰입이라고 설명한다. 몰입은 디자인팀에 상당한 영향을 미치며 감정적인 연결을 만들고, 관점을 바꾸고 새로운 작업방식을 드러낸다고 말한다. 이는 강력하며 팀에게 주는 혜택은 종종 현재 진행 중인 프로젝트를 훨씬 넘어선다.

검색 활동 유형

프로젝트 및 팀의 규모나 범위에 관계없이 첫 번째 단계는 문제 또는 기회에 대해 더 많이 파악하는 것이다. 설문조사를 통해 데이터를 수집하여 솔루션 설계에 정보를 제공하는 기존의 HR 접근방식이 아닌, 직원경험 설계에서는 문제를 더 심층적으로 탐색하는 데 시간을 할애할 수 있다. 프로젝트의 요구사항을 충족하기 위해 다양한 검색 활동을 결합하여 이 작업을 수행할 수 있다. 탐색 활동은 크게 3가지 범주로 나뉜다.

1. 무슨 일이 일어나고 있는지 관찰한다.
2. 개별 인터뷰 또는 포커스 그룹 인터뷰를 통해서 경험을 탐색한다.
3. 스스로 경험해보기

활동을 선택하는 방법은 여러 가지 요인에 따라 달라진다.

- 사람들의 진정한 욕구, 태도, 신념에 대해 얼마나 많은 것을 드러낼 것인가?
- 참여해야 할 이해관계자 수
- 참여해야 하는 최종 사용자, 즉 직원 수
- 가용 시간
- 고객의 위치와 액세스 용이성

전체 직원경험 접근법과 마찬가지로 공감 기반 발견은 반복적인 과정이다. 따라서 첫 번째 발견 활동은 다른 방식으로 더 많은 것을 탐구해야 한다는 것을 시사하는 새로운 정보를 제공할 수 있다. 그것이 바로 빠르고 반복적인 연구 기법이 매우 유용한 이유이다. 사용자와 전문가를 올바른 지점에 불러들여 프로젝트의 나머지 부분을 통해 학습하는 것이다. 예를 들어 대기업의 한 팀은 COVID-19 팬데믹 동안 가상 업무로의 신속한 전환에서 무엇을 배울 수 있는지 살펴보라는 요청을 받았다. 이러한 새로운 작업방식에서 사무실로 복귀할 수 있는 옵션이 가능해짐에 따라, 어떤 것이 유지되며 확장되어야 하는가? 모든 발견 과정이 가상으로 이루어졌다. 그 팀은 임원들과의 일대일 면접을 통해 조직 상부에서 솔직한 시각을 얻었다. 그들은 직원 설문조사를 한 후 직원들과 함께 미팅을 시작했다.

대화 내용이 상상 이상으로 민감해 예상치 못한 질문들이 속출했다. 이 팀의 해석을 돕기 위해, 그들은 직원들과의 일대일 인터뷰의 다음 단계로 넘어가기 전에 전문가들을 불러서 이것에 대한 결과를 조사했다. 이러한 주제별 전문가들의 추가적인 관점으로 무장한 설계팀은 일대일 대화에서 더 깊은 학습을 창출할 수 있는 더 나은 위치에 있었다. 이 모든 것은 데이터를 통찰력으로 전환하기 위한 다음 단계를 지원하기 위해 문서화 및 캡처되었다.

[사람들을 관찰하는 방법]

관찰은 단순히 자신의 환경에서 사람들과 그들의 행동을 관찰하는 것이다. 예를 들어 누군가가 당신의 경력 웹사이트를 어떻게 사용하는지, 당신의 새로운 사무실을 탐색하는지, 당신의 재설계된 사무실 허브에서 새로운 협업이나 사교 공간을 사용하는지, 또는 그들이 핫 데스크에 얼마나 잘 적응하는지 관찰하는 것이다. 관찰은 표면상으로는 간단해야 한다. 하지만 조심하지 않으면 어떤 함정에 빠지기 쉽다. 관찰을 연습할 때 다음을 시도한다.

- 사람들이 무엇을 하고 있는지, 왜 하는지 궁금증을 가져라. 그들이 서로 어떠한 목적으로 상호작용하는지를 살펴보고 그러한 과정에서 문제가 되는 부분에 대해서 관심을 가져라.
- 보완적인 행동이나 수정 사항을 찾는다. 여기서 사람들은 자신이 어떤 일을 하고 싶은지 알 수 있지만, 그것을 할 수 있는 기존의 해결책이 없기 때문에 혁신한다. 예를 들어 신입사원은 첫날에 받은 엄청난 양의 정보를 이해하기 위해 전화기에 체크리스트를 만든다.
- 예상하는 내용이 아니라, 정확히 무엇을 관찰하고 있는지를 기록한다(절대 추측하지 마라). 메모할 때, 그것들을 구체적이고 자세하게 하고 요약하지 마라.
- 관찰하는 사람이 하는 일에 영향을 주지 않는 범위에서 많은 사진을 찍고 스케치하고 비디오를 만드는 등의 작업을 진행해라. 그 내용을 참조하여 팀과 함께 내용들을 살펴보아라.
- 2인 1조(또는 그 이상)로 작업하고 노트를 비교한다. 직접 보고 듣고 결론에 동의하는 것이 프로세스의 중요한 부분이다.
- 인터뷰를 통해 본 내용에 대해 질문한다.

직원경험 설계

[사람들을 인터뷰하는 방법]

직원경험의 실제 대상자와 직접 접촉하는 것은 새로운 통찰력을 드러내고, 최종 사용자와 그들의 요구에 대한 정서적 연결을 생성하는 가장 강력한 방법이다. 이해관계자를 디자인 여정에 참여시켜야 할 경우, 정서적 연결은 매우 중요하다. 디자인 과정에서 인터뷰에 대한 내용이 엄청나게 방대하지만 우리는 여기서 핵심적인 내용만 다룬다.

- 인터뷰에는 두 명이 한 조가 되어서 질문 및 메모 등의 역할을 할당한다.
- 사전 질문지를 만들어서 진행하지만 떠오르는 것들을 탐색하는 자발성을 허용하라.
- 친밀한 관계를 형성하고 어떤 것에도 방해를 받지 않도록 하라. 인터뷰 내용을 기록하느라 너무 많은 시간을 투자하지 마라. 그리고 너무 일찍 질문들에 뛰어들지 말고, 여러분의 인터뷰 대상자에 대해 알아가는 데 시간을 보내라. 면접 대상자로 하여금 시험이 아니며, 여러분이 그들의 경험에 관심이 있다는 것을 분명히 하라.
- 인터뷰하는 사람의 의견을 가급적 대화에서 배제하라. 인터뷰의 목적은 듣는 것이다.
- 인터뷰 대상자가 자신의 직접적인 경험에 대해 이야기를 할 수 있도록 모호하거나 추상적인 내용에 대해서는 추가 질문을 통해서 구체화해야 한다. 예를 들어 '우리는 보통…', '일반적으로…' 또는 '우리 팀에서…'로 문장을 시

작하는 경우 실제로 본인이 경험했던 구체적인 사례를 추가적으로 요구해야 한다.

- 특히 여러분이 답을 알고 있다고 생각할지라도 누군가의 행동에 대한 동기를 정말로 파악하기 위해서는 이유를 다섯 번 연속으로 물어보라. 예를 들어 여러분의 질문은 '왜 그런 식으로 ×를 했는가?'일 수 있다. '왜 그렇게 결정하였는가? 왜 그렇게 하였는가?'라는 질문에 답한다. 그리고 다시 '왜 그런 결정을 내렸는가? 왜 그렇게 생각하였는가? 왜 그렇게 하였는가?' 만약 당신이 이것을 다섯 번 한다면, 당신은 인간 욕구의 근원에 도달할 가능성이 더 크다.

- 연습이 완벽을 만든다. 감정적인 수준에서 사람들과 이야기하는 것은 설문조사를 분석하는 것과 매우 다르다. 지속적으로 인터뷰를 실습하다 보면 눈에 띄게 더 잘하게 될 것이다. 그러니 야생으로 가기 전에 친구들과 가족들에게 연습하라.

[직접 경험해보기]

직접 경험해보는 것은 개선할 수 있는 기회에 대한 훌륭한 통찰력을 제공할 수 있다. 예를 들어 만약 여러분이 복직하는 엄마라면, 육아 휴직에서 돌아오는 경험을 개선하기 위해 디자인 프로젝트에서 여러분의 경험을 사용하는 것이 어떨까?

활용 연습

직장에서의 공감

듣기 스킬을 연습하는 활동

듣기는 공감 기반 발견 과정의 기본 기술이다. 《협업과 창의성을 위한 실천적 공감》(2015)의 저자인 인디 영은 효과적인 듣기를 설명, 선호, 의견의 층을 지나 의도와 이유를 밝히기 시작하는 것으로 묘사한다. 문제는 대부분의 사람이 매우 깊은 수준에서 듣지 않는다는 것이다. 그리고 그것은 직장에서 흔히 있는 일이다. 우리는 다음 과제로 넘어가기 위해 우리가 알아야 할 최소한의 것에 귀를 기울이는 경향이 있다. 저자들은 《Co-active Coaching: 삶을 변화시키는 비즈니스의 변화(Co-active Coaching: Changing business transforming lives)》라는 책에서 다음과 같은 3가지 수준의 경청(Listening)을 설명한다(Kimsey-House et al, 2011).

1. 주로 우리 자신에 대한 내부 청취: 우리는 상대방의 말에 귀를 기울이지만, 그것이 우리에게 어떤 의미인지 우리 자신의 생각과 의제에 관심이 쏠린다.
2. 집중: 상대방이 말하고 있는 것뿐만 아니라 그들의 표정, 감정, 그리고 그들이 말하지 않는 것에 집중한다.
3. 감각적: 때로는 환경적인 경청으로 설명되며, 이것은 여러분이 보고, 듣고, 냄새를 맡고 느끼는 것, 촉각뿐만 아

니라 감정적인 감각까지 관찰할 수 있는 모든 것을 포함한다. 스탠드업 코미디언, 배우, 트레이너 모두 무슨 일이 일어나고 있는지 감지하거나 분위기를 파악하는 능력을 가지고 있다.

이러한 더 깊은 수준의 청취로 운영되는 것은 우리 대부분에게 새로운 일이다. 많은 연습이 필요하다. 코칭 및 퍼실리테이션 컨설턴트인 임프로비제이션 체인지의 설립자인 매트 매드슨(Matt Matheson)은 자신이 사용하는 활동을 그룹들과 공유하여 듣기 기술을 개발하고 공감 근육을 발달시키기 위해 자신의 감정과 접촉한다.

어떻게 작동하는가?

- 두 사람이 이 대화에 참여한다.
- (어떤 종류의 것이든) 토론할 주제나 위치가 한 쌍으로 주어진다.
- 1인칭은 대화의 대사를 전달한다. 예를 들어 '오늘 나는 주말 파티를 위해 가게에 가서 오이, 양상추, 그리고 진 한 병을 살 계획이다.'
- 2인칭은 먼저 대화문을 삽입함으로써 다음과 같이 대답한다. '당신이 그렇게 말하는 것을 들으면 X가 느껴지는데…'. 예를 들어 '당신이 그렇게 말하는 것을 들으면 불안해진다. 지난번 파티가 얼마나 소란스러웠는지 알기 때문

이고 아파트를 청소하는 데 돈이 많이 들었다.'

- 그러고 나서 1인칭은 같은 방식으로 반응한다. 어떻게 느끼는지 말하는 것으로 시작한다. 예를 들어 '당신이 그렇게 말하는 것을 들을 때, 나는 좌절감을 느낀다. 왜냐하면 나는 이 파티들을 조직하는 데 너무 많은 시간을 들였고, 여러분이 걱정하는 것은 아파트가 얼마나 깨끗한가 하는 것이다.'

- 각각의 반응 후에 자연스러운 결론이 나거나 시간이 호출될 때까지 '당신이 그렇게 말하는 것을 들었을 때, 그것은 나를 느끼게 한다…왜냐하면'이라고 삽입하면서 2~3분 동안 이것을 반복하라.

이 연습은 대화의 방향을 통해 여러분 자신과 파트너의 느낌 및 감정을 조절한다. 여러분의 감정을 진술할 때 공감대는 형성되고, 'because'를 더함으로써 그 감정을 만들어낸 것에 대한 통찰력이 나타난다. 두 사람이 이 틀을 따라가다 보면 거래가 아닌 인간의 감정에 기반한 대화가 등장한다. 이것은 재미있는 주제나 작업 주제를 사용하여 연습할 수 있다. 어느 쪽이든, 그 과정을 즐기고 대화가 끝나는 곳이라면 어디든 갈 수 있도록 하라. 기술을 연습하는 것뿐만 아니라, 여러분은 감정적인 인식을 다루는 근육을 구부리는 것이다.

통찰력이란 무엇이고, 어떻게 얻을 수 있을까?

발견 활동은 문제에 대한 데이터를 제공한다. 그러나 데이터 자체는 비활성화되어 있고 컨텍스트가 부족하다. 데이터를 사용하여 설계를 하려면 데이터를 활성화해야 한다. 이는 데이터를 통찰력으로 전환하여 아이디어화 프로세스를 촉진하고 솔루션을 이끌어내는 작업이다. 샘 놀스(Sam Knowles)는 그의 새 책 《통찰력을 얻는 방법: 친구이자 협력자(How to be Insightful: Unlocking the superpower that drives innovation)》(2020)에서 혁신을 주도하는 초강대국의 해명을 '변화에 진정으로 영향을 미치는 사람, 사물, 상황 또는 문제에 대한 심오하고 유용한 이해'로 정의한다. 통찰력은 우리를 '이게 무슨 의미인가?'에서 '결과적으로 무엇을 해야 하는가?'로 이끈다고 설명한다.

통찰력은 설계팀과 이해당사자들에게 영감을 주고 동기를 부여하여 무언가를 느끼게 해야 한다. 무언가를 느끼는 것은 창의적인 활력을 불어넣고, 에너지를 생성하고, 장애물을 제거하는 좋은 방법이다. 무언가를 느끼는 것은 여러분이 증류한 것이 단지 연구 결과인지, 아니면 그것이 진정한 통찰력인지를 알아보는 좋은 시험이기도 하다. 이 구별이 어렵게 느껴진다고 해도 걱정하지 말라. 더 많이 할수록 더 많은 차이를 느끼기 시작할 것이다.

예를 들어 다음과 같은 결과가 나올 수 있다.

신입 사원들은 가상 조직에 가입하고 원격으로 작업할 때 질문하는 횟수가 훨씬 적으며 중요한 정보를 놓친다. 이것은 발견해야 할 귀중한 정보이지만, 무엇이 행동을 유발하는지를 이해하기 전까지는 상황을 개선하기 위한 설계가 어렵다.

통찰력은 다음과 같다.

원격으로 작업하는 신입사원들은 잘못된 일을 하는 것, 멍청해 보이는 것, 그리고 동료들과 매니저들을 괴롭히는 것에 대해 너무 긴장해서 질문을 훨씬 적게 하고 결과적으로 일을 놓친다.

후자는 근본적인 행동인 '이유'를 강조하기 때문에 더 행동하기 쉽다. 만약 여러분이 노트에서 근본적인 행동이나 감정을 찾을 수 없다면, 여러분 스스로 그곳에 도착하기 위해 충분한 시간을 '왜'라고 묻지 않았을 수도 있다. 이것을 메모하고 다음 면접을 어떻게 할 것인지 곰곰이 생각해보라.

통찰력은 단순하고 기억에 남을 만한 것이어야 하며, 이를 통해 팀은 계속해서 통찰력으로 돌아가서 솔루션이 목표에 도달하는지 확인할 수 있어야 한다. 디자인팀의 모든 사람이 처음부터 끝까지 관여하는 것은 아니기 때문에 전달하기가 쉬워야 한다.

통찰력에 대한 완벽한 공식은 없지만, 자신과 팀에게 다음과 같은 질문을 통해 진정한 통찰력에 도달했는지 확인해보라.

- 감동적인가? 문제를 해결하기 위해 무언가를 만들고 싶거나 기회를 깨닫고 싶은가?
- 관련성이 있는가? 조사 중인 직원경험과 관련이 있는가?
- 이야기가 있는가? 통찰력에 대해 설명할 때, 그 통찰력에 생명을 불어넣을 수 있는 인간의 이야기가 있는가?
- 새로운 것인가? 처음 발견했을 때 놀랐던 것이 있는가? (새

로운 것은 데이터 비트 간에 덜 명확한 연결을 만든 결과일 수도 있다.)

- 실행 가능한가? 그것이 당신의 디자인과 생각을 알려주는
가?

센스 메이킹의 도전

훌륭한 통찰력은 발견 활동에서 생성된 데이터와 노트, 스케치, 사진, 비디오 등에서 마법처럼 나타나는 것이 아니다. 문제를 더 완벽하게 이해하고 생각하려면 수집한 데이터를 정리하고 질문해야 한다. 인간 중심 설계에서는 이 과정을 합성이라고 하는데, 이는 관계나 주제를 찾고 숨겨진 의미를 발견하기 위해 데이터를 정리, 가지치기 및 필터링하는 연습이다. 샘 놀스(2020)의 언어로, 이것은 '이게 무슨 뜻인가?'라는 질문에 대한 대답에 관한 것이다. IDEO 디자인 디렉터 매트 쿠퍼 라이트 (Matt Cooper-Wright, 2015)는 합성을 다음과 같은 프로세스로 설명한다.

- 센스 메이킹
- 이야기 공유 및 우선순위 지정
- 지금까지 알고 있는 내용을 일관성 있게 요약한다.

개발 목표
- 그룹 전체에 걸쳐 적용
- 설계를 위한 증거의 명확한 여정

이 시점에 도달하기 위해 잠재적으로 많은 데이터를 탐색하는 것은 상당히 어려운 일이며, 우리 중 대부분이 교육을 받은 것도 아니다. 파워포인트가 지배하는 세계에서 축소되고 싶은 유혹은 압도적이다. 우리는 더 쉽게 소통할 수 있도록 환경을 단순화하는 데 익숙하다. 하지만 합성에 관한 한, 그것은 우리가 본능적으로 가장 강력한 주제를 연마하고 새로운 서술에 맞지 않는 신호를 배제하고 싶어 한다는 것을 의미한다. 하지만 이 충동에 주의하라. 로즈 티게의 경험으로 돌아가자. "가장 흥미로운 통찰을 끌어내는 것은 덜 분명한 연결, 특이점, 모순, 우리의 주변 시야에 있는 신호들이다."

그들이 데이터에 압도당하지 않고 원하는 목적을 달성하기 위해서는 많은 구조와 약간의 신중한 조율이 필요하다. 매트 쿠퍼 라이트(2015)는 다음과 같이 설명한다.

"처음에는 엄청난 양의 증거들을 실행 가능하고 영감을 주는 디자인으로 분류할 수 있을지 궁금할 때, 압도적으로 느껴질 수 있다. 요령은 모호함에 익숙해져서 작은 단계를 밟는 것이다. 궁극적인 목표에 대해 걱정하지 않도록 노력하라. 연구 결과가 좋았다면 필요한 답을 찾을 수 있을 것이다. 합성은 현장에 있을 때 기록한 노트로부터 가치를 얻는 데 도움이 될 것이다."

다음으로 프로젝트 규모, 수집한 데이터 볼륨 및 이해관계자의 참여 시기에 따라 데이터를 통찰력으로 전환하는 다양한 방법을 설명한다. 단일 워크숍 또는 일련의 세션에서 이러한 활동을 수행할 수 있다. 이러한 활동은 직접 대면하거나 협업 화이트보드 플랫폼을 사용하여 가상으로 실행할 수 있다. 필요에 따라 활동을 선택하거나 결합할 수도 있다. 전체 팀이 이 프로세스를 함께 수행하는 데 가치가 있다. 그러나 소규모 프로젝트의 경우, 속도 또는 기타 실용성을 위해 하위 그룹 또는 한 사람이 전체 혹은 일부를 수행하는 것이 동등하게 가능하다.

리서치 사파리(갤러리 워크라고도 함)

이 방법은 데이터를 이해하는 데 널리 사용되는 방법이다. 발견 프로세스에 관여하지 않는 이해관계자를 참여시킴으로써 설계팀이 자신의 편견에 의해 과도하게 영향을 받는 위험을 제거한다. 이를 통해 이해관계자에게 기회를 제공하고 이들의 약속을 보장하는 데 도움이 된다는 추가적인 이점이 있다.

갤러리 워크에는 두 가지 단계가 있다.

1. 첫 번째 단계는 설계팀이 가장 중요한 데이터를 선택하는 것이다. 큰 포스터에 당신이 인터뷰한 직원들의 사진과 인용문을 모두 적어라. 방 주위에 포스터를 걸어라.
2. 이해관계자를 초대하여 갤러리를 둘러보고 솔루션에 필수적이라고 생각하는 데이터를 포스트잇 노트에 적는다. 그런 다음 이해관계자를 소규모 팀에 배치하여 관찰 결과를 공유하고 결합하여 테마별로 클러스터로 정렬한다. 그런 다음 전체 그룹이 통찰력을 얻기 위해 클러스터를 채굴한다. 결론과 가정이 도전받고 통찰력이 나타날 수 있는 곳

에서 건강한 토론이 이어져야 한다. 소수의 통찰력만을 노려라.

센스 메이킹 워크숍

센스 메이킹 워크숍은 짧은 시간 내에 대량의 데이터를 탐색하는 데 이상적이다. 팀이 미리 데이터를 선택하는 대신 모든 데이터를 워크숍에서 탐색한다. 가장 설득력 있는 통찰력과 일관된 문제에 대한 공감대를 형성하고 그것들이 왜 관련이 있는지에 대한 이야기를 만드는 것이 목적이다. 이는 협업 프로세스이기 때문에 핵심 통찰력을 중심으로 사람들을 빠르게 정렬시킨다.

[1단계: 밖으로 꺼내서 생생하게 구현]

데이터를 공개한다. 모든 것을 한곳에 두면(이상적으로, 다시 방문해서 가지고 놀 수 있는 큰 화이트보드에) 학습한 모든 것에 대한 정신적 그림을 그릴 수 있다. 이 단계를 건너뛰지 마라. 내용이 숨겨져 있으면 팀의 이해 능력을 제한할 수 있다. 노트, 사진 등 사진의 조각을 이동시키는 것은 감각 형성 과정의 강력한 부분이다. 너무 많은 시간이 경과하면 데이터를 이해하기 어렵기 때문에 가능한 경우 메모리가 아직 새로울 때 이 작업을 수행하도록 하라.

[2단계: 설명]

발견 과정에 참여한 사람들에게 그들의 이야기를 나누고 그들이 배운 것에 대해 이야기하도록 요청한다. 모든 사람이 무엇이 그들을 놀라게 했는지, 무엇이 그들을 감동시켰는지, 그리고 그들이 궁금해하는 것에 대해 탐색하고 공유하도록 격려한다. 이 토론은 관련이 없어 보이는 데이터 부분 간의 새로운 연결을 식별하고, 팀이 이전에 분명하지 않거나 관련성이 있어 보였던 새로운 공유 항목을 기억하는 데 도움이 된다.

[3단계: 패턴 찾기]

이제 패턴과 테마를 찾기 위해 데이터를 구성한다. 이 단계에서 중요한 것은 데이터의 개별 비트가 아니라 데이터 간의 관계이다. 관찰, 인용, 해석, 스토리, 도면 및 사진 등 포스트잇 노트에 개별 데이터 포인트를 기록하고 새벽에 추가한다. 모든 것을 되찾은 것이 아니라 눈에 띄는 지점과 놀라운 지점, 그리고 계시를 찾는 것이다.

항목을 관련 테마의 클러스터로 이동한다. 그룹의 정확한 성격에 대해 걱정하지 말고, 여러분의 집단 본능을 이끌도록 하라. 그룹에 주제와 패턴을 찾아보라고 요청한다. 스티커 메모가 둘 이상의 그룹과 관련된 경우 중복 항목을 만든다. 더 강한 패턴과 연결이 나타나면 그룹을 다시 정렬하고 일부 그룹을 제거한다. 아이디어가 맞지 않을 경우 새 그룹을 만들거나 단순히 그룹을 만들고 나중에 다시 방문하라. 동의할 수 있는 관리 가능한 수의 클러스터를 확보할 때까지 계속한다. 만약 그 그룹이 어느 시점에서든 막히거나 에너지가 부족하다면, 누군가에게 벽에 있는 메모에서 이야기를 들려달라고 부탁하라.

[4단계: 의미 찾기]

이제 관련 주제의 명확한 그룹이 생겼으니, 의미를 찾을 시간이다. 식별한 그룹 이름을 지정한다. 너무 많이 생각하지 말라. 테마를 더 쉽게 탐색할 수 있도록 하는 것이다. 그런 다음 각 주제에 대해 통찰력 문장을 만들어 테마를 연구의 핵심 통찰력으로 변환한다. 가장 풍부한 통찰력은 데이터 포인트, 인용문, 사진 및 관찰이 모두 동일한 것을 가리키는 여러 연구 활동에 의해 뒷받침된다. 한두 번의 인터뷰만으로 통찰력을 끌어내는 것은 광범위하게 적용되지 않을 수 있으므로 경계해야 한다.

좋은 통찰력 진술은 단순해야 하고 디자인에 정보를 제공하기 위해 감정적인 이야기를 해야 한다는 것을 기억하라. 3가지에서 8가지 사이 정도의 통찰력을 찾아야 한다. 그 이하의 통찰력은 사람들과 충분히 이야기를 나누지 않았다는 것을 의미한다. 8가지 이상은 여러분이 분별력 있게 행동하지 않았고 같은 통찰력을 여러 번 표현했을 수도 있다는 것을 암시한다.

여정 지도를 의미 있는 도구로 활용

관리 가능한 데이터 양에 초점을 좁힐 경우, 여정 지도를 사용하여 데이터를 이해하거나, 통찰력을 생성하거나, 공유할 수 있다. 이를 위해 여정 지도를 만들고(그림 6.3 참조) 탐색 프로세스의 데이터를 사용하여 이를 채운다. 여정에 추가할 사항은 다음과 같다.

• 각 단계에서 사람들은 무엇을 생각하고 느끼고 있는가?

- 장점과 단점은?
- 이번 여정에서 가장 중요한 순간은 무엇인가?
- 한 번의 경험이 다음번에는 어떤 영향을 미치는가?

그 결과로 인사이트 문장을 생성하는 것을 잊지 말라. 그렇지 않으면 아이디어화 단계에 필요한 것을 얻을 수 없다.

공감 지도

공감 지도는 여정이나 중요한 순간을 통해 특정 인물의 경험에 대해 알려진 것을 협력적으로 시각화하고 명확하게 표현하는 방법이다. 우리는 공감 지도를 4가지 영역으로 나누어 그 사람이 생각하고 느끼는 것, 말하고 행동하는 것, 보고 듣는 것에 초점을 맞춘다(그림 7.1 참조).

그것으로부터 그들이 피하거나 극복하려는 고통과 그들이 추구하는 이득을 추론하는 것이 가능하다. 여러분의 캐릭터에 대한 공감 지도를 만드는 것은 질문을 하고, 데이터를 이해하고, 통찰력을 만들고, 공유할 수 있는 좋은 방법이다. 공감 지도는 직원 요구에 대한 지식을 외부화하는 데 도움이 될 뿐만 아니라, 다음 단계에서 필수적인 설계팀 전체의 공유된 이해를 보장하는 데 도움이 된다. 나머지 과정 내내 공감 지도를 곁에 두는 것은 여러분이 풀려고 하는 문제와 여러분이 풀려고 하는 사람들을 중심으로 팀이 방향을 잡는 데 도움이 된다.

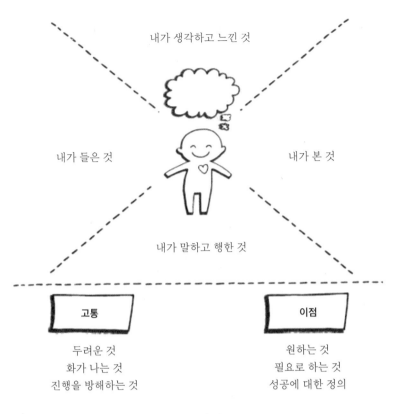

내가 생각하고 느낀 것

내가 들은 것

내가 본 것

내가 말하고 행한 것

고통	이점
두려운 것 화가 나는 것 진행을 방해하는 것	원하는 것 필요로 하는 것 성공에 대한 정의

그림 7.1 공감 지도

기회 재정의하기

합성 과정이 끝날 때, 당신이 해결하고자 하는 문제나 기회에 대한 당신의 이해는 소수의 통찰력으로 표현된다. 지금 과제는 직원의 관점에서 해결하거나 실현해야 할 사항을 정의하는 것이다. 이것은 다음 다이아몬드, 즉 솔루션 공간으로 도약하는 발판이다.

7장. 공감과 기회의 공간

설계 사고에서는 이 단계에서 생성되는 것을 '문제 진술'이라고 하지만, 마찬가지로 '기회 진술'이라고 생각할 수 있다. 여러분은 이것을 센스 메이킹 워크숍에서, 혹은 이후에 만들 수 있다.

사용자 사례

기회의 문장들을 공식화하고 제시하는 한 가지 방법은 사용자 이야기들을 통해서이다. 직원경험 시스템의 일부로 사용자가 수행할 작업을 간단하고 쉽게 설명할 수 있는 방법이다. 사용자 스토리는 제품 및 소프트웨어 개발에 널리 사용되는 기술 관련 산업에 종사하는 사람들에게 친숙할 것이다. 사용자 스토리는 사용자 요구사항의 '누구', '무엇' 및 '왜'를 쉽게 이해할 수 있는 형식으로 전달한다. 또한 큰 기회를 더 작고 관리하기 쉬운 영역으로 분할할 수 있다.

다음과 같이 작동한다.

___[사용자 설명]___로서, [강력한 통찰력]___때문에___[필요/동사] ___을 원한다.

5장의 사례 연구인 인비전의 설계팀은 온보드 프로세스를 재설계할 때 해결해야 할 가장 큰 문제를 해결할 때 사용하기 위한 사례를 만들었다.

신입사원[사용자 설명]으로서, 원격 커뮤니티에서 내가 어디에 어떻게 적합한지 이해할 수 있도록 회사 문화[필요/동사]를 배우고자 한다.

만약 여러분이 의미 있는 워크숍에서 이것을 하고 있다면, 빈 카드 한 꾸러미를 가지고 와서 사람들 및 그 그룹이 토론하고 동의할 수 있는 다양한 사용자 이야기를 쓰도록 하라. 또는 직원 그룹을 사용하여 이 작업을 수행할 수도 있다. 모든 요청을 수집한 다음 테마별로 정렬하고 우선순위를 지정하면 직원들이 듣고 참여감을 느낄 수 있다.

합성은 까다로운 프로세스이다

탈부착하기 위한 팁

- 여유를 가져라: 아무리 많이 해도 쉬운 일이 아니다.
- 프로세스에 대한 신뢰: 안갯속에서도 신뢰는 프로세스의 일부이다. 시끌벅적한 소리에 반응하지 말고, 그것을 받아들여라.
- 프로젝트와 덜 가까운 사람에게 도움을 요청하여 관점을 확대한다(이것이 갤러리 워크가 훌륭한 도구인 이유이다).
- 심문관을 데려와 질문할 사람을 찾는다. 통찰력 있는 영역을 설명함으로써, 여러분은 그것을 이해하는 데 도움이 될 것이다.
- 초점 전환: 각 테마에 대한 '우리가 어떻게 하면(How might

we…(HMW)' 질문을 하는 것과 같은 보다 체계적이고 창의적인 과제를 내라. HMW 질문은 과제를 해결해야 할 문제가 아닌 실현의 기회로 프레임화하여, 아이디어를 만들어내는 프로세스를 추진하는 데 사용된다. 이것은 작업에 대한 에너지와 낙관론을 만들고 유지하는 데 도움이 되는 미묘한 차이이다.
- 좀 쉬어라.

핵심 요약

이번 장에서는 직원경험 설계의 원칙으로서 공감을 살펴보고, 경험의 진실을 배우기 위해 고안된 다양한 활동을 통해, 공감대를 기회 공간에서 작동시키는 방법과 데이터를 실행 가능한 통찰력으로 바꾸는 방법을 살펴보았다.

- 공감은 여러 가지를 의미한다. 직원경험 설계의 목적상 공감이란 다른 사람의 입장에 서서 그들의 눈을 통해 세상을 보는 능력이라고 생각할 수 있다.
- 정서는 근육과 같은 고정된 특성이 아니라 사용할수록 쌓일 수 있다.
- 솔루션 설계를 시작하기 전에 인간 경험의 실체를 파악하는 것이 성공적인 직원경험 설계의 기본이다. 공감적인 접근법을 취하는 것은 우리가 가정이 아닌 실제 필요, 문제, 기회를 위해 설계하는 것을 보장한다.

- 통찰이란 변화에 영향을 미치는 누군가의 경험에 대한 심오하고 유용한 이해이다. 그것은 간단하고, 기억에 남고, 사람들에게 행동하도록 영감을 주어야 한다.
- 데이터를 통찰력으로 추출하려면 합성 및 감각 생성 과정이 필요하다. 이것은 사람들을 압도되게 할 수 있는 어렵고 힘든 과정이다. 천천히 하고, 가볍게 하고, 휴식을 많이 취하라.

8장.
아이디어화 과정

이번 장에서는 다음 내용을 다루고자 한다.

- 완벽한 아이디어를 준비하는 방법과 성공적인 아이디어화 세션을 보장하기 위한 6단계
- 다양한 아이디어 도구와 기법 및 일부 중요한 브레인스토밍 규칙
- 시제품으로 개발할 아이디어를 선택하는 방법

아이디어화란 무엇인가?

아이디어화란 직원경험 설계 프레임워크에서 세 번째 다이아몬드인 솔루션 공간으로 이동하는 것이다. 직원경험 설계 프레임워크의 이 단계에는 문제를 해결하고 기회를 실현할 수 있는 방법을 모색하는 많은 활동이 수반된다. 또한 많은 새로운 아이디어들을 생성하고 개발하는 과정이기도 하다. 아이디어란? IDEO의 팀 브라운이 말한 대로 '폭넓은 선택을 하는 것'이

다(Brown, 2019). 이는 최상의 단일 솔루션을 찾는 것이 아니라 기회를 실현할 수 있는 여러 가지 잠재적 방법을 찾는 것이다. 이렇게 다양한 방법을 찾아 나서는 것이 중요한 이유는 니즈를 해결할 수 있는 차별화된 방식이기 때문이다. 두 번이나 노벨상을 받은 유명한 라이너스 폴링(Linus Pauling)은 "좋은 아이디어를 얻는 방법은 많은 아이디어를 얻고 나쁜 아이디어를 버리는 것이다"라고 말했다고 한다.

아이디어화 과정에 참여하는 대상

직원들

아이디어 창출 과정에 참여해야 할 가장 중요한 사람이 누구인지 궁금하다면, 답은 단순하다. 바로 직원이다. 직원의 경험을 바꾸고 싶다면 당연히 이들과 함께해야 한다. 직원경험 설계는 단순히 더 나은 솔루션을 만들어내고 이를 제공할 수 있기 때문에 직원과 함께 설계하는 것이 중요하다. 최종 사용자는 아이디어 활동에 대해 고유한 관점을 제공하는 동시에 당면한 과제를 현실적인 관점으로 유지할 수 있도록 돕는다. 또한, 어려움이 닥쳤을 때 동기부여 될 수 있는 활력을 가져올 사람들이기도 하다.

직원경험 설계 프로세스에 직원을 참여시키는 것은 프로세스에만 도움을 받을 수 있는 것이 아니다. 직원들의 경험을 만들기 위한 디자인 사고의 적용에 대한 보고서에 따르면 직원들을 참여시키는 것은 직원들의 조직에 대한 몰입과 상호 포용성을 증가한다(Richards, 2019). 그것은 우리가 몇 번이고 되풀이해서 지켜본 만능 해결책이다. 직원들은 참여하기를 원하고, 참여 경험을 좋아하며, 그 혜택은 프로젝트가 끝난 후에도 오래 지속된다. 이들은 직원경험 설계를 통해 배운 기술과 도구를 이들이 소속한 팀으로 가져간다. 한 NHS 고객은 심지어 스카우트 그룹에 디자인 사고를 소개했다.

다양성

솔루션 생성 작업을 수행하는 팀이 초기 탐색 작업을 수행한 팀과 다를 수 있다. 예를 들어 첫 번째 그룹이 작업을 계속할 시간이 없거나 특정 스킬과 관점을 도입하고자 하기 때문일 수 있다. 또는 한 명 또는 두 명으로 구성된 핵심 설계팀이 대부분의 작업을 수행한 다음 핵심 지점에 공동 작업자를 불러올 수 있다. 팀을 구성하는 방법이 무엇이든, 아이디어 단계에서 누구를 참여시킬지 신중히 생각해보라. 이것은 네트워크를 확산할 수 있는 좋은 기회이다. 다양한 그룹은 다양한 생각, 관점, 사고방식을 혼합할 수 있는 기회를 가져온다.

다양한 기능

다양한 기능의 사람들, 실현 가능성에 대해 이야기하고 시스템, 프로세스 또는 통신에 필요한 변경을 가할 수 있는 직원을 참여시키는 것이 유용하다. 이것은 아이디어를 신속하게 테스트할 수 있는 방법을 제시한다. 예를 들어 한 고급 소매업체가 직원들이 고객을 놀라게 하고 즐겁게 할 수 있는 기회를 만드는 프로젝트를 실행했을 때, 한 아이디어는 매장의 구성원들에게 이러한 '선물'의 비용을 충당하기 위해 상점 카드를 제공하는 것이었다. 이 아이디어가 오용의 가능성으로 인해 '해결 방안'에서 '불가능한 방안'으로 빠르게 전환되어가는 동안, 재무 담당자는 오용 문제에 대한 해결 방법을 발견할 수 있었고, 이 아이디어는 빠르게 테스트될 수 있었다. 다양한 팀 및 기능을 참여시키면 솔루션을 실행할 때 협력자와 홍보대사가 생성된다.

고위 이해관계자

아이디어 활동에 포함해야 할 고위 이해관계자는 사례별로 고려해야 한다. 고위 관계자를 포함하면 적극적인 지지를 이끌어내서 팀원들에게 자신감을 주고 테스트의 문을 열 수 있다는 장점이 있다. 하지만 나이가 든 이해관계자들은 조용한 목소리를 무시할 수 있고, 불균형한 영향을 미칠 수 있다. 고객이 아이디어의 필요성을 인식하지 못하고, 대신 단일 솔루션을 너무 빨리 추진한다면 문제가 될 수 있다. 더 많은 외부 아이디어들은 성장하고 형성하기 위한 안전한 공간이 필요하며, 만약 그 방에 있는 상급자가 현상 유지나 한 가지 특정 경로에만 관심을 갖고 많은 투자를 한다면 위험하다고 느낄 수 있다.

한 가지 옵션은 전체 아이디어 프로세스가 아닌 정기적인 체크인 지점에 고위 이해당사자를 참여시키는 것이다. 그들은 정원 가꾸기, 가지치기, 그리고 아이디어 수확과 같은 기술에 유용할 수 있고, 이것은 나중에 문지기들을 통과하지 못하는 해결책의 위험을 최소화할 것이다. 아이디어가 다시 사업에 투입되면서 위대한 프로젝트들이 실패하는 것을 가끔 봐왔다. 프로젝트 전, 진행 중, 진행 후 사업부와의 관계와 경영진 스폰서를 위한 특정 역할 수립을 통해 이러한 재진입 문제를 사전에 해결하는 것이 중요하다.

아이디어화의 준비 단계

아이디어화 준비단계에서는 단일 아이디어 생성 활동이 아닌 여러 단계가 포함된다. 아이디어화 과정을 시작하기 전에 몇 가지 준비해야 될 과제가 있다. 첫째는 삶에 대한 통찰력이고, 둘째는 결과물이 무엇을 전달해야 하는지에 대한 통찰력이다.

과제 공유

기회는 단순하고 기억에 남는 진술로 표현되는 아이디어의 초점이다(7장 참조). 이 작업을 수행하려면, 팀이 기회 뒤에 숨어 있는 통찰력을 도출해야 한다. 연구팀이 발견 활동에 참여했더라도, 모든 사람이 새로운 통찰력을 가질 수 있도록 하는 것은 가치 있는 일이다.

통찰을 공유하면서 직원들에 대한 사실, 이론, 해석을 전달하는 것뿐만 아니라 그들과 공감대를 형성하는 것이 목적이다. 사진, 그림, 비디오를 통해 사람들과 그들의 이야기에 생명을 불어넣는 것은 디자인팀을 그들이 일할 도전의 핵심과 연결하는 좋은 방법이다. 아이디어 세션 전에 미리 준비하는 것은 시간을 절약하고 사람들이 그것에 대해 더 오래 생각할 수 있게 할 것이다. 연구에 따르면 참가자가 설계하는 사람들의 경험에 대해 더 오래 생각할 수 있는 경우 결과가 더 낫다(Richards, 2019).

아이디어화 작업 프레임 구성

이제 기회를 이해하는 것에서 아이디어 세션을 설정하는 단계로 넘어갈 때이다. 우리가 즐겨 사용하는 고전적인 설계 접근법은 '어떻게 우리가(How may we…[HMW])' 질문을 만드는 것이다. HMW 질문은 과제를 해결해야 할 문제가 아닌 실현의 기회로 삼는다. 이는 작업에 대한 에너지와 낙관론을 만들고 유지하는 데 도움이 되는 미묘한 차이이다.

- 'How'는 이 과제가 해결될 수 있다는 낙관론 및 자신감을 제시한다.
- 'Might'는 여러 가지 가능한 해결책을 제시한다.
- 'We'는 팀에게 이것이 공동 노력임을 상기시킨다.

완벽한 HMW 질문을 만드는 데는 어느 정도의 시간과 연습이 필요하다. 만약 시간이 부족하다면, 모든 사람이 함께하여 시간을 낭비하는 것보다 아이디어 세션 전에 질문을 만들어내는 것이 가치 있을 수 있다. 어쨌든 이것은 여러분이 생각할 그룹과 함께할 수 있다면 정렬을 만드는 매우 유용한 방법이기도 하다.

HMW 질문은 아이디어 세션의 결과에 상당한 영향을 미칠 것이다. 너무 광범위하고, 사람들이 길을 잃고, 너무 솔루션의 방향성이나 생각이 제약되거나 제한되지 않도록 만들 것이다. 또한 질문에 은근하게 답을 숨기는 것을 조심하라. 이렇게 되면 많은 것을 찾을 가능성을 열기보다는 사람들을 하나의 해결책으로 이끌 것이다. 질문이 올바른지 잘 모르면 그룹에게 피드백을 요청하고 계속 다시 방문하라.

이전 장의 예로 돌아가 보겠다. 즉 모든 사용자가 원격으로 작업할 때 온보딩의 문제를 살펴보는 프로젝트이다.

문제 진술: 가상 환경에서 업무를 수행하는 사람들은 더 두려워하고 불안해하며, 그들이 자신의 역할, 팀 및 조직에 연결되도록 돕기 위해 더 많은 주의가 필요하다.

어떻게 질문할 수 있을까? 어떻게 하면 사람들이 진정으로 환영받고 자신감을 가질 수 있도록 지원하는, 의미 있는 가상 온보딩 환경을 만들 수 있을까?

질문에서 해결책을 제시하지 않았다는 점에 주목하라. '새로운 온보드 웹사이트/앱/버디 시스템을 어떻게 만들 것인가?' 라고 질문했더라면 아이디어의 범위가 한정되었을 수 있다. 이러한 방식으로 관점을 개방적으로 유지하면 일반적인 사고방식을 넘어서는 아이디어를 표면화하고 토론할 수 있다.

활용 연습

아이디어화 세션 준비

영역에 들어가기 위한 활동

올바른 분위기를 만들고, 사람들을 서로 연결하고, 그들의 창조적인 정신을 고무시키는 것은 성공적인 준비를 위한 필수적인 요소이다. 여기에서는 Provisioning Change의 설립자인 매트 매드슨이(Matt Matheson)이 가장 좋아하는 것 중 하나를 소개한다. 즉 즉흥 기반 코칭 및 촉진 컨설팅이다.

이 활동은 함께 듣기, 아이디어 구축 및 결합을 연습하는 방법이다. 이 활동에서는 제공된 내용을 듣고 마음에 드는 내용을 골라내고, 이를 바탕으로 협업의 핵심을 구축한다. 그렇게 함으로써, 우리는 좋아하지 않는 것에 집중하기보다는 파트너의 제안에서 강점을 인정한다. 이러한 활동은 우리를 긍정적이고 협력적인 정신 상태로 만들고, 사람들이 호기심을 유지하고, 적극적으로 경청하고, 다른 사람들의 생각을 존중하는 동시에 그들 자신의 생각을 가져오도록 돕는다.

방법:

- 두 사람이 주제와 관련된 과제에 대한 대화에 참여한다 (진행자 또는 그룹이 이를 제공할 수 있음).
- 개인 1은 다음과 같은 아이디어를 제공하는 대화 라인을 전달한다. 예를 들어 "사무실을 개선할 수 있는 방법이 생

각났다. 이 문제를 해결할 수 있는 가장 좋은 방법은 매주 금요일과 월요일 모두를 한자리에 모아서 그들의 제안을 듣는 것이다."

- 개인 2는 아이디어에 대해 그들이 좋아하는 것을 말하고 그것에 덧붙여 응답한다. 예를 들어 "내가 좋아하는 것은 모든 사람을 하나로 모으고 그들의 목소리를 듣는 것이다. 나는 우리가 한 단계 더 나아가서 발표하기 전에 그들의 아이디어를 제출하게 하면 우리가 더 빨리 배울 수 있을지 궁금하다."

- 그리고 나서 개인 1은 아이디어에 추가하기 전에 그들이 좋아하는 것을 말하면서 같은 방식으로 응답한다. 예를 들어, "내가 좋아하는 것은 더 빨리 제출하는 것이다. Google Forms라는 훌륭한 도구를 가지고 있다. 매니저가 따라잡는 동안 저희 팀에게 알려드릴 수 있다. 이 도구를 사용하면 경영진도 참여하게 할 것이다."

- 대화는 자연스럽게 결론이 날 때까지 몇 분간 계속된다.

다음으로 진행자가 상기 활동에 얼마나 시간이 걸렸는지 확인한다. 상기 활동에서는 다음과 같은 여러 가지 일이 일어나고 있다.

- 상대방이 말하는 정확한 단어를 들으면서 세세한 부분과 뉘앙스를 파악하며 의식적으로 연습하고 있다.
- 마지막 문장을 반복할 때, 여러분은 의식적으로 마지막

사람이 말한 것에 직접적으로 반응하고, 초점을 여러분 자신의 의제보다는 그들과 그들의 아이디어로 옮긴다.
• 듣는 것이 얼마나 의식적으로 느껴지는지 경험하게 된다. 듣거나, 듣고 이해한다고 느낀다.

완벽한 아이디어화를 위한 6단계

아이디어화 프로세스를 실행하는 과정에서는 다양한 방법들이 변수가 되어 아이디어 생성에 영향을 미친다. 규범적이고 요구사항을 모두 충족하지 못할 가능성이 큰 단 한 번의 워크숍을 진행하는 대신, 여기서는 아이디어 세션 또는 일련의 세션을 구성하기 위한 6가지 단계를 공유한다(그림 8.1).

그림 8.1 6단계 아이디어화 프로세스

직원경험 설계 프레임워크의 모든 요소와 마찬가지로, 이는 유연하고 반복적인 접근방식이기 때문에 사용자에게 적합하도록 조정한다. 브레인스토밍에서 아이디어를 생성하는 것과 같은 전체 그룹으로서 몇 가지 활동을 하고, 아이디어 개발 및 프로토타입 선택과 같은 소규모 그룹으로 온라인 활동을 수행할 수 있다.

핵심은 프로세스(아이디어 생성 또는 아이디어 선택)에서 현재 어디에 있는지, 그리고 거기서 무엇을 해야 하는지 명확히 하는 것이다. 그리고 우리가 여기서 설명하는 규칙을 고수하라.

1. 아이디어 생성

다양한 아이디어를 도출해내는 과정으로, 특히 브레인스토밍은 아이디어 생성을 위한 가장 인기 있고 효과적인 방법 중 하나이다. 브레인스토밍에서는 참여자들이 서로 아이디어를 나눈 뒤, 그것들을 결합하여 다양한 개인, 팀, 그룹 활동의 조합을 만들어낸다. 그런데 종종 이 용어가 포스트잇을 가지고 형식적으로 진행하는 단순한 토론으로 오해되는 경우가 있다. 사실 브레인스토밍은 생성된 아이디어와 선택의 양을 극대화하기 위해 명확한 규칙이 정의된 특별한 활동이다.

[방법]

준비

- 편안하게 지낼 수 있는 적절한 공간을 찾고, 그룹 및 개인 작업을 위한 공간을 확보한다. 또한 사람들이 스케치하거나 모델을 만들 수 있는 아이디어와 테이블을 위한 벽 또는 화이트보드 공간을 마련한다.
- 그룹에 맞는 몇 가지 브레인스토밍 활동을 선택한다(다음 섹션에서 즐겨찾기를 간략히 설명한다).
- 규칙에 따라 행동하라. 만약 여러분이 처음으로 브레인스토밍을 하는 것이라면, 여러분의 팀, 가족, 심지어 친구들과 함께 연습하는 것은 어떨까? 당일에 조그만 선물을 준

비하여 프로세스에 대한 자신감을 얻고 규칙을 준수할 수 있도록 지원한다.

당일

- 준비 활동을 반드시 실행하라. 준비 운동을 거르거나 시간이 없다고 생각하지 마라. 아이디어를 내기까지 시간이 좀 걸릴 수 있다. 만약 이 단계를 건너뛰면, 더 느리게 더 적은 아이디어를 갖게 될 것이고, 그것들은 훨씬 더 평범한 결과물들일 것이다.

- 브레인스토밍 규칙을 명확하고 반복적으로 준수한다. 규칙을 인쇄해서 소개한 후에 상기시키기 위해 방에 두라. 진행자가 시간 내내 규칙을 지키는 것이 정말 중요하다. 부드럽고 노골적으로 규칙을 상기시키는 다양한 방법을 찾아라. 예를 들어 잠시 그룹 활동을 해보는 것만으로도 사람들에게 기대를 일깨워줄 것이다. 규칙을 지키지 않을 때 스스로 자백해보도록 독려하고, 그 상황을 재미있게 만들어보도록 하라.

- 다양한 성격 유형에게 최적의 방식으로 일할 수 있는 환경을 제공하기 위해 조용한 성찰 시간을 포함한 여러 활동을 조합해보라.

- 그룹이 에너지 부족을 느낄 때에는 다양한 제약 사항을 제공해 보라. 예를 들어 시간을 절반으로 줄이거나 원하는 아이디어의 양을 2배로 늘리는 것과 같은 새로운 제약 조건을 추가하라. 또는 그룹이 여러 개인 경우 그룹 멤버를

그룹 안팎으로 바꿔보라. 또한 그룹끼리 아이디어를 결합해보라고 요청할 수 있다. 이렇게 하면 오래된 아이디어를 되살리거나 기존 아이디어에 대한 새로운 시각을 생각하게 될 수도 있다.

[브레인스토밍 활동]

■ 질문을 뒤집기: 이 활동에서는 '어떻게 하면 좋을까'라는 질문을 받고 긍정적인 결과를 부정적인 결과로 대체 해보라. 이 활동은 에너지와 흥미를 끌어올린다. 이 활동을 워밍업 활동으로 사용하거나, 아이디어가 막힐 때 그룹에 다시 활력을 불어넣기 위해 사용할 수 있다.

방법

- 개인별로 포스트잇 노트당 하나의 아이디어를 적어낼 수 있도록 요청한다. 5분에서 10분 정도의 시간 제한을 두고 가능한 한 많은 아이디어를 내도록 요청하라.
- 사람들에게 아이디어를 공유하여 화이트보드에 추가하도록 요청한다.
- 각각의 공유 후, 비슷한 아이디어를 가진 사람에게 물어보고 게시판에 함께 묶는다(이렇게 하면 시간이 절약된다).
- 프로세스가 끝나면 실행 가능한 아이디어를 찾아보라. 그룹별로 어떤 것을 뒤집어서 새로운 아이디어를 만들 수 있는지 토론한다. 또는, 사람들에게 바꾸어 생각할 수 있는 많은 아이디어를 주면서 짝을 지어 일하도록 요청하라.

• 6단계에 따라 아이디어를 다듬고, 성장하며, 선택한다.

■ 역할 교환: 그룹이 생각의 한계에서 벗어나도록 하기 위해 '우리는 어떻게 할 것인가'라는 질문에서 '우리'를 브랜드나 유명인으로 대체해보라. 이케아, 애플, 파타고니아와 같은 기업이 될 수 도 있고, 빌 게이츠나 오프라 윈프리가 될 수도 있다. 이 활동 또한 워밍업 활동으로 사용하거나, 아이디어가 막힐 때 그룹에 다시 활력을 불어넣기 위해 사용할 수있다.

방법

• 모든 개인에게 집중할 수 있는 브랜드 또는 유명인을 제공한다. 이것들을 카드에 붙여보고 사람들이 상자에서 하나를 고르도록 하라.
• 개인에게 유명 인사 혹은 브랜드 아이디어의 렌즈를 통해 질문에 답하도록 한다.
• 시간 제한을 5분에서 10분으로 정하고 가능한 많은 아이디어를 내라고 한다.
• 사람들에게 아이디어를 공유하여 화이트보드에 추가하도록 요청한다.
• 프로세스가 끝나면 6단계에 따라 아이디어를 다듬고, 성장하며, 선택한다.

■ 1-2-4-모두: 이것은 모든 사람이 동시에 아이디어와 해결책을 만들고, 그것들을 빠르게 검토하며 아이디어를 체로 거

르는 것을 포함한다. '어떻게 하면 좋을까'라는 질문과 개별적인 성찰로 시작하며, 쌍을 이루어 토론하기 전에 네 명씩, 그리고 전체 그룹(이름을 따옴)으로 시작한다. 전체 프로세스는 몇 분 밖에 걸리지 않으며 여러 번 반복될 수 있다. 운영 방법에 대한 자세한 내용은 Liberating Structures 웹 사이트(www.liberatingstructures.com)를 참조하라.

2. 연결 및 결합

브레인스토밍의 마지막에 포스트잇 노트에 대한 수백 개의 아이디어가 있을 수 있는데, 이것들이 여러분의 목표가 되어야 한다. 이 아이디어들 중 유사하거나 연계된 아이디어를 함께 유형화 하면 더 적은 수의 작업 영역을 만들 수 있다. 하지만 여기에서 아직 아이디어를 판단하거나 선택하지 않고, 그저 주제별로 정렬하는 것이 중요하다. 여전히 아이디어 생성 단계의 일부이므로 더 많은 아이디어가 등장할 수 있다. 개방되고 확장 가능한 상태를 유지해야 된다.

방법

- 사람들에게 화이트보드 주변의 개별 아이디어와 함께 포스트잇 노트를 제공하여 주제를 만들어보도록 한다. 다른 사람들이 무엇을 하고 있는지 이해하고, 이에 대해 반응하는 협력적인 과정이다.
- 아이디어가 둘 이상의 주제에 있어야 하는 경우, 포스트잇 노트를 중복하여 만들어 붙인다.

- 이 작업이 무한히 진행되지 않도록 시간 제한과 대화 시간을 설정하라.
- 폭넓게 토론하고 아직 주제가 없는 아이디어를 수용하도록 한다.
- 각 주제를 차례로 살펴본다. 각 개인에게 왜 이렇게 연결했는지 공유하도록 한다. 이 활동을 통해 아이디어들이 서로 어떻게 연결되는 더 많은 맥락을 파악할 수 있을 것이다.
- 주제에 레이블을 지정하여 무엇이 있는지 확인한다.
- 이제 사람들에게 결합된 아이디어를 살펴보라고 하라. 꼭 필수적인 단계는 아니며, 프로세스 초기에 자연스럽게 요구되거나 활력을 불어넣기 위한 수단으로 해당 단계를 추가할 수 있다. 이때 목표는 새롭고 색다른 아이디어를 만드는 것이다. 사람들을 짝 지어 두 개의 주제를 부여하고 아이디어 충돌법을 사용하여 한 가지 주제 안팎으로 무작위 아이디어를 결합할 수 있는지 요청해볼 수 있다. 각 쌍에 한 명씩 눈을 감고 무작위로 두 가지 아이디어를 가리킨 다음 결합하도록 해보라.

3. 아이디어의 가지를 쳐라 (제거하기)

지금 해야 할 일은 아이디어와 주제의 수를 좀 더 다루기 쉬운 것으로 줄이는 것이다. 여러분이 생각을 판단하기 시작할 때, 정치와 인격이 작용하게 될 것이기 때문에 규칙을 꼭 지키도록 하라. 더 많은 아이디어를 결합하게 될 수도 있지만, 어떤 아이디어를 잃을 수도 있기 때문에 주의해야 한다.

방법

- 어떤 아이디어나 주제가 추가적으로 개발되어야 하고 어떤 주제가 남겨져야 하는지에 대해 논의하고 합의한다.
- 대화를 시키거나, 사람들에게 제한된 수의 스티커를 주고 어떤 아이디어를 발전시킬지 투표하도록 요청한다.

4. 아이디어를 키운다 (성장)

이제 나머지 아이디어, 즉 잠재성이 풍부한 아이디어를 탐색하고 개발한다. 이 시점에서 유사하거나 관련된 아이디어를 계속 결합하는 것이 좋다.

방법

아이디어 생성과 마찬가지로 아이디어를 개발하기 위한 많은 기술이 있는데, 이 중 스토리보딩(Storyboarding)은 우리가 가장 좋아하는 기술 중 하나이다.

- 개인, 짝궁, 또는 그룹에게 만화 스타일의 그림을 그려 아이디어를 제시해 달라고 요청한다.
- 말과 생각 풍선을 사용하여 무슨 일이 일어나는지, 다른 사람, 도구 또는 시스템이 무엇을 하거나 어떻게 작동하는지에 관한 설명을 작성한다.
- 예술적 기교가 반드시 필요한 활동이 아니며, 그림을 그리

며 다양한 대화가 발전되어 분위기를 밝게 만들어볼 수 있다. 하지만 분위기가 소란스러워져서 이 세션의 목적에서 탈선하게 하지는 마라. 이를 피하는 좋은 방법은 준비 활동 중에 스케치를 포함시키는 것이다. 예를 들어 초능력을 그림으로 표현하도록 하거나, 각자 자기소개를 스케치로 해볼 수 있다(그림 그리기를 위한 대체 준비 활동의 프로토타입은 9장을 참조하라).

5. 아이디어를 탐구한다 (조사)

이 시점에서 여전히 경쟁적인 아이디어들이 많이 있을 것이다. 어떤 아이디어는 다른 아이디어보다 더 매력적이고 실현 가능하다. 가장 강력한 아이디어를 찾는 유용한 방법은 그 아래에 숨어 있는 가정을 표면화하는 것이다. 지나친 낙관주의, 확증편향, 그리고 첫 번째 아이디어에 대한 애착, 특히 내가 낸 아이디어에 대한 애착을 억제하지 않으면 가장 강력한 아이디어를 도출하기 힘들다. 따라서 이 기법은 별로인 아이디어가 너무 많이 개발될만한 가능성을 없앤다.

방법

- 현재 가지고 있는 아이디어를 살펴보라. 그런 다음 각 아이디어에 대해 순차적으로 질문한다. '이 아이디어가 작동하려면 현실에서 어떻게 받아들여야 하는가?'
- 원작자와 그룹 전체가 이 질문에 대답하도록 한다. '어떠할 때 이 방법이 실패할까'가 아닌 '성공을 위한 조건'에

초점을 맞추는 것을 기억하라. 그렇다면 솔루션이 성공하기 위해 필수적인 조건을 명확히 볼 수 있을 것이다.

- 아이디어 옆에 주요 내용을 기록한다.
- 성공을 위한 조건이 너무 엄격 하다면, 해당 아이디어를 폐기하고 싶을 수도 있다.

6. 아이디어 선택

이 과정을 완료하면 여러 가지 잘 정돈된 아이디어가 떠오를 것이다. 모든 아이디어를 테스트할 수 있는 여유가 없다면, 테스트에 사용할 아이디어를 선택해야 한다. 이는 우선순위 설정과 투표와 같은 여러 단계가 포함될 수 있다. 종종 우리는 2×2 그리드를 사용한다(높은 노력/낮은 영향대, 높은 영향/낮은 영향, 그림 8.2 참조).

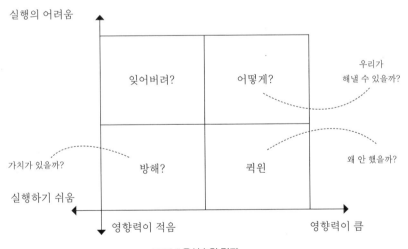

그림 8.2 우선순위 격자

방법

- 화이트보드에 우선순위 그리드(그림 8.2)를 작성한다.
- 사람들에게 남은 아이디어를 그리드에 맵핑해보도록 요청한다. 이때 새로운 포스트잇을 만들어야 한다.
- 각 그룹별로 무엇이 있는지 확인하고, 올바른 위치에 있는 것인지 논의한다.
- 상황에 따라 빠른 결과가 나타날 수 있는, 노력이 적지만 영향력이 큰 아이디어를 선택할 수 있다. 또는 더 많은 노력을 투자해야 하지만 더 큰 영향을 미칠 수 있는 아이디어일 수도 있다. 물론 두 가지를 모두 선택할 수도 있다.
- 합의에 도달하기 어려운 경우, 개인이 선호하는 아이디어에 스티커를 붙이는 '점 투표 방식'을 사용한다. 우선순위 지정 그리드를 사용하지 않고도 점 투표를 시도할 수도 있다.

온라인에서의 아이디어화 활동 프로세스 실행

사람들이 일반적인 방법 이상으로 새로운 가능성을 생각하도록 하는 것이 사실 온라인 환경에서 구현하기 쉽지 않다. 하지만 좋은 소식은 이 또한 달성 가능하다는 것이다. 가상 공간에서의 아이디어화는 거리상으로 멀리 떨어져 있는 다양한 사용자 그룹과 함께 연결될 수 있다는 이점이 있다. 오프라인 그룹과 온라인 그룹이 혼합된 경우 온라인의 사용자를 동일한 하위 그룹에 배치하도록 한다.

준비

- 온라인상에서 아이디어화에 관한 대부분의 준비는 동일하다. 가상 화이트보드 플랫폼은 사람들이 아이디어를 생성하고 결합하고 다듬고 개발하고 탐색하며 선택할 수 있는 도구이다. 미리 설정하고 사람들이 사용해볼 수 있는 기회를 주는 것이 좋다.
- 활동 범위를 선택하고 유연성을 발휘하라. 이 장에서 열거된 많은 것들이 잘 작동할 것이다. 대면 세션과 마찬가지로 선택할 수 있는 아이디어 활동이 많다.
- 온라인에서는 모든 것이 조금씩 다르게 작동하기 때문에 운에 맡기지 말고 미리 파일럿해보는 것이 중요하다. 어떤 기술이 필요한지 명확히 살피고, 해당 도구가 사용될 때 순조롭게 진행될 수 있도록 안내하는 운영자가 있어야 한다. 그래야 사람들이 온라인 환경에서도 집중할 수 있다.

당일에는

- 사람들이 멀리 떨어져 있을 때 준비 활동은 그 어느 때보다 중요하다. 정신적인 장벽을 넘을 뿐만 아니라 육체적인 장벽도 넘어야 하기 때문이다. 준비 활동을 결코 거르지 말라. 이 아이디어 준비는 브레이크아웃 룸에 각 쌍을 배치하여 수행하면 가상 환경에서 잘 작동할 수 있습

니다. 마찬가지로 9장의 '가족 초상화'나 '너에 대해 뭔가 그려봐' 등의 준비 활동을 할 수 있다.

- 개별적으로 작업해야 할 때, 이들이 실제 포스트잇 노트에 아이디어를 쓴 다음 이 아이디어를 온라인상에 공유하도록 해보라. 펜을 손에 쥐면 키보드에 쓰는 것과는 다른 사고 과정이 이루어질 때가 있다. 다양한 접근방식을 사용하면 활력을 계속 유지할 수 있다.

- 많은 휴식을 취하고 영감을 찾기 위해 접속된 공간에서 벗어나도록 해보라. 예를 들어 아이디어 창출 단계에서 다음 토론에 가져올 5~10개의 새로운 아이디어를 찾기 위해 밖에서 10분을 보내도록 해보라.

사례 연구

실질적인 아이디어화 과정

고급 백화점이 고질적인 문제를 해결하는 방법

나일 라이언(Niall Ryan)은 여러 유명 글로벌 브랜드에서 독립 컨설턴트로 일한 경험이 있는 직원경험 전문가이다. 나일은 고급 백화점의 직원경험 담당 이사로서 아이디어화 기법을 사용하여, 기회가 있을 때마다 고객을 위해 일을 하는 사람들이 장애물을 극복할 수 있는 새로운 방법을 찾는 법을 찾아냈다.

특히 고객 접점에서 일하는 직원들에 대한 장애 요인을 개선하는 것은 고객경험의 주요 브랜드 차별화 요소이기 때문에 매우 중요했다. 이를 위해 고객 중심 행동을 촉진하고 고객경험을 향상시키기 위해 맞춤형 교육, 보상 및 인식 프로그램을 설계하는 작업이 이루어졌다. 이러한 모든 프로그램은 철저히 추적되었고, 고객 만족도 및 매출 증대와의 입증된 인과관계를 증명했다.

많은 조직이 그러하듯, 일부 뿌리 깊은 문화는 직원들이 고객을 위해 최선을 다하는 데 방해가 되고 있었다. 주로 관료주의로 귀결되는 문제였는데, '이 조직에서 일을 처리하는 것이 어렵다'라고 묘사되는 경우가 많았다. 많은 사람들이 여기에 에너지를 낭비하고, 몇몇 사람은 단순히 체념하는 듯했다.

여기서의 문제를 탐색하고 솔루션을 구체화하기 위해 다양한 기능, 등급, 기술 세트를 지닌 14명의 열정적인 사람들로 구성된 변화 네트워크를 구성했다. 이 네트워크는 경영진의 후원을 받았고, 문화 변화 촉진자와 디자인 사고 컨설턴트의 지원을 받았으며, 파일럿 테스트를 위한 예산을 얻었다.

몇 개의 원칙과 작업방식이 정립된 상태에서 이 네트워크는 문제의 우선순위를 정하고 신속하게 영향력을 행사하며 평판을 쌓아갔다. 특히 주요 접점에서 고객에게 더 나은 환경을 제공하는 것에 중점을 두었는데, 이러한 이데올로기는 도전을 극복하고 기존의 사고방식을 바꾸는 데 매우 중요했다. 우리는 도움을 주기 위해 다양한 단계를 밟아 나갔다.

먼저, 적절하게 구성된 세 팀이 협력하여 3가지 과제를 해결하도록 했다. 우리는 각자의 전문적이고 개인적인 경험과 관심사를 활용하기로 했다. 개인의 기여는 역할이 아닌 기술에 따라 결정되며, 문제해결에 가장 적합한 사람들이 리더로 선택되었다. 뿐만 아니라 네트워크가 필요로 하는 추가 기술과 자원을 파악했다. 이 정보를 기반으로 네트워크를 세 팀으로 구성했고, 각 팀은 다양한 기술, 작업 스타일, 그리고 특성을 결합하였다. 아이디어 발상 단계에서는 다양한 기술을 활용하여 새로운 시각과 접근방식을 모색했다.

생성: 관점 변화를 위한 '성격' 전환

네트워크 내 구성원들은 이미 이러한 조직 내 관습과 도전적인 상황을 알고 있었지만, 현재의 문화적 맥락에서 이 문제를 바라보는 경향이 있었다. 우리는 이들이 문제를 다르게 바라봐야 한다고 느끼고, 새로운 아이디어를 도출하는 데 도움이 될 수 있도록 성격 전환 연습을 활용했다. 먼저 각 그룹에게 문제를 기업가적인 성격으로 생각해 보라고 요청했다. 먼저 이들이 이미 알고 있는 버진 그룹의 리처드 브랜슨, 스페이스X의 일론 머스크, 짐샤크의 벤 프랜시스와 같은 기업가 세 명을 떠올려보라고 했다. 각 그룹은 하나의 기업가를 선택하고, 그 기업가라면 이 문제를 어떻게 해결할 것인지를 탐구했다. 이 연습은 다양한 관점에서 생각하고 창의성을 촉진하는 효과적인 방법이 되었다. 결과적으로 아이디어의 범위가 훨씬 넓고 다양해졌다.

결합: 아이디어 충돌

더 많은 아이디어를 떠올리고 더 많은 것들을 도출할 수 있도록 아이디어를 기록하고 이를 무작위로 조합하여, 두 가지 아이디어의 전부 또는 구성 요소에서 얼마나 많은 새로운 아이디어를 얻을 수 있는지 확인했다. 이를 통해 새로운 아이디어를 도출할 뿐만 아니라, 다른 문제에 대한 잠재적인 해결책과 빠른 성공 사례도 찾을 수 있었다.

확장: 제약 조건

각 팀은 제약 조건이 있을 때 어떻게 다르게 접근할 것인지에 대한 임무를 받았다. 이들은 머리 속의 제약 조건을 뒤집어 생각했다. "이 제약 조건을 어떻게 극복할 것인가? 그리고 그것을 바꾸거나 제거할 수 있는 방법은 무엇인가?" 우리는 또한 "예산이 2배라면? 예산이 반으로 줄어든다면? 모든 제약을 제거할 수 있다면 어떨까?"와 같이 기존 아이디어에 새로운 제약을 적용했다. 많은 옵션을 시도했고, 이로써 더 많은 가능성이 열렸지만, 제약이 항상 부정적인 것이 아니라 비즈니스에서 필수적인 부분이라는 것을 이야기하는 대화를 이끌었다. 결국, 무모한 아이디어에서 합리적인 사업 감각으로 전환시켜 브랜드를 지켜낼 수 있었다.

탐색 및 선택: 아이디어 선택 및 솔루션 정의

이 네트워크는 집중력, 건전한 비즈니스 사고, 상식, 고객 중심 등의 가치를 입증하는 변화를 이끈 그룹이 되었다. 아이디어를 분류할 때 네트워크는 현실적으로 달성 가능하고 신뢰할 수 있는 것을 찾았다. 그러나 현재 상황을 반영하지 못한 아이디어에 대해서도 이해관계자에게 생각해볼 거리를 제공했으며, 그 결과가 고객과 직원에게 상당한 긍정적인 영향을 미칠 수 있는 지점을 제시했다. 결국 문제 정의는 비즈니스를 지원하는 솔루션으로 다시 작성되었으며, 주요 이해관계자, 필요한 리소스, 프로세스 맵, 고객 여정 맵, 기간, 예산, 파일럿 등이 자세히 기술되었다.

브레인스토밍 규칙

브레인스토밍 세션은 재미있고 창의적이며 협력적이어야 하지만 이를 제대로 진행하기 위해서는 세심한 조율이 필요하다. 규칙을 명확히 하고, 그룹이 규칙을 지키도록 돕는 것이 프로세스의 신뢰를 쌓는 데 도움이 될 것이다. 우리는 브레인스토밍을 할 때 스탠포드 대학 d.school 방법론을 참조했다.

- 내면의 비판과 외부 비판의 생각을 놓아두어라. 브레인스 토밍이 끝나면 아이디어를 평가할 시간이 충분하다.
- '다듬어지지 않은 거친 생각'은 엉뚱한 해결책과 동의어가 아니다. 지나치게 열정적인 아이디어 근방에 조금 더 괜찮은 아이디어가 있을 수 있다(골디락스와 곰 세 마리의 이야기를 기억하라).
- 다른 사람의 아이디어를 기반으로 계속 덧대어 간다. 더 많은 의견이 더 나은 결과를 만들기 때문에 경청하고 아이디어의 흐름에 더해 간다. '그래, 그런데'보다는 '그래, 그리고'라는 언어를 사용해보도록 하라.
- 좋은 아이디어를 얻는 가장 좋은 방법은 많은 아이디어를 내는 것이다.
- 한 번에 한 번의 대화를 이끌고 이를 저장하는 등 모멘텀을 유지하라.
- 주제를 간단히 정리하고 넘어가라. 지나치게 길게 생각이나 설명을 요청해서 시간을 지연시키지 마라.

사례 연구

실제 브레인스토밍 규칙

NGO가 영화로부터 성과 관리에 대한 답을 찾은 방법

컨설턴트이자 저자인 루시아 아부가타스(Lucia Abugattas, 2020)는 교육 분야 NGO와 함께 일하며, 이 과정에서 성과 관리 프로세스를 개선하기 위해 영화에서 따온 아이디어를 채택했다. 아부가타스는 이 과정을 설명하며 다음과 같이 진행되었다고 한다.

우리는 조직이 성과 관리에 대해 어떻게 접근하고, 어떻게 제공하는지를 조사하고 있었다. 그중에서도 성과 관리가 조직에서 가장 어려움을 겪은 부분 중 하나였다. 인터뷰 도중에는 단순히 '1년에 한 번' 진행되는 과정이라거나 '성과 관리 시스템이 유연하지 못하다'라는 비판이 나왔다. 이 문제를 우리는 다음과 같이 정의했다. '팀의 요구와 선호도에 따라 더 나은 성과 관리 환경을 설계 하기 위한 방법은 무엇일까?'

아이디어화 프로세스를 위해 참가자들을 세 팀으로 나누었고, 각 팀에는 조직 내에서 서로 다른 영역과 역할을 가진 사람들이 포함되었다. 각 팀은 문제를 해결하고 직원들이 즐길 수 있는 아이디어를 고민하는 시간을 가졌다. 각 개인들은 적어도 한 가지 기발하면서도 비판을 배제한 아이디어를 생각해내야 했다. 나는 이 활동을 할 때 '여기는 안전한 공간이다!'라는 문구를 붙이는 것을 선호했다.

각 개인들은 팀 내에서 아이디어를 내기 시작했고, 이러한 개별 활동을 사전에 준비하면 모든 참가자가 결과에 대한 책임을 지고 모든 참가자가 이 과정에서 발언할 수 있도록 보장할 수 있었다. 아이디어에는 직원들이 매주 피드백을 받을 수 있는 우편함, 매니저와의 티타임, 연간 4회의 360도 평가, 스피드 데이팅 형식의 피드백, 심지어 사무실 내 드론을 사용한 피드백 전달까지 포함되었다.

이후에는 모든 멤버가 아이디어의 주요 포인트를 공유했고, 팀들은 서로의 아이디어를 토론하고 발전시켰다. 이렇게 공동으로 협력하고 아이디어를 만들어나감으로써 조직 신념의 가치에 생명을 불어넣었다. 다른 사람들과 공유를 하는 행위는 모든 참여자의 아이디어가 더 나아지고 더 강력해지도록 하는 '네, 그리고' 대화를 통해 촉진되었다.

여기서 우승한 아이디어는 피드백을 스피드 데이팅 형식으로 받을 수 있는 기회가 되었다. 이를 제안한 참가자는 워크숍 전날 밤 영화 〈히치〉에서 보았던 스피드 데이팅 장면을 떠올렸다. 협업과 공동 창작, 그리고 무비판적인 아이디어 생성을 통해 '스피드 포맨스(Speed Formance)'가 탄생했다. 이 아이디어는 월별 팀 회의 중에 구현하고, 팀 내에서 신뢰와 공유를 구축하기 위한 대면 구성 요소를 포함하며, 그리고 공식적인 성과 검토에 포함될 수 있는 360도 피드백 접근방식이라는 3가지 다른 측면에서 직원들의 요구와 선호도를 다루었다.

핵심 요약

이 장에서는 성공적인 아이디어 세션을 진행하는 구체적인 단계, 다양한 아이디어 도구 및 기법, 프로토타입으로 개발할 아이디어를 선택하는 방법에 대해 알아보았다. 다음은 이 장에서 다룬 주요 내용을 요약한 것이다.

- 아이디어화는 새로운 아이디어를 창출하고 개발하는 과정이다.
- 직원경험 설계 프레임워크의 이 단계에는 단일 아이디어 생성 활동이 아닌 여러 단계가 포함된다.
- 성공적인 아이디어 활동은 사람들로 하여금 새로운 가능성을 열어주기 위한 방법으로, 일반적인 방법의 한계를 넘어서 생각하라.
- 아이디어에 관여해야 할 가장 중요한 사람은 직원이다.
- 비즈니스 전반에 걸쳐 다양한 인재를 확보하면 보다 달성 가능한 아이디어를 개발하고 테스트 및 구현의 장애물을 해결하는 데 도움이 된다.
- 고위 이해당사자를 참여시키면 아이디어가 성장하고 형성될 수 있는 안전한 공간을 확보하면서, 향후 실행 시 아이디어가 제약될 위험을 최소화할 수 있다.
- 아이디어 프로세스를 설정하려면 과제를 공유하고 과제를 그룹별로 작성하도록 해야 한다.
- 아이디어의 성공을 위한 6단계는 생성, 결합 및 연결, 가지치기, 성장, 증명과 선택이다. 아이디어 생성과 판단 활동

을 분리하면 프로세스가 더 강력해진다.

- 브레인스토밍 규칙은 친구이자 가이드이다.

  - 판단을 미룬다.

  - 엉뚱한 생각을 장려한다.

  - 다른 사람의 아이디어를 기반으로 한다.

  - 아이디어의 양이 중요하다.

  - 한 번에 한 번의 대화로 진행하라.

  - 헤드라인을 만들어보라.

9장.
프로토타입, 테스트 그리고 반복

이번 장에서는 다음 내용을 다루고자 한다.

- 프로토타입은 무엇이며, 경험 설계에서의 중요성은 무엇인가?
- 기초 단계의 프로토타입을 제작하기 위한 몇 가지 간단한 도구 및 기술
- 더 발전된 프로토타입을 완성하고 검증하는 방법
- 프로토타이핑을 팀 또는 조직에서 내재화하는 방법

직원경험 설계에서 프로토타입과 그 역할

직원경험 설계 모형에서 세 번째 다이아몬드의 끝에 도달하고 있다. 여기서 우리는 아이디어를 검증하고, 학습하고, 반복하기 위한 프로토타입을 만든다. 최종 솔루션에 대한 범위를 좁히기 시작할 때 다이아몬드가 수렴하는 곳이다. 하지만 이것이 이야기의 끝이라고 생각하지 마라. 직원경험 솔루션을 쉽게 결

론을 내기보다는 문제에 대해 더 많은 정보를 얻으면서 몇 주, 몇 달, 심지어 몇 년 동안 계속해서 발전시켜야 한다. 마찬가지로, 프로토타입을 검증하면 직원경험을 개선할 수 있는 새로운 기회가 발견되어 프로세스의 시작으로 되돌아갈 수 있다.

조시 플라스코프(Josh Plaskoff, 2017)는 《전략적 HR 리뷰(Strategic HR Review)》에서 직원경험 솔루션이 전체적으로 한 번에 설계되지 않고 '반복적으로 전개되는 방식'이라고 설명하고 있다. 즉 직원경험 솔루션이 '조직 및 직원의 요구사항에 유연하게 대처하고 적응력이 뛰어나다는 것'을 의미한다. 프로토타이핑이 중요한 이유는 더 나은 솔루션으로 이어지기 때문이다.

이번 장에서는 프로토타입과 프로토타입 제작에 대해 살펴보겠다. 직원경험 프로토타입은 다양한 형태를 취하며 다양한 방식으로 개발 및 검증되지만, 초기 단계의 프로토타입을 만들고 학습할 수 있는 몇 가지 간단한 도구와 기술을 제안하며, 더 발전된 프로토타입에 접근하는 방법을 소개하고자 한다. 또한 프로토타입 제작을 팀 또는 더 광범위한 조직에서 강력한 습관이 되도록 하는 방법에 대해서도 살펴보자.

프로토타입이란 무엇인가?

프로토타입은 다른 형태를 복사하거나 개발하는 것의 첫 번째 디자인이다. 프로토타입은 다양한 모양과 크기로 제공되며, 프로세스 중에 반복될수록 더욱 정교화된다. 첫 번째 프로토타입은 빠르게 대충 만들어서 실행하는 것이다. 웹사이트나 기능적 프로세스보다는 아이디어의 스케치나 온라인 경험의 스토리보드일 가능성이 크다. 우리는 레고와 많은 공예 재료들과 함께 역할극을 통해서 프로토타입을 만드는 작업을 함께 진행했다. 팀 간의 유대감을 촉진하고 에너지를 증가시키며 나아가야 할 방향에 대한 공유된 감각을 만들어내기 위해 함께 무언가를 만드는 것만큼 좋은 일은 없다.

프로토타입이라는 단어는 종종 '최소 기능 제품(minimum viable product)'이라는 문구와 상호 교환하여 사용된다. 하지만 그 둘은 같지 않다. 최소 기능 제품은 초기 사용자를 만족시키고 개발을 위한 피드백을 제공하기에 충분한 기능을 갖춘 제품 또는 솔루션 버전이다. 반면에, 프로토타입은 그 아이디어의 초기 구현체이다. 그래서 프로토타입이 조금 초보적이라고 해도 상관없다. 프로토타입은 솔루션을 판매하기 위해 만들어진 것이 아니라 아이디어를 충분히 전달하고 새로운 것을 배우기 위해 존재한다. 프로토타입에는 두 가지 중요한 기능이 있다. 즉 아이디어를 전달하고 피드백을 가능하게 한다.

영국 최초의 소셜 미디어 에이전시 중 한 명이며 팀 행복 연구를 포함하여 선구자로 잘 알려진 닉슨 맥인즈(Nixon McInnees)를 예로 들어보자. 연구팀은 조직 내에서 행복의 본질과 그것이 일에 미치는 영향에 대해 연구했다. 닉슨 맥인즈 행복 측정의 첫 번째 프로토타입 또는 버전 0.1은 양동이와 테니스 공을 사용하였다. 매일 퇴근할 때마다 팀원들은 행복하든 불행하든 두 개의 양동이 중 하나에 공을 넣으면 된다. 이것은 그 후 행복, 보통, 불행이라는 3가지로 반복되었다. 그렇다. 사람들은 그 팀이 배운 그것을 사용할 것이다. 기관의 활동 수준을 집단 감정 상태에 매핑하는 것이 가능했다. 그리고 행복이 절정에 달한 곳에는 바쁜 것과 정말로 바쁜 것(대리점 타임시트에 추적된 것) 사이에 최적의 지점이 있었다. 그리고 이 모든 것은 짧은 쇼핑 여행과 커피 몇 잔에 불과한 예산으로 알게 되었다.

프로토타이핑이란 무엇인가?

프로토타이핑 과제는 프로토타입을 개발하고 그것을 사용하여 해결해야 할 문제에 대한 통찰력을 생성, 설계상의 문제를 포착하고 경험을 향상시킬 수 있는 다른 기회를 찾는 것이다. 이 시점에서 우리가 실제로 하고 있는 것은 가설을 탐색하는 것이며, 우리가 이것을 실행한다면 그것은 작동할 것이다. 일반적으로 이것은 직원들이 무엇을 원하고 무엇을 가치 있게 여길지에 대한 잘 알려진 추측이다. 이 시점에서 테스트해야 할 요소만 포함된 프로토타입을 제작하면 나중에 세부 사항을 파악하여 더 빠르게 이동할 수 있다. 빠른 프로토타이핑은 알려진 대로 너무 많은 시간, 비용 및 에너지를 투자하기 전에 가설에 작은 베팅과 테스트 방법을 제공한다. 빠른 프로토타이핑은 비부착에 대한 연습이다. 솔루션을 지원하는 팀은 피드백을 듣고 행동하기 위해 솔루션과 감정적으로 거리를 두어야 한다. 그 과정에서 일찍 그리고 자주 연습하는 것이 좋다.

그래서 프로토타이핑은 이익을 낳는다. 하지만 불행히도 항상 이익이 나지는 않는다. 왜냐하면 너무 많은 팀이 디자인 프로세스의 프론트-엔드에 빠져 검증을 하지 않기 때문이다. 이는 여러 가지 이유로 발생한다. 즉 팀이 솔루션을 너무 좋아하고, 싱크 비용에 너무 많이 투자하고, 시간이 부족하거나, 에너지가 다른 곳으로 전환되는 것들이다. 프로토타입 제작이 더 나은 해결책으로 이어지기 때문에 이는 실수이다.

따라서 프로토타이핑에 전념하고 처음부터 계획에 포함시켜라. 한 번에 하나의 아이디어를 테스트하여 단순하게 유지하라. 그리고 한 번에 한 단계씩 반복하여 프로토타입에 추가한다. 시간이 더 오래 걸릴 수 있지만, 이 과정에서 더 많은 것을 배울 수 있고 더 적은 해결 방법이 필요한 솔루션을 얻게 될 것이다. 또한 그들은 그 과정의 일부였기 때문에 더 수용적인 고객을 갖게 될 것이다.

아직도 납득이 안 가는가? 50명의 직원과 1명의 HR 직원으로 구성된 미국의 소규모 기업의 예를 살펴보겠다. 그 크기를 고려할 때 프로토타입 제작 및 테스트 과정은 너무도 쉬울 것이라고 여겨질지도 모른다. 실제로 이 회사는 설문조사 데이터에서 기회를 식별하는 것에서부터 몇 주 내에 솔루션을 프로토타입화하는 간단한 프로세스를 개발했다. 비결은 비즈니스의 모든 사람을 아이디어를 창출할 수 있는 잠재적 협력자로 취급하는 것이다. 이것은 일반적인 팀 점심에 이루어진다. 아이디어 창출 활동을 촉진한 후, 회사 전체가 아이디어에 대해 투표를 한다. 우승 아이디어는 즉시 프로토타입 단계로 이동하며, 사람들은 그 과정에 참여하기 위해 자원할 것을 요청했다. 그런 다음 프로토타이핑 세션은 훈련된 자원봉사자(최근의 경우 다양성 및 포함 그룹의 구성원)에 의해 촉진된다.

이러한 방식으로 개발된 프로토타입의 최근 예는 회의 규범,

행동 및 책임을 다루는 '지역사회 계약'이다. 이는 '기업 내 여성들이 부정적인 결과에 대한 두려움 없이, 반대 의견을 말하는 것에 대해 자신감이 떨어진다'는 것이 포함된 조사 결과에 따라 개발되었다. 프로토타입은 다음 설문조사에서 10점 향상으로 이어졌으며 피드백을 사용하여 계약을 더욱 발전시켰다 (이것은 HR 해커톤 동맹(HR. Hackathon Alliance) 설립자인 니콜 데세인 (Nicole Dessin)이 만든 Talent Tales 팟캐스트에서 볼 수 있는 디자인 사고가 HR 프로세스를 변화시킨 많은 사례 중 하나이다. 해커톤 동맹에 대한 자세한 내용은 자료(Talent Tales, 2020)를 참조하라).

아이디어에서 프로토타입으로의 전환

아이디어화 과정이 끝나면 프로토타입으로 만들려는 아이디어가 하나 이상 나온다. 아이디어 세션의 스케치나 스토리보드에서 프로토타입 제작을 시작할 수 있다. 아이디어화 프로세스 직후 또는 이후의 몇 주에 걸쳐 한 번 또는 여러 번의 프로토타이핑 세션을 거쳐서 프로토타입을 생성할 수 있다. 성공적인 프로토타입을 만드는 첫 번째 단계는 팀이 올바른 마음가짐을 갖도록 하는 것이다. 프로토타이핑은 때때로 생각을 견고화하는 과정으로 묘사되곤 한다. 문제는 우리 대부분이 생각하도록 지속적으로 강요되며, 결국 그러한 생각들을 파워포인트 안으로 밀어 넣고 그것에 관하여 조금의 대화를 나누지만 결국 만들어지는 것은 거의 없다. 사람들이 시제품 제작에 대한 올바른 사고방식을 갖도록 하려면 그 주기를 깨기 위한 무언가를 해야 한다. 이는 사람들이 그들의 타고난 그러나 종종 묻혀 있는 욕망과 창조력을 이용하도록 돕는 빠른 개입에 관한 것이다. 프로토타이핑 세션을 시작할 때 사람들이 무언가를 만드는 데 익숙해지도록 하기 위해 사용하는 몇 가지 활동이 있다.

프로토타이핑 마인드 함양을 위한 몇 가지 활동

[가족 초상화]

이것은 사람들이 말을 하지 않고 자신들의 아이디어를 전달하기 위해 빠르게 생각하고 함께 일하도록 하는 즉흥적인 활동이다.

방법
- 5~6명으로 그룹을 만든다.
- 각 그룹에게 가족 사진 제목을 제공한다(예: 치과의사, 코블러 또는 사서 가족).
- 그룹에 제목에 따라 초상화를 그릴 수 있는 시간을 10초 준다. 각 사용자는 사진에 있는 테마에 생기를 불어넣기 위해 무언가를 해야 한다(대화하지 않음).
- 중간중간에 '멈춰'를 외치며 각 그룹의 사진을 찍는다.
- 당신은 최고의 가족 초상화를 그린 그룹에 상을 줄 수 있다.

선택 사항 등

- 다른 그룹이 연속적으로 하도록 하고 다른 그룹의 사진이 무엇인지 추측한다. 추측은 대개 상당히 정확하며, 아이디어를 전달하기 위해 만드는 것이 얼마나 가능한지에 대한 요점을 만든다.
- 브레이크아웃에서 또는 전체 그룹으로 가상 세션으로 실행한다. 시간이 되었을 때 비디오 창을 스크린샷으로 촬영한다.

[인간 기계]

가족 초상화와 유사한 활동은 팀에 인간 기계를 만드는 작업을 제공하는 것을 포함한다. 액션과 소리로 움직이는 그림을 만든다고 생각하라. 이것은 활기차고 시끄럽기 때문에 서로 더 편안하고 더 외향적인 그룹에게 좋다.

방법

- 그룹에게 일련의 명사를 무작위로 알려준 다음 플립차트나 화이트보드에 동사를 표시하도록 요청한다.
- 스파게티 만들기 상자, 의자에 앉은 말과 같이 이러한 단어를 조합하여 기계를 설명한다.
- 팀에게 기계와 60초를 주고, 말이 아닌, 움직임과 소리를 사용하여 만들도록 한다(실내에서 소품을 가져올 수도 있음).
- 각 팀에게 한 사람이 행동 및/또는 소음으로 시작하고 다른 사람이 참여하도록 지시한다. 이것은 20명 또는 그

이상의 사람들로 구성된 훨씬 더 큰 그룹에서 작동할 수 있다.

[한 손으로 만드는 비행기]

이 활동에서 팀은 종이비행기를 만든다. 하지만 함정이 있다. 각 팀원은 한 손으로만 만들 수 있다. 이 연습은 사람들을 성장시킬 뿐만 아니라 상당한 제약에도 불구하고 즉흥적이고 반복적인 것이 가능하다는 것을 보여준다.

방법

- 서너 명씩 그룹으로 나눈다.
- 모두에게 주로 사용하는 손을 들어 등 뒤로 넘기라고 한다.
- 그룹들이 비행기를 만들기 위해 협력할 수 있도록 5분의 시간을 준다.
- 팀에게 시험 비행을 하고 설계를 반복하도록 지시한다(팀에게 이를 권장할 수 있는 시간을 더 준다).
- 마지막에 '어떤 비행기가 가장 멀리 갈지' 하늘을 나는 경쟁을 한다.

[당신에 대해 무엇인가를 그려라]

이것은 프로토타이핑 세션을 시작할 때 사람들이 그림을 편안하게 그리고 아이디어나 경험을 전달하는 것이 얼마나 쉬운지를 발견하기 위해 사용할 수 있는 간단한 활동이다.

방법

- 사람들에게 '다른 사람들이 당신에 대해 모를 수 있는 한 가지는 무엇인가?'라는 질문에 대해 무언가를 그리도록 요청하라. 또한 이 질문을 작업 중인 문제 또는 기회와 직접적으로 연관시킬 수도 있다. 예를 들어 '발견 활동에서 배운 것 중 깜짝 놀란 한 가지는 무엇인가?'
- 사람들이 자신의 그림을 이웃이나 전체 그룹에게 간략하게 설명하도록 한다.
- 벽에 그림을 붙이고 각자에 대해 혹은 문제에 대해서 알게 된 것들, 그리고 그림을 그리는 과정에서 커뮤니케이션 능력을 배우게 된다.

프로토타이핑 세션을 촉진하는 방법

이제 사람들이 근육을 유연하게 만들 준비가 되었으니, 프로토타입을 만들기 시작할 때이다. 설계 프로세스의 초기 단계에서는 신속하게 테스트할 수 있는 빠르고 조잡한 시제품이 필요하다. 이러한 아이디어의 초기적이고 조잡한 표현은 낮은 충실도로 설명된다. 충실도가 낮은 프로토타입을 1시간 이내에 만들고 2시간 이내에 신속하게 피드백을 받을 수 있다.

충실도가 낮은 프로토타입을 제작하는 데는 기술이나 전문 기술이 필요하지 않으며 리소스도 거의 필요하지 않다. 반면, 충실도가 높은 프로토타입은 최종 솔루션과 더 유사하며 구축하는 데 더 많은 시간과 리소스가 필요하다. 이들은 대개 프로세스 후반부에 나타나며 일반적으로 더 많은 시험 체계를 가지고 있다. 그러나 특별한 규칙은 없으며 때로는 낮은 충실도의 프로토타입이 끝까지 진행되기도 한다.

초기 단계의 프로토타이핑 세션은 대개 생동감 있고, 협업적이며 즐겁다. 하지만 그것은 또한 보통 일이 어떻게 이루어지는지와는 확실히 다르게 느껴질 수도 있다. 그 과정과 결과 둘 다 사람들에게 새로운 것일 수 있다. 촉진자로서 기대치를 설정하고, 훌륭한 프로토타입에서 단순성의 역할을 강조하며, 에너지를 지속적으로 공급해야 한다.

[기대치를 설정하다]

초기 단계 프로토타이핑 세션을 진행할 때는 다른 낮은 충실도의 프로토타입의 예를 공유하여 예상되는 내용에 대한 팀의 기대치를 관리한다. 다양한 설계 프로세스의 초기 단계 프로토타입의 예를 공유하거나 온라인으로 예를 찾을 수 있다. 기대치를 설정하는 또 다른 좋은 방법은 공예품과 모형 재료들을 준비하여 나누어준다. 극장의 아주 작은 부분은 그 그룹이 그 방에서 뭔가 다른 일이 일어나고 있다는 것을 이해하는 데 도움을 줄 것이다.

[단순하게 받아들여라]

프로토타이핑 세션 동안 팀이 가장 간단한 아이디어 버전을 만드는 데 집중할 수 있도록 하고, 지나치게 복잡해지지 않도록 격려한다. 그들의 목표는 대단한 무언가를 만들어내는 것이 아닌, 배우는 과정이라는 것을 상기시켜라. 그리고 프로토타입이 아이디어에 대한 피드백을 생성하는 방식으로 아이디어를 전달할 때만 이를 달성할 수 있다.

[팀에 활기를 더하라]

만약 여러분이 여러 팀을 가지고 있고 에너지가 떨어지기 시작한다면, 그룹에 더 많은 창의성을 더하고 재충전을 하기 위해 팀 간에 사람들을 교환해 보라. 타이머를 맞추고 신나는 음악을 연주하는 것도 팀의 빠르고 재미있는 분위기를 만드는 데 도움을 줄 수 있다.

[시험에 대해 생각해보라]

이러한 과정을 진행하면서 테스트하고 피드백을 수집하는 것이 프로토타입의 핵심이라는 것을 상기시킨다. 프로토타입에서 무엇을 배우고 싶은지, 어떻게 피드백을 받을지, 언제 받을지 집중하라고 조언한다.

초기 단계 프로토타입

낮은 충실도의 프로토타입은 해상도 측면에서 잃는 것도 있겠지만, 이는 유연성으로 보완된다. 다음은 우리가 좋아하는 것들 중 몇 가지이다. 대부분은 1시간 안에 만들 수 있다.

- 스케치는 아이디어를 보다 구체화할 수 있는 시각적 방법이다. 모양을 만들고, 사람들을 붙이고, 말풍선을 만드는 데 예술적인 기술이 필요하지 않다.

- 스토리보드는 엔드 투 엔드(end-to-end) 솔루션을 보여주는 일련의 스케치 또는 그림이다. 우리는 사람들이 시나리오를 통해 생각하는 것을 돕기 위해 만화 스트립 박스를 사용한다. 스토리 보딩은 직원의 경험을 솔루션의 핵심으로 하는 훌륭한 방법이다.

- 종이 인터페이스는 마치 화면에 있는 것처럼 두드리거나 클릭하는 척할 수 있는 실제 인터페이스를 만드는 방법이다. 디지털 제품을 프로토타입화하는 데 유용하다. 스케치하거나 사용자 인터페이스의 사용 가능한 부분(예: 텍스트 필드 또는 드롭다운 메뉴와 같은 탐색)을 그리거나 잘라내어 용지 인터페이스를 만들 수 있다. 그것들은 책과 같은 물리적인 물체를 생동감 있게 만들기 위해 똑같이 사용될 수 있다.

- 놀이는 사람들이 좋아하는 재미있고, 장난스러운 경험이다. LEGO와 Play-Doh는 공유가 가능한 초기 프로토타입을 만드는 인기 있는 방법이며 모델을 쉽게 수정하거나 완전히 변경할 수 있기 때문에 다용도이다.

- 첫 출근 날과 같이 개선하려는 장면 및 상황을 재현하는 것이 바로 체험형 프로토타입이다. 역할극에 대한 생각은 여러분을 두려움으로 가득 채울 수 있지만, 우리는 항상 그들의 생각을 전달하는 방법으로 이것을 기꺼이 받아들이는 그룹들의 의지에 놀라곤 한다. 이는 최종 사용자로부터 피드백을 받는 방법일 뿐만 아니라, 현재 상황에 있는 경험을 통해 새로운 에너지를 창출할 수 있으며 종종 설계팀에게 문제에 대한 통찰력을 제공할 수 있다. 소품으로

물리적 환경 시뮬레이션을 포함하여 역할극에 세부 수준을 추가할 수 있다.

- Oz 시제품의 마법사는 저밀도 시제품과 고밀도 시제품의 중간에 위치하여 테스트하려는 기능에 대한 환상을 만들어 낸다. 실제로 테스트하지 않아도 된다. 그것은 교묘한 속임수에 관한 것이다. 우리가 함께 일했던 팀은 가상 온보딩을 지원하기 위한 대화형 맵에 대한 아이디어를 생각해 냈다. 지도의 아이디어는 새로운 시작자와 그들의 친구, 그리고 모든 사람이 그 과정에 있는 라인 매니저를 보여주고 사람들이 올바른 라인에서 연결되고 움직이도록 하기 위한 프롬프트와 아이디어를 자동으로 제안하는 것이었다.

최종 솔루션은 대화형 맵을 회사의 온라인 협업 플랫폼에 통합하고 플랫폼을 통해 프롬프트와 알림을 자동화하는 것이었다. 첫 번째 프로토타입은 사용자 경험을 제안하기 위해 모의 화면을 사용한 비디오였다. 피드백을 받은 후, 팀은 인사팀이 조작할 수 있는 PDF로 지도의 마법사 Oz 프로토타입을 만들 계획이었고, 또한 협업 플랫폼을 통해 새로운 시작, 친구 및 관리자 알림과 프롬프트를 보냈다.

사례 연구

낮은 충실도의 프로토타이핑

익스피디아 그룹(Expedia Group)은 설문조사에 대한 사람들의 생각을 어떻게 조사했는가?

여행사 익스피디아 그룹은 온라인 직원 설문조사에 대한 사람들의 생각을 이해하고자 할 때 낮은 충실도의 프로토타이핑 방법을 사용하여 알아보기로 했다. 여기 탤런트 프로그램의 전 수석 디렉터인 린제이 부스만(Lindsay Bousman) PhD가 그들이 왜, 그리고 어떻게 진행했는지를 설명한다.

우리는 다른 실험 전략뿐만 아니라 설계 사고 방법에 대한 교육을 받았으며 이러한 방법을 HR 제품 및 서비스에 적용하는 데 도움을 받았다. NAT의 인재 관리 로드맵을 살펴본 후, 충실도가 낮은 프로토타이핑 방법을 사용하여 온라인 직원 설문조사 및 보고 경험에 대한 직원들의 의견을 경청하고 직원의 안내를 받아 이를 재발명할 수 있는지 알아보기로 했다.

문제는 연례 설문조사가 '주요 제품'으로 인식된다는 점이었고, 시간이 지나면서 다소 상충되는 변화를 요구하는 이해관계자들의 피드백을 받게 되었다. 그래서 우리는 선택권을 일련의 특징들로 좁히고, 그것들을 섞어서 사람들에게 가져갔다. 다양한 페르소나(또는 청중 유형)에서 무작위로 선정된 직원 그룹과 일련의 라이브 및 가상 세션을 통해 우리는 그들의 의견을 수렴했다. 우리는 가치 있다고 들었던 기능들의 일련의 조합들을 설명하기 위해 포스터 크기의 스토리보드를 사용하기로 결정했다. 참가자들의 상호작용을 돕기 위해 스티커, 마커, 작은 자기 스티커 노트를 나누어 주고 프로토타입을 표시하도록 했다.

과정

우리는 참가자들에게 방을 돌아다니도록 요청했고(가상적으로 이것이 더 구조화되었을 때), 그들을 경청하며 반응을 관찰했다. 그들은 '시제품 워크 더 월스(Prototype Walk The Walls)'를 통해 다른 옵션에서 절충안을 몇 가지 바로 알아챘고, 모든 사람이 산책을 마치면 우리는 참가자들에게 가장 선호되고 덜 선호되는 옵션, 그들을 놀라게 하고 기쁘게 했을 수도 있는 옵션과 실망시켰을 수도 있는 옵션 에 대해 스티커를 붙이고 투표하도록 요청했다. 이 강제 선택 투표는 결정이 아니라 디자인에 대한 대화를 유도하는 또 다른 방법이다. 많은 참석자가 여러 기능 중 최고의 기능인 하이브리드 옵션을 만들고 싶어 했다. 이것은 디자인 사고와 프로토타입 프로세스를 사용하고, 그 순간에 듣고 공동 창작하고, 포스터에 메모를 쓰고, 디자인을 진화시키는 데 있어 바람직한 부분이다.

예상대로 기능의 절충은 때때로 논란이 되었지만, 참가자들은 이해관계자 그룹 중 하나의 '자리'를 유기적으로 차지하고 이용 가능한 무수한 조합에 대한 공감을 개발할 수 있었다. 예를 들어, 관리자들은 보고서 수신자로서의 그들의 요구가, 설문 응답자로서의 그들의 요구와 다를 수 있다는 것을 알 수 있

직원경험 설계

었고, 우리는 그것을 해결하기 위한 그들의 아이디어를 통해 이야기할 수 있었다. 결국 참가자들의 의견을 받아들여 직원 설문 프로그램에 몇 가지 새로운 기능을 적용했다. 프로토타입을 그대로 선택하는 것이 아니라 아이디어의 덩어리를 취하여 직원에게 직접 보고하는 데 있어 투명성을 높이고 장기적인 변화를 위한 별도의 회전 펄스 설문조사라는, 타의추종을 불허하는 두 가지 새로운 기능을 개발했다.

작동 이유

어떤 사람들은 직접 시험하거나 반복하는 것이 최선이라고 주장할 수도 있고, 어떤 사람들은 그것이 비실용적이라고 주장할 수도 있지만, 중요한 것은 그것이 유익할 수 있고 또한 가상적으로 이루어질 수 있다는 것이다. 이것을 가상으로 하기 위해서는 약간의 조정이 필요했지만, 여전히 효과가 있었다. 가능한 모든 방법을 사용하여 입력을 요청하는 것이 전혀 묻지 않는 것보다 항상 낫다.

가상 세션뿐만 아니라 실제 세션에서도 프로토타입을 보거나 상호 작용할 때 참가자의 표정을 볼 수 있다는 장점이 있다. 여러분은 '그렇다'의 표현이나 언어적인 순간을 빠른 질문이나 진술로 살펴볼 수 있다. '왜 그런 말을 하게 되었는가? 어리둥절해 보인다/혼란스러워 보인다/기뻐 보인다. 왜 그런가? 더 말해보라.'

자신의 연구에 대한 연구자나 인류학자로서의 행동은 여러분이 생각하지 못한 새로운 아이디어나 디자인이나 지원 자료에서 다룰 수 있는 의도하지 않은 결과나 가정을 초래할 수 있다. 경우에 따라서는 먼저 해결하는 데 도움이 될 수 있는 보조 또는 관련 문제를 발견할 때 문제 자체를 재설정하는 방법을 선택할 수 있다. 이러한 유기적 상호작용은 공동 창조, 구축 및 추가 반복을 위한 순간을 제공한다.

또한 직원들과의 신뢰를 쌓을 수 있다는 이점도 있다. 그들은 여러분이 제품이나 솔루션에 쏟고 있는 세심한 배려를 보고, 결국 전반적인 직원경험에 대해 긍정적으로 생각하는 경향이 있다. 심지어 이 시간을 직원들에게 더 긴 제품 제작 과정에 참여하도록 권유하는 데 사용할 수도 있다.

직원경험을 실용적인 방식으로 설계하는 것은 비용이 많이 들거나 복잡할 필요는 없지만, 직원들이 참여할 수 있도록 시 제품 제작과 같은 간단한 방법을 고려해야 한다.

온라인 작동 방식

가상 프로토타이핑은 생각보다 어렵지 않다

프로토타이핑은 종종 에너지 넘치고, 기초적이고, 협업적인 작업이다. 따라서 가상 프로토타이핑은 자연스러운 옵션처럼 느껴지지 않는다. 그러나 정신적 부모인 디자인 사고와 마찬가지로 직원경험 디자인은 항상 제약 조건 내에서 작동한다. 일, 사람, 비즈니스의 3가지 렌즈를 기억하라. 모두 한 형태 또는 다른 형태의 제약 조건을 제시한다. 따라서 가상으로 작업해야 할 때는 항상 방법이 있다.

우리는 온라인 화이트보드 플랫폼이 큰 도움이 된다는 것을 알게 되었다. 전체 설계 프로세스를 지원할 수 있으며 단순히 포스트잇 세션을 진행하는 것에서부터 단어, 사진, 심지어 비디오를 사용하여 프로토타입을 공동 제작하는 것까지 다양한 방법으로 프로토타입을 개발할 수 있다. 다른 협업 온라인 도구로는 스토리보드 플랫폼이 있다. 또한 작은 기술력으로 앱과 기본 웹 페이지를 빠르고 쉽게 만들 수 있는 매우 간단한 프로토타이핑 플랫폼이 늘어나고 있다.

가상 프로토타이핑 세션을 촉진할 때 병렬 및 협업 프로토타이핑이라는 두 가지 경로를 선택하거나 결합할 수 있다.

병렬 프로토타이핑을 통해 그룹 구성원은 동일한 개요와 함께 개별적으로 작업한다. 그런 다음 사람들은 자신의 프로토타입을 개발하고 하나로 결합하기 전에 서로 공유한다. 사람들이 같은 것을 디자인하는 곳과 뉘앙스나 차이가 있는 곳을 볼 수 있어 유용한 과정이다. 이것 자체가 재미있는 대화를 토해낸다. 병렬 프로토타이핑은 사람들이 서로 다른 시간대에 있거나 팀이 어디에 있고 솔루션이 무엇인지에 맞춰져 있지 않은 경우 매우 좋은 선택이다. 또한 조용한 목소리를 포함한 모든 목소리가 기여할 수 있도록 보장하는 좋은 방법이다.

이름에서 알 수 있듯이 협업 프로토타이핑은 그룹이 함께 프로토타입을 작업하는 곳이다. 이 기능은 팀이 연계되어 있고 솔루션에 대해 명확하고 신속하게 대처해야 하는 경우에 유용하다.

가상 프로토타이핑은 세션의 양쪽 끝에서 명확한 지침과 요약을 통해 명확한 촉진 과정을 거쳐야 하므로 사람들이 기대치와 제약 조건을 알 수 있다. 프로토타입과 테스트 체제에 대한 개요는 사람들이 목표를 달성할 수 있도록 각 세션의 시작과 끝에 잘 이해되도록 하고 다시 설명되어야 한다.

프로토타입 검증

낮은 충실도의 프로토타입을 사용하여 솔루션을 만들고 피드백을 받는 것은 종종 빠른 일이다. 그러나 프로토타입을 반복하고 세부 정보를 추가할수록 원하는 피드백이 더욱 구체화된다. 따라서 프로토타입은 목적이 있어야 한다. 즉 피드백을 구하는 방법과 테스트할 내용에 대한 고려 사항을 처음부터 고려해야 한다. 만약 그렇지 않다면 여러분은 멋진 프로토타입을 갖게 된다고 하더라도 그것과 함께 갈 곳이 없을지도 모른다.

2019년 한 그룹의 학자들과 디자인 실무자들은 명확한 목적이 없다면 프로토타입이 디자인의 기능이 아닌 디자인 과정의 기능으로 끝날 수 있다는 것을 보여주는 논문을 공유했다(Lauff et al, 2019). 이러한 연구 결과는 프로토타이핑 캔버스를 만들도록 동기를 부여했다. 이 도구는 설계자가 프로토타입이 해결해야 할 중요한 가정과 질문을 식별하여 목적 있는 프로토타입을 만들 수 있도록 도와주는 도구이다. 이 도구는 무료로 다운로드할 수 있으며(참고 자료 링크 참조), 그룹이 작업장 또는 기타 환경에서 프로토타입을 계획하는 데 사용할 수 있다.

발견해야 할 가장 중요한 사항(예: 기회 또는 설계에 대해 어떤 가정을 했는가? 아직 해결되지 않은 질문은 무엇인가?) 더 높은 충실도의 프로토타입을 만들기 전에 몇 가지 다른 요소를 고려해야 한다.

1. 빌드: 중요한 가정이나 질문을 구축하고 테스트하는 가장 간단한 방법은 무엇인가?
2. 리소스: 어떤 재료, 비용, 인력 및 시간을 사용할 수 있으며 프로토타입을 제작하거나 테스트하기 위해 무엇을 얻을 수 있는가?
3. 테스트 계획: 프로토타입을 사용하여 가정/질문을 어떻게 테스트하는가? 어디서, 언제, 누구와?
4. 이해관계자: 최종 사용자, 프로젝트 스폰서, 기능 또는 기타 책임자를 포함하여 당사 이해 당사자는 누구인가? 우리는 어떻게 그들을 참여시키거나 그들에게 계속 정보를 제공할 것인가?
5. 통찰력: 테스트 프로세스에서 얻은 통찰력을 어떻게 포착하고, 반성하며, 작업할 것인가?

지금까지 시제품의 의미에 대해 살펴보았으며 몇 가지 간단한 시제품 제작 접근방식을 시작할 것을 권장했다. 그럼 시제품이 나왔다. 다음은 무엇일까?

충실도 높은 프로토타입의 제작

이상적인 프로세스에서는 최종 사용자가 프로토타입 제작에 참여하게 된다. 그러나 테스트의 경우 설계팀 이외의 팀으로부터 중립적인 추가 피드백을 받고자 한다. 테스트는 생성하는 솔루션과 프로토타입의 충실도에 따라 여러 가지 형태를 취할 수 있다.

낮은 충실도의 프로토타입 테스트

충실도가 낮은 프로토타입을 사용하면 간단히 쇼를 진행하여 프로토타입을 통해 사람들에게 아이디어의 모형이나 스케치를 보여주고 질문을 할 수 있다. 필요한 통찰력을 얻으려면 다음 4가지 규칙을 따르라.

1. 대화하는 사람을 편안하게 만들고 상대방이 원하는 것을 알며 솔직한 피드백을 환영하는지 확인한다(편집된 피드백이 아님).
2. 아이디어를 직접 제시하지는 마라.
3. 프로토타입이 말이 될 수 있도록 아이디어에 대한 충분한 정보를 제공하되, 해결책의 이면에 있는 생각이나 추론을 설명하지 마라.
4. 애착이 없는 연습을 한다. 피드백에 직면하여 아이디어를 옹호하지 마라.

나는 …를 좋아한다.	나는 …를 원한다.
나는 …에 관하여 질문이 있다.	나는 …에 관하여 아이디어가 있다.

그림 9.1 피드백 그리드

[피드백 캡처]

어떤 테스트를 하든지 간에, 무엇을 배우려고 하는지 명확히 하고 어떤 결과가 나오더라도 열린 자세를 유지하는 것이 중요하다. 피드백을 캡처하여 손실되는 것이 없도록 하라. 이를 달성하고 시험 과정에 참여하지 않은 팀 구성원을 위해 피드백 그리드를 유용하게 사용할 수 있다(그림 9.1 참조). 현재 피드백을 캡처하고 나중에 공유하기 위해 사용한다. 직접 완료하거나 최종 사용자에게 지원을 받아 완료하도록 요청하라. 가장 간단한 방법은 화이트보드에 피드백 그리드를 만들고 사람들에게 쓸 포스트잇 노트를 주는 것이다(각 포스트잇에 대한 하나의 생각). 가상 화이트보드 플랫폼에서도 이와 유사하게 수행할 수 있다.

피드백을 수집했으면 팀과 함께 들은 내용을 성찰하고 통찰력을 강조하며 새로운 가정과 질문을 문서화한다. 이는 프로토타입의 다음 반복 또는 완전히 새로운 개념의 프로토타입 개발로 이어질 수 있다.

[더 높은 충실도의 프로토타입 테스트]

높은 충실도의 프로토타입을 테스트하는 방법은 위에서 설명한 바와 같이 다양한 요인에 따라 달라진다. 그것은 짧거나 긴 시간 동안 소수의 사람과 관련될 수 있다. 이것은 다양한 기능에서 온 사람들을 참여시키는 데 도움이 되는 부분이다. 비즈니스 툴과 시스템에 대한 지식 및 비즈니스 전반에 걸쳐 일어나는 일에 영향을 미칠 수 있는 능력을 통해 올바른 테스트 접근방식을 보다 쉽게 구축할 수 있다.

물론, 당신은 물건들을 그냥 밖으로 버릴 수 없다. 다양한 이해관계자를 프로세스에 참여시켜 고객이 귀사의 업무를 파악할 수 있도록 해야 할 수 있다. 팔지 않고 배우려는 의도가 분명하다면 훨씬 더 좋은 반응을 얻을 수 있을 것이다. 지금까지 살펴본 다양한 테스트 시나리오에는 다음과 같은 것들이 포함되며, 때로는 조합되기도 한다.

- AB 테스트는 두 가지 버전의 어떤 것을 서로 비교하여 가장 성공적인 것을 발견하는 방법이다. 성능 관리에 대한 새로운 접근방식의 효과를 확인하기 위해 AB 테스트를 사용한 아수리온(Asurion) 사례 연구에서 이를 확인할 수 있다.
- 양적 지표를 사용한 테스트도 피드백을 받을 수 있는 또 다른 경로이다. A 사는 최근 재택근무 지원팀에 적응하고 있는 라인 매니저들을 위해 새로운 콘텐츠를 테스트하고 개발하고자 이 접근방식을 택했다. 첫 번째 프로토타입은

간단한 웰빙 중심 콘텐츠로 관리자와 직접 공유했다. 무엇이 유용한지 보기 위해 관리자로부터 피드백을 수집했다. 이러한 통찰력을 바탕으로 HR팀은 더 많은 맞춤형 콘텐츠를 개발하고 무엇이 작동하는지 파악하기 위해 다운로드 데이터를 모니터링했다.

이러한 접근방식은 피드백의 개념을 다른 사람이 '자신이 할 것'이라고 생각하는 것 이상으로 옮긴다. 즉 자신이 콘텐츠에 액세스할 것이라고 생각하느냐에 따라 실제로 콘텐츠에 액세스할 수 있는지 여부를 알 수 있다. 양적 피드백은 정말 도움이 되지만, 많은 것을 알려줄 뿐이다. 다음 단계는 보통 사람들이 솔루션에 액세스하거나 액세스하지 않는 이유, 솔루션을 사용하는 방법 및 그 영향이 무엇인지 살펴보는 것이다. 절대 추측하지 마라.

사례 연구

AB 테스트

아수리온(Asurion)이 성과관리 프로세스를 반복하기 위해 어떻게 프로토타입을 제작하고 AB 테스트 실행했는가?
HR 제품 설계의 선임 매니저인 피에르 델리노이스(Pierre

Delinois)는 나스빌(Nashville)에 기반을 둔 기술회사 아수리온이 직원의 요구사항을 더 잘 충족하기 위해 어떻게 프로토타이핑과 AB 테스트를 사용하여 새로운 연간 성과 관리 프로세스를 만들고 반복했는지 설명한다.

아수리온의 HR팀은 직원의 성장, 성과 및 번영을 보다 효과적으로 지원하기 위해 연간 성과 프로세스를 재설계했다. 인사팀은 내부 및 외부 조사를 통해 새로운 접근방식을 알려왔는데, 이는 관리자와 직원 간에 분기별 접점을 제공하는 대화 중심 프로세스였다.

HR팀은 시작하기 전에 솔루션을 테스트하고 싶었다. 그것이 인사 설계팀이 관여하게 된 계기이다. HR 설계팀은 새로운 프로세스의 효과를 알아보기 위해 AB 테스트 경로를 추천했다. 이는 약 500명으로 구성된 파일럿 그룹과 350명으로 구성된 통제 그룹을 통해 프로세스를 테스트하는 것을 의미했다. 통제 그룹은 참여 점수, 역할 유형, 조직 구조 및 종신 재직권과 같은 몇 가지 기준에 걸쳐 파일럿 그룹과의 유사성에 기초하여 선택되었다. 대조군은 표준 연간 성능 프로세스를 경험했으며 시험 참여에 대한 통보를 받지 못했다.

가설 검정

작업을 시작하기 위해 HR 설계팀은 성과 관리 프로세스를 재설계한 뒤의 문제 진술을 포착하고 표현했다. '성과 관리에 대한 이전의 접근방식은 직원들이 전략적 우선순위에 따라 성장 및 성과를 유지하는 데 도움이 되지 않는다.' 그런 다음 파일럿은 다음과 같은 가설을 시험하려고 했다. '새로운 성과 프로세스는 직원들이 보다 명확한 성과 기대치를 가질 수 있도록 도와줌으로써 직원들이 번창하고 성장하는 데 도움이 될 것이다.'

테스트는 1년 동안 수행되었으며, 이 기간 동안 파일럿은 각자의 버전의 수행 과정을 경험했다. 두 사람 모두 프로그램 전반의 경험을 이해하고 가설을 검증하기 위해 한 해 동안 설문조사를 보냈다. 시험 종료 시 파일럿 그룹은 성과 목표와 성장 기회에 대한 명확성이 통계적으로 유의하게 증가했다고 보고했다. 또한 이 공정에 대한 경험이 관리 그룹의 경험보다 더 우수하다고 보고했다. HR 설계팀은 강력한 결과에 기여한 요소를 이해하기 위해 70명의 파일럿 그룹 참가자들과 함께 인터뷰와 포커스 그룹을 실시했다.

프로토타입, 테스트 및 반복

이러한 토론을 통해 팀은 잦은 대화가 직원들이 한 해 동안 지속적으로 성장하고 과정을 교정하는 데 도움이 된다는 것을 알게 되었다. 그러나 경험에 대한 긍정적인 인식과 함께, 파일럿 참가자들은 또한 단점을 공유했다. 그들은 새로운 프로그램을 최대한 활용할 수 있는 능력이 팀의 목표 설정과 추적 방법에 의해 제한된다고 느꼈다. 이는 HR 설계팀이 리더와 직원이 목표 관리를 개선할 수 있는 기회로 인식한 통찰력이다.

새로운 프로토타입 제작

HR 설계팀은 이 기회를 탐색하기 위해 발견, 설계, 프로토타이핑 및 테스트를 포함하는 신속한 문제해결 프로세스인 3일 버전의 Google Ventures 설계 스프린트를 만들었다. 스프린트 기간 동안, 교차 기능 인사팀은 연구 통찰력에 대해 논의하고, 가능한 영향의 기회를 파악했으며, 가능한 많은 솔루션을 브레인스토밍했고, 목표 설정 기술 훈련과 향상된 목표 관리 기술이라는 두 가지 프로토타입을 정의했다.

스프린트에 이어 인사팀은 새로운 프로세스를 지원하기 위해 교육을 업그레이드했다. 한편, HR 설계팀은 새로운 목표 관리 시스템의 와이어프레임 프로토타입(웹사이트의 골격 프레임워크를 나타내는 시각적 가이드)을 만들고 테스트했다. 피드백은 외부 제품을 소싱하는 데 사용되었으며, 이 제품은 직원들과 추가 테스트를 거친 후 대화 중심의 성과 관리 프로세스에 포함되었다. 이 프로세스와 기술은 현재 조직 전체에서 사용되고 있으며, HR팀은 직원경험을 지원하기 위해 지속적으로 모니터링 및 개선을 수행하고 있다.

혜택

프로토타입, 테스트, 반복 접근방식은 우리에게 정말 잘 통했다. 만약 우리가 전통적인 방식을 취했다면, 우리는 직원들에게 그들의 요구를 완전히 해결하지 못한 선의의 프로세스를 도입했을 것이다. 이는 조직에 지장을 줄 수 있고 이익을 덜 가져다줄 수 있다.

테스트를 통해 프로토타입 솔루션을 사용한 실제 경험을 바탕으로 직원의 감정과 경험을 진정으로 이해할 수 있었다. 이것은 우리가 그들의 요구를 더 잘 이해할 수 있게 해주는 풍부한 통찰력을 만들어냈다. 최종 결과는 새로운 프로세스 그 이상이다. 즉 직원의 업무 수행, 성장 및 번영을 지원하는 통합된 경험이다.

프로토타이핑을 습관화하는 방법

디자인 중심 회사들은 공공장소에서 아이디어를 가지고 노는 것을 부끄러워하지 않는다. 그리고 그들은 프로토타입에서 빠르게 반복하는 경향이 있다. 이것은 완벽성 및 출시에서 벗어나, 테스트와 학습으로 나아가는 거대한 사고방식 변화이다. 하지만 당신이 더 많이 할수록, 그것은 더 쉬워진다.《전략적인 혁신을 위한 디자인 생각(Design Thinking for Strategic Innovation)》(2013)에 쓴 이드리스 무티(Idris Mootee)는 기업들이 '올바른' 방식을 혁신하기 위해 충분한 시간이 아니라 실패를 피하기 위해 많은 시간, 에너지 및 리소스를 소비하는 함정에 빠졌다고 말한다.

조직에서 직원경험에 접근하는 방식을 바꾸고 싶다면 프로토타입이 나타나는 곳을 더 넓게 생각해보라. 이는 직원경험 기능을 구축하기 위해 할 수 있는 가장 실용적인 작업일 것이다. 아이디어를 파워포인트 작업에 시간을 낭비하지 말고 지속적으로 구현하고 테스트하는 데 도전하라.

우리가 접하게 된 제안 중 하나는 프로토타입 없이는 회의에 절대 가지 말라는 것이다. 그건 너무 무리한 주문처럼 느껴진다. 그렇다면 좀 더 규칙적인 일상으로 만들기 위해 매주 '공유하고 배우기'를 하는 것은 어떠한가? 우리가 알고 있는 한 디지털 에이전시는 월간 〈쇼타임(Showtime)〉에서 MC와 글리터볼을 통해 새로운 아이디어와 미완성 프로젝트를 공유하고 피드백을 받았다.

쇼타임(Showtime)의 메시지: 우리는 항상 베타 버전이다. 모든 사람이 그러한 발명품들이 상륙하는 창조적인 기관에서 일하는 것은 아니다. 그러나 누구나 아이디어를 보다 빠르게 구체화하고 피드백을 받을 수 있는 새로운 방법을 선택할 수 있다. 그것을 충분히 자주 하면 습관이 될 것이다.

사례 연구

프로토타입 없이 테스트

그냥 밖에 뭔가를 내놓는 것이다

때로는 아이디어를 테스트하기 위해 프로토타입이 필요하지 않다. 한 대형 에너지 회사의 직원경험 설계팀이 그랬다. 팀은 리더십 프로그램 참가자들이 왜 평가 센터로 돌아와 제공되는 코칭 세션을 활용하지 않는지, 그리고 왜 만족도가 떨어지는 이유를 알아내야 했다.

이 팀은 코칭 면담을 최대한 활용했던 사람들, 몇 번의 코칭 면담을 마친 사람들, 그리고 다시 돌아오지 못한 사람들을 위한 일련의 워크숍에서 이 문제를 탐구하기 시작했다. 워크숍에서는 경험을 개선하기 위해 수행할 수 있는 여러 가지 사항을 알아냈다. 그중 하나는 휴식 시간에 초점을 맞췄는데, 특히 평가가 몇 시간 동안 지속되었고 전형적으로 강렬했기 때문에 그것은 중요한 순간들이었다. 여러분이 익숙하지 않은 건물에서 평가를 받는 것은 스트레스가 될 수 있다. 참가자들은 또한 이용할 수 있는 간식이나 음식이 없어서 실망했다.

그다음 주 참가자들에게 다과가 주어졌고 다양한 케이터링 옵션이 테스트되었다. 결과는 어땠을까? 참가자들은 즉시 코칭 세션에 복귀하기 시작했으며 만족도 점수는 크게 향상되었다. 그리고 그것은 거기서 멈추지 않았다. 이러한 통찰력으로 인해 시간이 지남에 따라 테스트되고 통합되는 설계의 새로운 요소를 갖춘 평가 센터를 완전히 재설계할 수 있게 되었다.

핵심 요약

이 장에서는 프로토타입과 프로토타이핑이 의미하는 바를 살펴보고, 초기 단계의 프로토타입을 만들고 학습하기 위한 몇 가지 간단한 도구 및 기술과 더 발전된 프로토타입에 접근하는 방법을 공유했다.

- 시제품은 다른 형태를 복사하거나 개발하는 것의 첫 번째 디자인이다.
- 시제품 제작을 위한 직원경험 설계 프로세스에 시간을 투자하면 보다 나은 품질의 솔루션을 얻을 수 있다.
- 프로토타입은 아이디어를 판매하는 것이 아니라 개념을 충분히 전달하여 새로운 통찰력을 창출하는 것이다.
- 시제품 제작 작업은 프로토타입(또는 프로토타입의 여러 반복)을 개발한 다음 이를 사용하여 해결 중인 문제에 대한 통찰력을 얻고, 설계의 문제를 파악하며, 놓친 경험을 개선할 수 있는 기회를 찾는 것이다.
- 직원경험 설계에서 첫 번째 프로토타입은 대개 아이디어를 거칠게 혹은 적게 표현하며, 시간, 전문 기술, 리소스를 거의 필요로 하지 않는다.
- 세심한 진행과 올바른 도구를 사용하여, 온라인으로 이루어질 수 있는 즐겁고 활기차고 협력적인 세션이어야 한다.
- 테스트 및 반복 프로세스가 계속됨에 따라 패턴은 저밀도 상태로 시작되며 종종 더 많은 특징과 세부 정보를 얻을 수 있다(고밀도 상태가 됨).
- 시제품이 나타나는 곳에 대해 좀 더 폭넓게 생각하는 것이 직원경험 설계 능력을 구축하는 좋은 방법이다.

10장.
직원경험의 측정

이 장에서는 직원경험에 대한 정의가 중요한 이유와 직원경험에 관해 왜/무엇을/어떻게 측정하는지, 직원경험의 측정을 통해 당신의 존재에 대한 가치를 입증하고 영향력을 보여줄 수 있는 방법은 무엇인지에 관해 알아본다.

무엇을 측정해야 하는가?

직원경험을 효과적으로 측정하려면 먼저 측정 대상과 달성하려는 목표를 명확히 해야 한다. 이전 장에서 우리는 이러한 질문을 고려할 때 시작하기에 좋은 경험 레벨 모델을 소개했다 (그림 10. 1).

먼저 가장 광범위한 수준('포괄적 경험'이라고 부름)에서 사람들이 조직에서 가지고 있는 전반적인 경험인 직원경험을 측정할 수 있다. 우리는 1장에서 직원경험에 대한 단일한 보편적 정의가 없기 때문에 직원경험이 조직에서 무엇을 의미하고 왜 그것에 집중하는지 알아야 한다고 언급한 바 있다. 이러한 질문은

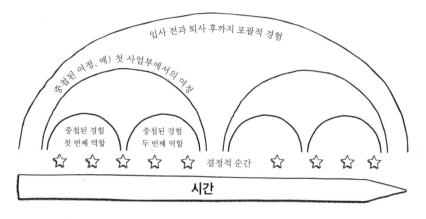

입사 전과 퇴사 후까지 포괄적 경험

중첩된 여정, 예) 첫 사업부에서의 여정

중첩된 경험
첫 번째 역할

중첩된 경험
두 번째 역할

결정적 순간

시간

그림 10.1 경험의 수준

측정할 대상을 이해하는 데 도움이 된다. 예를 들어 메이렛과 라이트(Maylett and Wride, 2017)의 다음 정의를 살펴보겠다.

"직원경험은 직원이 조직과의 상호작용에 대해 갖는 인식을 모두 더한 것이다."

이 정의에 잘못된 것은 없지만 직원경험을 측정하기 위해 이 정의를 사용한다면 복잡하고 명확하지 않다. 우리는 인식을 측정하는 방법을 이해하고, 측정할 대상을 결정하고, 측정할 대상 간의 상호작용을 고려해야 한다. 이러한 측정은 가능하지만 결코 간단하지 않다. 따라서 1장에서 우리가 함께 작업하는 클라이언트로부터 공유한 직원경험의 정의는 더 간단하며 직원경험을 측정하는 방법을 더 쉽게 알 수 있다.

직원경험은 직원들이 직장에서 더 좋은 날을 보낼 수 있도록

직원경험 설계

하는 것이다. 직원경험에 대한 기존의 정의와 접근방식이 현재 조직 안의 맥락과 관련이 없을 때 문제가 된다. 1장에서 공유한 제이콥 모건(Jacob Morgan, 2017)의 모델에는 직원에게 가장 중요한 3가지 환경, 즉 물리적·문화적·기술적 환경이 포함된다. 그런데 직원경험 정의 및 접근방식으로 기술에 중점을 두는 것은 조직과 관련이 없을 수 있다. 이런 경우 기술을 측정하는 것은 의미가 없다.

직원들이 조직에 대해 가지고 있는 전반적인 경험을 측정하려는 경우 해당 조직만의 고유한 접근방식을 개발하는 것이 좋다. 물론 '제한된' 특정 경험을 측정하고 싶을 수도 있다. 특정 직원경험을 측정하는 것이 훨씬 더 간단한데, 예를 들어 온보딩 경험, 휴가 또는 출산 휴가 후 직장 복귀 경험, 성과 관리 경험, 퇴사 경험 또는 보직 경험의 첫 12개월이 될 수 있다. 이러한 특정 직원경험은 일상적인 경험을 측정하거나 직원의 사고방식을 이해하여 훌륭한 직원경험을 촉진하는 데 도움이 될 수도 있다. 이 장에서는 이러한 특정 유형의 경험을 측정하는 데 도움이 되는 접근방식과 조언을 제시한다.

평가 접근방식을 계획할 때 경험 자체(예: 좋거나 나쁨)와 직원경험의 원하는 결과(예: 유도 프로그램 종료 시 직원 이직률 감소)를 구별하는 것도 중요하다. 직원경험은 결과 자체가 아니라 우리가 찾고 있는 결과를 달성하는 데 도움이 될 것이라고 믿는 '무언가'임을 기억해야 한다. 측정하고자 하는 것과 원하는 결과를 명확히 하는 것이 측정의 출발점이다.

암스테르담 대학의 부교수이자 암스테르담 피플 분석 센터의 이사인 코린 분(Corine Boon)은 직원경험의 의도와 의도에 기반하여 실제로 구현된 것, 직원 인식 및 결과를 구분할 것을 권장한다. 온보딩 프로그램을 예로 들자면 다음과 같다.

- 의도: 훌륭한 온보딩 프로그램을 제공하기 위해 우리가 하려고 하는 것
- 실제로 구현되는 것: 온보딩 프로그램
- 인식: 실제 제공되는 것들에 대해 직원들이 어떻게 경험하는지에 관한 것이다. 직원경험의 실제가 의도한 직원경험과와 얼마나 가까운지 평가할 수 있다.
- 결과: 무슨 일이 일어났고 결과는 어떻게 되었는지에 관한 것이다. 직원들이 이 새로운 온보딩 경험을 통해 계속 머물 가능성과 몰입도가 높다고 판단할 수 있다.

직원경험 측정은 큰 범위의 직원경험과 특정 직원경험을 살펴봐야 한다. 우리는 경험이 단독적으로 발생하지 않으며, 전반적인 직원경험에 영향을 미치는 요소가 많다는 것을 알고 있다. 전체 직원경험을 측정하는 것이 상당히 압도적으로 느껴질 수 있겠지만 꼭 그럴 필요는 없다. 일단 먼저 직원경험을 측정해야 하는 이유를 고려해보겠다.

왜 측정하는가?
: 직원경험의 효과

CEO들은 이미 기업 문화가 중요하다는 것을 잘 알고 있다. 1,300개 이상의 기업에 대한 연구에서 HR Wins and Culture Amp(2020)는 CEO의 65퍼센트가 기업 문화가 비즈니스에 직접적인 재정적 영향을 미친다는 걸 믿는다는 것을 발견했다. 투자수익률(ROI) 혹은 직원경험 수익률(ROX)을 입증하는 것은 여러 가지 이유로 도움이 된다. 이는 비즈니스에 대한 직원경험의 가치를 보여주기 때문에 제한된 자원을 활용해야 할 때 직원경험을 전략적 우선순위로 여길 수 있도록 만들 수 있다.

ROX는 직원경험 활동이 수익에 미치는 영향을 평가하는 것이다. ROX는 어떤 경험이 원하는 결과를 촉진하는지 이해하는 것이다. ROX에 대해 일맥상통하는 접근방식은 없지만, 일반적으로 사내외의 다양한 데이터로부터 인사이트를 수집하는 작업이 포함된다. ROX 계산의 출발점은 직원경험에 관한 노력이 어떤 것에 영향을 미치려고 하는 것인지 이해하는 것이다. 예를 들어 직원 이직률, 생산성, 결근, 고객 만족도 등과 같은 결과를 볼 수 있다. 다음은 직원 이직률에 중점을 둔 케이스이다.

글래스도어는 1인 고용 시 들게 되는 채용의 평균 비용이 거의 4,000달러인 것으로 추정한다. 여기에 새 직원이 새로운 역할에 적응하는 데 걸리는 시간과 온보딩 비용을 더하면 새 직원을 고용할 때마다 약 1만 2,000달러가 든다는 추산에 도달하게 된다. 그리고 몇몇 추정치는 이 수치를 훨씬 초과한다. 직원을 고용하는 것은 상당한 투자이므로 일단 합류한 직원이 계속 남아 있도록 해야 한다. 처음 3개월 이내에 신입 사원의 '이탈 위험'이 있음을 발견할 수 있으며, 따라서 온보딩 직원경험에 집중하기로 결정한다. 이 사례는 매우 간단한다. 온보딩 직원경험을 개선함으로써 퇴직률을 ○○퍼센트까지 줄일 수 있기를 희망하며 이는 비용 절감의 원인이 될 수 있다. 그런 다음 새로운 온보딩 프로그램이 시행될 때 직원 이직률 수치를 모니터링할 수 있으며, 이직률이 감소하면 ROX를 입증할 수 있다.

이 예는 비교적 간단해 보이지만 실제로 ROX를 가시화하는 것은 어려울 수 있다. 직원경험에 초점을 맞춘 비즈니스 사례는 매력적이나, 직원경험이 수익에 어떻게 기여하는지 정확히 이해하는 것이 때로는 까다롭다. 투자 사례를 모아 ROX를 모니터링하는 데 외부의 ROX 사례를 검토하는 것도 좋은 방법이다. 다음은 ROX 사례를 만들 때 도움이 될 만한 몇 가지 주요 데이터를 요약한 것이다.

- Google은 신입 사원이 처음 출근하기 일주일 전에 관리자에게 체크리스트를 전송하여 온보딩 직원경험을 개선했다. 그 결과 신입 사원이 최대 생산성에 도달하는 데 걸리는 시간이 25퍼센트 단축되었다(Bock, 2016).
- 우수한 온보딩 직원경험을 갖춘 조직은 신규 고용 유지율을 82퍼센트, 생산성을 70퍼센트 이상 향상시킨다(Peterson, 2020).
- 채용은 수익에 큰 영향을 미친다. 한 연구에 따르면 직원경험을 포함한 좋은 채용방식은 매출 성장의 3배, 이윤의

2배 이상을 이끈다(BCG, 2012).

- 능력과 역량에 따라 관리자를 고용하는 회사는 수익성이 48퍼센트 증가했다(Gallup, 2020).
- 갤럽(Gallup, 2020)의 연구에 따르면 직원 2명 중 1명은 관리자 때문에 직장을 그만둔 것으로 나타났다.
- 이직하는 사람들의 36퍼센트는 이전 고용주의 '작업 환경/문화에 불만족'했기 때문에 직장을 옮긴 것으로 나타났다(LinkedIn, 2014).

광범위한 HR 전략과 이와 연계된 활동을 ROI로 입증하는 추가 연구도 있다. 예를 들어 문화에 대한 존 코터(John Kotter)의 연구(Kotter and Heskett, 1992)는 강한 조직문화와 상업적 성과 사이의 연관성을 발견했는데 강한 문화를 가진 기업의 수익은 4배 더 빠르게 증가했고, 일자리 창출률은 7배까지 높아졌으며, 판매가 12배나 빠르게 오른 것으로 확인됐다. 또한 이익은 750퍼센트나 증가했고, 신규 매출이 700퍼센트 증가했으며, 고객 만족도는 2배 더 높아졌다.

어떻게 측정하는가?

직원경험에 관한 광범위한 설문조사

직원경험을 평가하고 기준으로 삼기 위한 도구인 설문조사를 제공하는 업체가 이미 많이 생겨나고 있다. 이들은 직원경험의 속성을 목록화한 연구를 기반으로 하고 있는데 이 연구의 저자들은 직원경험의 속성을 통해 직원경험 자체를 평가하거나, 직원경험에 영향을 미치는 요인을 평가하는 것이 가능하다고 주장한다. 그런데 이 접근방식의 문제는 직원경험에 대한 단일한 보편적 정의가 없다는 것이다.

훌륭한 직원경험을 구성하는 것은 보편적이거나 획일적이지 않다. 또한 조직의 맥락에서 훌륭한 직원경험을 만들어내는 요인은 조직마다 고유한 특성을 갖는다. 즉 훌륭한 직원경험을 구성하고 만들어가는데 몇 가지 보편적인 요소가 있지만 동시에 조직적 차이도 항상 존재한다. 직원경험을 평가하기 위해 '기성품'을 그대로 적용하는 접근방식을 취한다면, 우리는 우리 조직 내에서의 훌륭한 직원경험이 무엇인지, 무엇이 직원경험을 이끄는지 알 수 없고 잘못된 결론에 다다를 수 있다.

IBM(2017)은 다음 질문에 답하기 위해 연구를 수행했다.

- 오늘날 직장에서 이상적인 직원경험은 무엇인가?
- 긍정적인 직원경험이 비즈니스 결과에 어떤 영향을 미칠 수 있는가?
- 조직은 어떻게 더 긍정적이고 인간적인 직원경험을 제공할 수 있는가?

그리고 기존의 문헌을 참고하여 IBM만의 직원경험을 다음과 같이 정의했다.

"직원경험이란 직원이 조직과의 상호작용을 통해 경험하는 회사에 관한 인식이다."

그리고 이를 평가하는 직원경험 인덱스를 개발했다.

- 소속감: 팀, 그룹 또는 조직의 일부라고 느끼는 것
- 목적: 자신의 일이 왜 중요한지 이해하기
- 성취: 완료된 일에 대한 성취감
- 행복: 직장과 직장 주변에서 발생하는 즐거운 느낌
- 활력: 직장에서의 에너지, 열정 및 흥분이 존재하는가

이 모든 것이 매우 합리적으로 설계된 것 같지만 IBM의 정의를 우리 회사에 적용할 수 있느냐를 따지면 또 다른 문제가된다. 직원경험은 우리가 일하는 조직과의 상호작용에 대응으로 만들어진 경험에 대한 인식이다. 때문에 어쩌면 IBM 모델의요소가 사람들의 최고의 경험 이야기에 등장할 가능성이 가장크다고 믿는다. 그러나 이에 더해 훌륭한 직원경험의 경우 가치를 느끼고, 자율성을 갖는 것과 같은 요소가 포함될 수 있다. 결국 우리 회사의 직원에게 가장 잘 적용될 수 있는 직원경험이무엇인지 이해하기 위해 시간을 투자하고 이 인사이트를 모든직원경험 노력의 기초로 사용하는 것이 중요한 이유이다.

그리고 광범위한 직원경험을 측정하기 위한 직원경험 인덱스를 만들 수도 있지만 우리의 조언은 '하지 않는 것이 좋다'는 것이다! 여러 요소를 전체 점수에 결합하고 싶은 유혹이 있겠지만 이러한 시도는 의미가 없다. 또한 직원경험 지수 점수

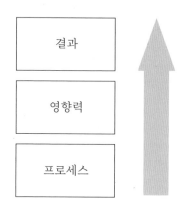

결과	행동 변화와 같은 비즈니스 결과 측정 예) 낮은 직원 퇴직률
영향력	영향력 측정 예) 이곳은 일하기 좋은 직장이야.
프로세스	직원 인식 측정 예) 이번 미팅은 유용했어.

그림 10.2 영향력 측정하기

는 직원들이 조직을 어떻게 경험하는지에 대한 온도 확인을 제공할 수 있지만 직원경험을 개선하기 위해 무엇을 해야 하는지에 대한 지침은 제공하지 않는다. 기존에 만들어진 설문조사에서 25퍼센트의 직원경험 지수 점수를 얻을 수 있지만, 이는 실제로 이와 같은 점수를 달성하는 것이 비즈니스에 미치는 부가가치와 긍정적인 영향을 입증하지 못한다.

직원경험을 측정하기 위해 설문조사를 실행하려는 경우 이것이 의미하는 바가 무엇이든 이를 수행하기 위한 자체 측정 세트를 개발하는 것이 좋다. 그리고 생각보다 복잡하지 않다. 이 프로세스는 조직 전체에서 직원경험 워크숍을 실행하는 것으로 시작된다.

이 워크숍은 구성원들에게 멋진 경험을 선사할 것이다. 그리고 워크숍을 통해 얻은 인사이트를 바탕으로 설문조사를 개발하여 직원이 정의한 이상적인 경험에서 실제 경험이 얼마나 근접했는지 이해할 수 있다. 물론 조직 컨텍스트와 관련된 추가 질문을 추가할 수 있지만 이것은 실제로 광범위한 직원경험을 측정하는 좋은 방법이 된다.

활용 연습

ING의 직원경험 측정

ING는 유럽 기반의 글로벌 은행이다. 5만 5,000명의 직원이 40개국 이상에서 약 3,840만 고객, 기업 고객 및 금융 기관에 서비스를 제공한다. 이들의 목적은 사람들이 삶과 비즈니스에서 한 단계 앞서 나갈 수 있도록 힘을 실어주는 것이다. 그리고 직원경험에 투자하며 직원경험 컨설팅 회사인 TI-People과의 협력을 통해 평가 도구를 개발하였다. ING는 기존의 HR에 대한 평가가 참여에 초점을 맞춰왔다는 것을 발견하고, 직원경험을 적극적으로 관리하는 데 있어 직원경험의 중요한 접점에서 즉각적인 피드백을 받아야 하는 것에 대한 필요성을 인식했다.

이들은 특히 직원경험을 평가할 때 '타이밍'이 중요한 요소임을 확인했다. 즉 직원들이 부정적인 경험을 마주할 때 담당자는 문제가 발생한 후 가능한 한 빨리 문제가 무엇인지 원인은 무엇인지에 대해 알아야 했다. 또한 부정적인 경험을 마주하는 접점에서 바로 피드백을 가능하는 방법을 개발해야 함을 알았다. 이를 통해 부정적인 경험을 통해 개선해야 할 담당자를 할당했다.

ING는 펄스 서베이(Pulse Survey)나 퇴직 인터뷰(직원경험 it Interview)와 같이 직원경험에 대한 인사이트를 제공하는 것으로 생각되는 기존 지표가 직원경험에 관한 회고록과 같음을 인지했다. 직원경험의 정의에 따르면 시간 지연이 있고 접점에 대한 명확한 연결 고리가 없다. 따라서 이들의 접근방식은 개별 접점과 전체 여정을 모두 포괄하며 궁극적으로 실시간 데이터 수집을 목표로 한다.

이들의 접근방식은 각 데이터에 관한 인사이트가 실행 가능한 단위로 만들어질 수 있도록 여정 수준에서의 직원경험 데이터와 접점 데이터를 매우 신중하게 살펴봐야 한다. 예를 들어 하나 이상의 중요한 접점에서 부정적인 직원경험을 하더라도 전체 여정에 있어서의 직원경험은 수용 가능한 것처럼 보일 수 있다. 이러한 접근방식은 해당 접점에서 직원경험을 향상시킬 수 있는 기회를 놓쳐 버린다는 것을 의미한다. 결국 전체 여정에 있어서의 직원경험을 높여 나가기 위해서는 각각의 접점들을 신중하게 고려해야 한다.

위트레흐트대학(Utrecht University)의 조직 심리학 교수 윌마르 샤우펠리(Wilmar Schaufeli)는 UWES(Utrecht Work Engagement Scale)를 사용하여 직원경험평가 기준을 개발하는 사례를 만들었다. UWES는 직원 몰입과 관련한 3가지 요소를 제시한다.

각 직원 접점에서 직원경험을 평가하는 방법으로 우리는 직원경험을 재설계해야 하는 항목을 이해할 수 있다. 다음은 접점을 재설계해야 하는 경우의 예이다.

1. 해당 접점의 직원경험이 현재 매우 부정적이어서 문제를 야기하는 경우
2. 접점이 진실의 순간(Moment-of-Truth)인 경우: 즉 직원 몰입에 불균형적인 영향을 미치는 감정적인 부하가 큰 접점
3. 직원경험 재설계에는 ING 전반에 걸쳐 여러 이해관계자의 참여가 필요할 수 있다. 이러한 이해관계자는 접점이나 특정 채널을 담당하고 여러 팀 및 기능에 걸쳐 있을 수 있다.
4. 접점을 재설계하기 위해 필요한 변경 사항은 직원의 관점에서 평가된다. 솔루션은 빠른 수정이거나 온보딩 앱과 같은 신기술 솔루션 구현과 같은 대규모 변화를 포함할 수 있다.

이들은 또한 3가지 KPI(전체 여정 수준에서 하나, 접점 수준에서 두 개)를 통해 직원경험을 식별하고 평가했다.

- 직원 여정에 대한 KPI: 여정 수준에서 직원경험 평가는 고객추천지수(NPS)를 사용한다.
- 접점에 대한 KPI: 더 높은 서비스 수준이 필요한 진실의 순간은 고객 만족도(CSAT)로 평가된다. 기술을 활용할 가능성이 더 큰 손쉬운 접점은 고객노력점수(CES)를 사용하여 평가할 수 있다.

이 평가 계획은 전체 직원경험과와 특정 경험을 모두 다루

며, 어떻게 접근할 수 있는지를 보여주는 좋은 예이다.

샤우펠리(Schaufeli)는 직원들이 회사를 어떻게 경험하는지 이해하기 위해 활력, 몰두, 헌신과 같은 요인을 사용할 수 있다는 예를 보여주었다(Schaufeli and Bakker, 2004).

활력

활력은 높은 수준의 에너지와 정신적 회복력, 자신의 일에 기꺼이 노력을 투자하려는 의지, 어려움에 직면하더라도 끈기가 특징이다. 활력을 평가하는 설문조사 질문은 다음과 같다.

- 당신은 대부분의 출근하기를 고대하는가?
- 매일 하는 일에서 활력과 영감을 얻는가?
- 당신의 일이 당신의 개인적인 경력 목표를 달성하는 데 도움이 된다고 믿는가?

몰두

몰두란 일에 완전히 집중하고 즐겁게 몰입하는 것이 특징이며, 이로 인해 시간이 빨리 가고 일에서 분리하기 어려운 상태이다. 몰두를 평가하는 설문조사 질문은 다음과 같다.

- 예/아니오 질문: 내가 맡은 일을 하다 보면 시간이 빨리 간다.
- 예/아니오 질문: 내 일의 많은 부분에서 내가 완전히 몰두

하거나 시간을 투자했다고 느낄 때 있다.

헌신

헌신이란 자신의 일에 깊이 참여하여 의미, 열정, 영감, 자부심, 도전을 경험하는 것을 말한다. 헌신을 측정하는 설문조사 질문은 다음과 같다.

- 같은 급여와 복리후생을 가진 비슷한 직업을 제안받았다면 그 직업을 선택할 가능성은 얼마나 되는가?
- 여기에서 6개월 후에 일할 것 같은가?

물론 직원경험은 일을 하는 것 이상으로 광범위한 '포괄적 직원경험'을 측정할 때 포함 가능한 다른 요소들은 다음과 같다.

- 위생 요인의 직원경험과 관련된 질문(예: 급여 및 조건, 업무 수행 도구, 작업장 환경, 퀄리티, 보상 등)
- 직원 '라이프사이클'의 직원경험과 관련된 질문(예: 성과 관리 방식, 경력 개발 경험)
- 일상적인 직원경험과 관련된 질문(예: 문화, 관리 방식, 자부심, 직원추천지수)
- 직원경험 마인드와 관련된 질문(예: 내가 기여할 수 있다는 믿음, 변화를 만들 수 있는 기회, 역경 극복)

평가 접근방식을 설계할 때 조직의 맥락, 전략 및 브랜드를 고려하라. 예를 들어 고객에 중점을 둔 소매회사는 이와 관련된 몇 가지 조치를 포함해야 한다. 기술회사인 경우 직원의 기술 경험이 중요할 수 있다. 이러한 주제 외에도 태도, 신념, 행동, 규범, 직원경험의 전제 조건 및 직원경험의 결과를 탐구하고 싶을 수도 있다. 이러한 주제를 이해하려면 다음과 같은 몇 가지 질문을 하는 것으로 시작할 수 있다.

- 현재 경험은 무엇인가?
- 좋은 경험이 되는 이유는 무엇인가?
- 이상적인 경험은 무엇인가?
- 이 경험이 직원들에게 얼마나 중요한가?

직원경험을 통해서 보려는 결과

데이터를 수집하고 직원경험 성공을 측정하기 위해 설문조사를 실행하기로 결정한 경우 설문조사 디자인이 다루기 어려워질 수 있다는 점에 유의하라. 설문조사의 목적을 명확히 하는 것이 좋다. 측정하려는 대상은 무엇이며 그 이유는 무엇인가? 단순히 현재 직원경험을 측정하고 싶은가, 아니면 직원경험 이면의 원인을 이해하고 싶은가? 의도한 직원경험을 보고 있는 것은가? 또는 직원경험에 관한 인식을 보는 것인가? 아니면 원하는 직원경험을 보고 있는가?

활용 연습

직원경험 설문조사 실행: 포함해야 할 질문

직원경험 설문조사를 실행하는 것에 대해 생각하고 있다면 연구를 최대한 활용하는 데 도움이 되도록 다음 질문을 검토하는 것이 좋다.

직원경험 설문조사를 실행하려는 이유를 명확히 하라

설문조사를 실행하는 이유와 이 인사이트가 직원경험의 효용성을 알리는 데 어떻게 사용될 수 있을지 명확하게 확인하라. 결과로 무엇을 할 것인가? 얼마나 자주 설문조사를 실행할 것인가? 진행 중인 직원경험 또는 특정 경험을 평가하고 싶은가?

설문조사의 성공 지표가 무엇인지 이해하라

성공에 대한 아웃풋 이미지와 인사이트를 고려하는 데 시간을 할애하라. 결과를 보고 싶은가, 아니면 현재 경험을 보고 싶은가? 데이터를 어떻게 사용하고 싶은지 생각해보라. 또한 어떻게 인구통계학적으로 분류하는 것이 유용할지도 생각해보라.

도움이 필요한 부분에 대해 생각해보라

제대로 된 설문조사 질문지를 작성하고 연구를 설계하는 데는 상당한 기술을 필요로 하므로 HR팀 또는 자격을 갖춘 구성원이 참여하도록 하라. 내부적으로 적절한 기술을 보유하고 있거나 서베이 몽키(Survey Monkey) 또는 퀼트릭스(Qualtrics)와 같은 플랫폼을 사용할 수 있는 경우 설문조사를 직접 실행할 수 있다.

또 다른 방법으로는 설문조사를 설계하고 실행하는 데 도움이 되도록 사외 전문 지식을 활용할 수도 있다. 사외 협력회사를 사용하면 최신 기술의 사용, 보고의 용이성, 응답의 기밀성, 행동 연구 및 접근방식에 대한 많은 이점이 있다.

이상적인 설문조사 경험 고려

직원경험 개발에 관심이 있다면 적절한 설문조사 경험을 설계해야 하며, 이것은 매우 중요한 요소 중 하나이다. 설문조사를 실행할 때 직원들에게 시간을 내어 완료하도록 요청하는 것이므로 설문조사가 배치되는 방식부터 참여를 권장하는 방식, 결과가 직원들과 공유되는 방식까지 전반의 경험에 대해 좋은 감정을 만들 수 있도록 고려해야 한다. 다음은 설문조사 파트너를 찾고 있다면 고려해야 할 몇 가지 유용한 질문이다.

- 귀사의 직원경험의 정의와 모델이 제대로 작동할까?
- 주요 질문이 회사 상황, 전략 및 초점과 일치하는가?
- 귀사의 조직에 맞게 설문조사 디자인을 맞춤화할 수 있는 기회가 있는가? 아니면 맞춤화가 힘든 기성 솔루션인가?

- 조사 설계에 직원 의견을 수집하기 위한 개방형 질문이 포함되는가?
- 해당 설문 도구가 어떻게 검증되고 테스트되는가?
- 필요한 경우 번역 서비스를 제공할 수 있는가?
- 필요한 경우 온라인 및 종이와 같은 다양한 형식의 설문 조사를 제공할 수 있는가?
- 부서나 팀, 관리자 등 필요에 따라 맞춤화된 데이터를 제공할 수 있는가?
- 어떤 보고서를 제공하며, 사용하기 쉬운가?
- 어떤 타입의 통계 분석을 제공하는가?
- 다른 고객으로부터 추천을 받은 적이 있는가?
- 비용은 얼마인가? 추가 데이터 또는 특별 보고서 요청과 같은 추가 사항에 대한 비용도 함께 문의하라.

설문조사가 전부가 아니다

직원경험 설문조사를 실행하기로 결정했다면, 직원경험 프로세스에서 발생하는 영역을 더 깊이 들여다보기 위해 일부는 정성적 연구를 실행하는 것이 도움이 된다. 사실 직원경험에 관해 설문조사를 하지 않더라도 정성적 조사를 진행하는 것이 유용하다. 설문조사를 통한 정량적 연구는 종종 답변에 대해 의문을 제기하면서 원인과 결과를 이해하고 특정 패턴과 추세가 보이는 이유를 알아야 한다. 설문조사 프로세스의 데이터를 추가로 탐색하는 데 다양한 정성적 방법론을 사용할 수 있다.

- 포커스 그룹
- 후속 인터뷰
- 월드 카페 이벤트
- 온라인 논의 그룹
- 팀 논의

질적 연구로부터 얻는 인사이트는 직원경험의 성공을 측정하는 데 유용할 뿐 아니라 디자인 싱킹 프로세스에서 인사이트와 공감 단계에서도 사용할 수 있음을 기억하는 것이 중요하다. 질적 연구의 주제에 따라 객관성과 기밀성을 보장하기 위해 외부 퍼실리테이터를 사용하는 것이 더 나은 경우가 있다. 이때 다음 질문을 활용하면 유용하다.

- 우리가 더 탐구하고 싶은 것은 무엇이며 그 이유는 무엇인가?
- 그룹 인터뷰와 일대일 인터뷰 중 어떤 기법이 가장 효과적인가?
- 어떤 사람과 이야기하고 싶은가?
- 기밀을 어떻게 보장할 것인가?
- 어떤 질문에 대한 답변을 원하는가?

포커스 그룹을 운영하는 방법

포커스 그룹이란 무엇인가?

포커스 그룹은 일반적으로 주제에 대한 의견, 제안 및 피드백을 공유하기 위해 모이는 그룹으로 6~10명의 사람들로 구성한다. 사전에 개발한 소수의 질문으로 좁게 정의된 주제에 대해 심층적인 아이디어를 만들어낸다. 포커스 그룹으로부터 인식, 감정, 태도 및 아이디어를 조사한다.

성공적인 포커스 그룹을 운영하는 방법

필요시 참가자들에게 자기소개를 하게 하거나 이름표를 착용하도록 요청한다. 가장 중요한 것은 모든 질문이 공개적이고 중립적이어야 한다는 것이다. 사회자가 참가자의 에너지와 집중력 수준을 인식하고 필요한 경우 짧은 휴식을 제공하는 것도 중요하다. 사회자는 관련 문제에 대한 자유롭게 논의할 수 있도록 장려해야 한다.

포커스 그룹 실행 시 또 다른 팁은 다음과 같다.

- 사람들에게 강한 감정을 느낄 수 있는 주제나 친숙한 주제부터 시작한다.
- 참석자들에게 자신들의 기여가 가치 있음을 알린다
- 퍼실리테이터가 다음 내용을 알게 되는 것도 중요하다.
  - 퍼실리테이터 스스로 개입하여 세션을 순조롭게 유지한다.

- 이견과 논쟁은 새롭고 흥미로운 아이디어로 이어질 때
  유용하지만, 신중하게 관리해야 한다.
- 권력 혹은 사생활 문제는 민감하게 관리해야 한다.
- 퍼실리테이터가 세션 동안 달성한 것을 리뷰하고 긍정적
  인 분위기로 마쳐야 한다.

세션 조정하기

• 자기 자신과 인터뷰를 받아 적는 사람을 소개한다.
• 아래와 같은 장면을 만들어보면 좋다.

[(예시) 세션의 목적]

• 우리는 커뮤니케이션 접근방식에 대한 몇 가지 피드백과
  관련하여 최근 직원경험 설문조사 결과를 더 깊이 이해하
  고자 한다.
• 우리는 커뮤니케이션 계획과 다음 과제들을 공유하고, 긍
  정적인 경험을 디자인하고자 한다. 이 문제를 진지하게 해
  결해보고 싶다.

설명

세션을 기록하는 방법을 명확히 알린다.

• 규칙 및 기밀 유지:
  - 오늘 이곳은 당신의 의견을 안전하게 이야기할 수 있는
    환경이다.

- 본 인터뷰는 익명으로 표기된다.

- 인터뷰의 초점에 맞춰 충실하게 답변을 부탁한다.

- 인터뷰의 답변은 건설적이어야 한다.

- 조심스럽게 질문하고, 인터뷰 그룹에게 생각할 시간을 주는 것이 좋다. 침묵에 대해서도 친숙하게 만드는 것이 중요하다.

- 참가자의 이름을 불러 신뢰를 쌓고 실제로 기여하지 않는 참가자를 참여시키도록 노력하라.

- 한 사람이 세션을 지배하지 않도록 하라.

- 질문을 하고 난 후에는 이해를 돕기 위해 들은 내용을 요약해서 이야기하고, 다시 주의 깊게 들어라.

- 세션 종료: 다음 단계를 설명하고 기여한 모든 사람에게 감사를 표한다.

- 세션 이후: 메모 작성자에게 관찰 내용을 피드백한다.

[표 10.1]은 조직 내 커뮤니케이션을 탐색하고자 하는 아젠다에 관해 포커스 그룹 인터뷰를 할 때 활용할 수 있는 예시 질문이다.

주제	즉각적인 질문
일반적 커뮤니케이션	• 전반적인 커뮤니케이션 경험은 어떠한가? • 비즈니스 전반에 걸쳐 효과적인 커뮤니케이션이 존재한다고 생각하는가? • X 회사 내 커뮤니케이션과 관련하여 강점과 개발 영역에 대해 이야기해줄 수 있는가? • 당신이 회사로부터 받게 되는 메시지가 이해되는가? • 어떤 개선을 하겠는가? • 평소 정보를 충분히 빨리 받고 있는가? • 효과적인 의사소통의 장벽은 무엇이며, 어떻게 극복할 수 있다고 생각하는가?
리더십 커뮤니케이션	• 직속 상사와의 커뮤니케이션을 어떻게 평가하는가? • 리더와의 커뮤니케이션 경험은 어떠한가? • 고위 경영진의 커뮤니케이션은 어떠한가?
비즈니스 이해	• X 사 전략의 우선순위를 이해하고 있는가? • 회사의 방향성은 어디로 향하고 있는가? • 당신은 당신이 기여하는 바를 이해하고 있는가? • 정보를 잘 알고 있는가? • 당신의 수행 결과가 어떤지 아는가? 또는 당신의 팀의 성과가 어떤지 알고 있는가? • 성과에 대해 축하받고 있는가?
채널	• 현재 어떻게 정보를 받고 있는가? • 업무 수행에 필요한 정보에 접근할 준비가 되어 있는가? • 어떤 채널을 사용하고, 혹은 사용하지 않으며 그 이유는 무엇인가? • 당신과 의사 소통하는 가장 좋은 방법은 무엇인가?
커뮤니케이션 스타일	• 오늘날 X 사의 커뮤니케이션 스타일을 어떻게 설명하겠는가? • 앞으로 소통이 좋아지기 위해서는 어떻게 바뀌어야 하겠는가? • 아이디어와 모범 사례가 비즈니스 전반에 걸쳐 공유되고 있까? • X 사 내 커뮤니케이션은 얼마나 열려 있는가?

청중	• 커뮤니케이션이 당신을 얼마나 잘 타깃팅하고 있다고 생각하는가?
	• 청중으로서 이해받는 느낌이 드는가?
	• 메시지를 더 잘 이해하기 위해 무엇을 해야 하는가?
	• 변경해야 할 사항은 무엇인가?
콘텐츠/메시지	• X 사 내의 최근 커뮤니케이션 캠페인에 대해 떠올려 보면 내용과 메시지를 제대로 이해했는가?
	• 커뮤니케이션에 있어 당신의 역할을 이해할 수 있는가?
	• 메시지/콘텐츠를 어떻게 개선할 수 있는가?
기분 좋은 요소	• X 사의 미래가 궁금한가?
	• 여기에서 일하는 것이 자랑스러운가?
	• 친구들에게 추천하겠는가?
	• 이곳에서 일한 전반적인 경험은 어떠한가?
	• 당신의 직업이 흥미로운가?
	• 어떻게 하면 직장에서 재미를 되찾을 수 있는가?
공개된 장소	• 토론하고 싶은 다른 사항이 있는가?

표 10.1 의사소통 증진을 위한 질문

직원경험 측정을 위한 제안

3장에서는 직원경험의 MAGIC-CA 모델을 소개했다. 해당 모델에 포함된 주제는 수백 개의 회사에서 수백 개의 최고의 직원경험 스토리를 분석한 결과였다. 이 모델은 직원들이 최상의 경험을 할 때 다음을 제공한다고 주장한다.

의미

감사

성장

영향

연결

도전

자율성

직원경험 평가 계획의 일부로 MAGIC-CA 모델 내의 속성을 사용하는 것이 좋다. 우리의 연구에 따르면 직원들이 '최고의 경험'을 할 때 그 자리에 있다는 것을 알 수 있다. 각 영역에서 어떻게 임직원들이 느끼는지 이해하는 데 도움이 되는 인사이트를 수집하는 방법을 고려하라. 설문조사의 질문, 정성적 방법 또는 HR 지표 접근방식의 일부로 이미 존재하는 데이터 분석을 통해 이루어질 수 있다.

그러나 마찬가지로 이 모델 또한 개인의 차이를 이해하고 의도적으로 개인을 그 중심에 둘 필요가 있음을 강조한다. 맞춤형 평가 계획을 수립하고 여기에 설명된 속성을 추가하기 위해 먼저 직원경험 워크숍을 실행하는 것이 좋다. MAGIC-CA 모델 요소와 자신만의 인사이트를 결합하면 최고의 직원경험이 사람들에게 어떤 모습인지 명확하게 이해할 수 있다. 그런 다음 이 지식을 사용하여 평가 접근방식과 계획을 수립할 수 있다. 예를 들어 우리가 함께 일한 한 회사의 경우 MAGIC-CA 테마가 최고의 직원경험 워크숍을 수행할 때 제시되었지만 훌륭한 경험을 위해서는 사람들에게 재미, 보다 더 큰 사회적 의미, 위험과 모험의 요소가 필요하다는 것도 발견했다.

이와 같은 주제는 조직의 문화와 이들이 수행하고 있는 업무의 성격과 관련이 높고, 다른 세계를 탐험함으로써 얻을 수 있다. 이들은 직원경험 평가에 이러한 방식을 접목하여 본인들의 성과를 확인했다.

당신의 직원경험을 평가하기 위해 HR 분석을 진행하라

HR 분석은 이제 많은 조직에서 핵심적이면서도 전략적인 도구이다. HR 분석을 사용하면 데이터 분석과 통계 기술을 통해 직원경험을 개선할 수 있다. 일반적으로 분석에 대한 전문지식은 대규모의 사람 데이터에 적용되어, 트렌드를 읽고 직원경험에 영향을 미치는 요소와 성공방식을 이해하는 연결고리를 제공한다. 시장에는 이를 지원하는 다양한 기술 솔루션이 있으며 HR 분석팀은 오늘날 기업의 HR 부서의 일부로 보편화하고 있다. 예를 들어 Google은 분석을 사용하여 퇴사할 위험이 있는 직원을 예측한다. HR 분석은 성장하는 영역이며 직원경험의 설계 단계와 진행 상황을 평가할 때 유용한 인사이트를 제공할 수 있다.

직원경험의 효과성 평가

직원경험에 관한 노력을 평가할 때 목표와 결과를 떠올려 보는 것으로 시작하면 좋다. 우리가 보고자 하는 변화를 이해하면 무엇을 평가해야 하는지 집중할 수 있다. 처음 설정한 목표와 결과를 기반으로 수행 중인 작업을 평가하고, 추가된 가치를 입증하는 방법을 정의해야 한다. 여기서 우리는 조직 내에서 직원경험의 영향을 평가하는 데 도움이 되는 평가에 대한 간단한 방법을 제공하고자 한다(표 10.2).

프로세스 평가

이것은 직원의 인식에 대한 평가이다. 긍정적인지 여부에 관계없이 경험에 대한 인식에 중점을 둡니다. 프로세스 질문의 예는 다음과 같다.

- 직원경험 워크숍에서 내 시간을 잘 활용했다.
- 나의 성과에 대한 대화는 긍정적인 경험이었다.
- 내 리더는 현업에서 발생하는 모든 질문에 잘 대답했다.

영향력 평가

모든 직원경험 활동에 대한 즉각적인 효과를 평가한다. 영향력 평가는 직원의 이해, 동의 과정과 활동, 계획 등 '몰입과 헌신'과 관련한 영역을 측정한다. 질문의 예는 다음과 같다.

- 나는 내가 기여한 바를 이해한다.
- 나는 12개월 후에 여기에서 일할 생각이다.
- 나는 우리 회사의 목적을 믿다.

결과 평가

조직 결과에 대한 직원경험 활동의 장기적인 영향을 평가한다. 결과 평가는 행동 결과 또는 직원경험 초점을 통해 영향을 미치려는 비즈니스 결과를 측정한다. 결과 평가의 예는 다음과 같다.

주제	정량적 접근	정성적 접근
목적	모집단으로부터 데이터를 수량화하고 일반화하기 위해 사용 모집단에서 다양한 견해와 의견의 빈도를 평가하기 위해 사용 때로는 질적 연구가 뒤따르며 일부 결과를 추가로 탐색하는 데 사용	근본적인 이유와 동기를 이해하기 위해 사용 문제에 인사이트를 제공하고 이후의 양적 연구를 위한 아이디어/가설을 만들기 위해 사용 생각과 의견의 일반적인 경향을 밝히기 위해 사용
샘플	일반적으로 모집단을 나타내는 많은 수의 사례 무작위로 선택된 응답자	소수의 사례 주어진 할당량을 충족하도록 선택된 일부 응답자
데이터 수집	설문지: 온라인, 전화, 대면, 실험, 2차 데이터, HR 분석	인터뷰, 포커스 그룹, 내용 분석, 대화, 관찰

표 10. 2 직원경험 평가 방법

- 퇴직 감소(직원 유지 증가)
- 생산성 증가
- 직원 추천 지수 증가

직원경험에 관한 노력을 평가할 때 접근방식과 방법론도 고려해야 한다. 설문조사와 같이 본격적인 정량적 평가 프로그램을 항상 실행할 필요는 없다. 때로는 정성적 방법이 정답이다. [표 10.2]에는 다양한 방법이 요약되어 있다.

데이터 수집 시 정량적 방법론과 정성적 방법론을 모두 사용할 수 있음을 기억하라. 어떤 방법론을 선택할지는 평가하는 대상과 해당 정보를 수집하는 가장 적절한 수단에 따라 달라질 수 있다.

또한 실시간 펄스 서베이, 온라인 크라우드소싱, '웨어러블' 데이터 사용, 심지어 보디랭귀지 피드백을 제공하는 앱과 같이 데이터를 수집하고 비디오를 사용하여 직원경험을 평가하는 혁신적인 방법을 제공하는 기술 솔루션 산업이 성장하고 있다. 다시 한번 직원경험평가의 목적으로 돌아가 다양한 옵션을 탐색해보는 것이 좋다.

활용 연습

영향력 측정

정의: 직원경험에 관한 영향력 측정를 통해 당신이 하는 일이 비즈니스에 미치는 영향을 입증할 수 있다.

하는 이유: 주요 이해관계자가 당신의 작업이 비즈니스에 미치는 영향을 이해하는 것이 중요한다. 이 연습은 평가를 수행하는 프로세스와 도구를 제공한다. 이 연습을 통해 자신의 측정 또는 영향 계획을 개발하고 실행에 옮길 수 있다.

배경

직원경험 자체를 측정하는 것뿐만 아니라 직원경험의 영향을 평가하는 것도 중요하다. 설정한 목표와 결과는 수행 중인 작업을 평가하고 직원경험을 통해 얻은 가치를 입증하는 방법을 정의해야 한다.

- 먼저 직원경험 목표와 결과를 다시 살펴봐야 한다.
- 이제 이러한 목표를 달성했음을 입증할 수 있는 방법을 고려하라. 목표와 결과를 평가하는 방법을 정의하는 데 어려움을 겪고 있다면 충분히 가시적이지 않을 수 있다. 좋은 목표와 결과가 있으면 일반적으로 이를 평가하고 달성했음을 분명하게 입증할 수 있다.
- 다음 예시로 제시된 평가 계획을 살펴보고 당신 혹은 당신의 업무와 관련한 영향력을 평가할 수 있는 방법에 대한 아이디어를 얻어보라.

측정 계획의 예

온보딩의 직원경험을 개선하고 싶다. 측정 계획은 다음과 같을 수 있다.

목표: 재직 첫 6개월 이내에 직원 이직률을 줄이는 긍정적인 온보딩 직원경험을 만들고 싶다.

프로세스 조치 :
- 온보딩 활동에서 시간을 잘 활용했다.
- 온보딩을 즐겼다.
- 내 온보딩은 긍정적인 경험이었다.

영향 조치 :

- 12개월 후에도 여기에서 계속 일할 생각이다.
- 첫 6개월 동안의 경험을 바탕으로 이곳을 다른 사람들에게 일하기 좋은 곳으로 추천하고 싶다.

결과 평가:

- 재직 첫 6개월 동안 직원 이직률이 18퍼센트 감소했다.

측정 계획 완료

[표 10.3]에 나와 있는 템플릿을 참조하여 영향력을 측정할 수 있는 방법을 고려하라.

직원경험 목표	어떻게 달성하는가?	측정 방법
직원들이 긍정적인 의사 소통 경험을 갖도록 함	직원들이 회사의 비전, 가치, 전략 및 브랜드를 이해하도록 돕는다.	80퍼센트 이상이 다음 항목에 긍정적으로 응답한다. •우리의 비전, 조직의 목적을 이해한다.
직장에서 직원경험에 기여하도록 함	조직 내에서 개인의 역할과 이들이 기여하는 점을 명확히 한다.	80퍼센트 이상이 다음 항목에 긍정적으로 응답한다. •나는 우리의 비전을 달성하기 위해 내가 하는 어떤 역할을 하고 있는지 알고 있다. •나는 내가 조직의 성공에 어떻게 기여하는지 이해한다. •나는 우리의 목표를 달성하는 데 내 역할이 있다고 믿는다.

표 10.3 측정 계획의 예

핵심 요약

이 장에서 우리는 직원경험의 성공을 측정/평가하는 방법을 설명하고 측정과 평가가 왜 중요한지에 대한 사례를 제시했다. 우리가 하는 일을 평가함으로써 직원경험을 통해 우리가 조직에 추가하는 가치를 입증할 수 있을 뿐만 아니라 올바른 일을 하고 영향을 미치고 있는지 확인할 수 있다.

- 직원경험에서 무엇을 측정할지 명확히 하라.
- 가능하면 ROX 케이스를 함께 만들어라.
- 측정 계획을 설계하는 데 도움이 되도록 목표를 다시 확인하라.
- 직원경험의 MAGIC-CA 모델과 최고의 직원경험이 무엇인지에 관한 인사이트를 발휘하여, 직원에게 중요한 것이 무엇인지 파악하고 올바르게 평가하라.
- 질적 연구 방법은 설문조사만큼 유용한다.
- 직원경험의 영향력을 어떻게 측정하고 보여줄 것인지 고려하라.

11장.
직원경험의 미래

이번 장에서 다룰 내용은 다음과 같다.

- 미래의 일하는 방식은 직원경험에 어떤 영향을 주는가?
- 하이브리드 근무가 가져올 영향은 무엇인가?
- 직장 내 학습은 어떻게 변화할 것인가?
- 구성원 에너지와 웰빙을 어떻게 선도하고 설계할 것인가?
- 개인화된 직원경험 구축을 위해 데이터를 사용하는 기회와 위험 요인은 무엇인가?
- '경험'을 이해하는 개념 자체가 변화할 때 이것이 의미하는 바는 무엇인가?
- 미래의 직원경험에서 인간이 연결된다는 것의 의미는?

직원경험의 미래는?

적어도 '미래'가 무엇인가에 대한 프레임이 존재할 때 우리는 비로소 일의 '미래'에 대해 얘기할 수 있다. 직원경험도 마찬가지다. 초기의 직원경험 연구자들은 직장 내 구성원의 경험을 이해하는 것과 설계하는 것의 경계를 뛰어넘었다. 책의 마지막 장에서, 우리는 일을 재구성하는 요인과 직원경험에 대해 다룰 것이다. 이는 엄청난 양의 페이지를 채울 만큼 방대한 주제이다. 특히, COVID-19는 이에 관한 논의를 가속화했고 미래의 일에 대해 새로운 관점을 제공했다.

우리의 목표는 미래의 일이 어떤 형태일지에 대해 논의하자는 것이 아니다. 미래의 시나리오가 직원경험에 어떤 영향을 미치는지, 이에 대해 우리는 어떤 태도를 취해야 하는지에 대해 논의하는 것이 목표다. 당신의 호기심을 자극할 수 있는 질문을 던지고자 한다.

먼저 3가지 관점(그림 1.1)을 통해 변경되는 사항을 확인하고 이 장을 시작하려 한다.

- 본질적으로 변화하는 일의 특성
- 구성원이 기대하는 경험에 대한 변화
- 결과적으로, 이에 관해 조직이 직면하게 되는 전략, 목적, 문화 등에 대한 질문 및 도전 과제

직원경험 분야의 선구자에게 조직에 영향을 미치는 직원경험의 중요한 요소에 관한 의견을 질문할 것이며, 다음과 같은 내용을 포함한다.

- 하이브리드 근무지의 영향

- 직장 내 학습의 변화
- 구성원 에너지와 웰빙을 선도하고 설계하는 방식
- 개인화된 직원경험 구축을 위해 데이터를 사용하는 기회와 위험 요인
- '경험'을 이해하는 개념 자체가 변화할 때 이것이 의미하는 바는 무엇인가?
- 미래의 직원경험에서 인간이 연결된다는 것의 의미는 무엇인가?

3가지 관점을 통해 바라본 미래

일

기술 혁명이 일의 세계에 미치는 영향을 간과하는 것은 불가능한 수준이다. 쉬운 이해를 위해 헤더 맥고완(Heather McGowan)과 크리스 쉬플리(Chris Shipley)의 책 《The Adaptation Advantage(적응의 이점)》(2020)을 살펴보자. 그들은 업무의 완성을 위해 3가지를 강조한다. 확대, 자동화, 세분화이다.

[확대와 자동화]

확대는 작업을 더 쉽게, 빠르게 완성하거나 더 나은 결과를 산출하는 것을 의미한다. 컴퓨터가 우리를 대신하는 자동화처럼, 확대가 사람과 직장 내 경험에 미치는 영향에 관해서는 낙관적인 입장과 비관적인 입장이 있다. 논쟁의 여지가 적은 부분은 COVID-19가 감염의 위험 없이 사회적 거리를 유지한 채 업

무 프로세스를 처리할 수 있는 로봇 및 AI 기술 기반의 소프트웨어 자동화 기술 도입을 가속화했다는 것이다. 예를 들어 팬데믹 기간 동안 패션 소매업체는 온라인의 수요 급증을 대응하기 위해 창고에서 의류를 분류하는 로봇을 배치했다. 또한, 로봇은 머지않아 기타 상업 및 공공 건물에서 청소 및 위생 작업을 수행할 것이다.

직원경험과 관련하여, 직장 내 더 나은 경험을 위해 확대와 자동화가 고용주에게 어떤 중요한 기회를 제공하는지 살펴보려 한다. 일상적이고 규칙적인 업무가 더 쉽고 빨리 해결된다면 혹은 이를 컴퓨터가 처리한다면, 해당 직원은 더 중요한 업무에 많은 시간을 할애하고 집중할 수 있다. MAGIC-CA 프레임워크 및 훌륭한 직원경험과 관련된 보편적인 주제 특히, 도전과 성장 요소를 살펴보라(3장 참고). 조직이 이러한 변화를 이끌고 직원들의 새로운 도전을 위해 지원한다면, 직원의 업무 경험에 긍정적인 영향을 미치지 않을까?

3개의 A(Augmentation, Automation, Atomization)가 업무의 세계에 영향을 미친다는 것은 그 어느 때보다 빠른 속도로 역량을 업 스킬하는 것이 매우 중요하다는 것을 의미한다. 2019년 IBM은 엄청난 속도로 이뤄지는 기술 변화에 발맞추기 위해서는 향후 3년 동안 12개 경제 대국에서만 약 1억 2,000만 명의 인원을 재교육하는 것이 필요하다고 예측했다. 따라서 업무에 미치는 기술의 영향력은 직원경험 분야에 있어 도전적이다. 하지만 조직이 이를 인식하고 구성원들의 역량을 향상시켜 새롭고 도전적인 업무를 수행할 수 있도록 도와준다면 이는 기회로 작용한다.

그러나 이는 단순히 기술적인 스킬만 의미하지 않는다. 세계 경제 포럼에서 미래 연구소에 이르기까지 많은 조직에서 강조하는 미래 업무 수행에 필요한 스킬은 대부분 인간의 영역(우리가 어떻게 생각하고, 문제를 해결하고, 서로 협력하고, 기술을 활용하고 적응하는지 등)에 의존한다는 사실에 주목한다. 이러한 인간의 기술을 연마하고 활용하는 것은 의미, 성장, 영향력, 관계, 도전과 자율성 등 훌륭한 직원경험을 구성하는 데 많은 영향을 준다.

반면에 기술은 빠르게 그리고 예측할 수 없는 방식으로 업무를 변화시키고 이는 결국 본인 직무의 안정성을 위협하기 때문에, 고용주가 위와 같은 지원을 하지 않는다면 구성원은 부정적인 경험을 하게 된다. 일어나는 일에 대해 통제하지 못하는 것은 직원들의 감정뿐만 아니라 잠재적으로 직장 내에서 관계를 유지하는 방식에도 영향을 미치기 때문에, 이러한 부정적인 경험은 사회적 관계의 붕괴로 더 악화될 수 있다.

[세분화]

3개의 A 중 세 번째인 Atomization(세분화)은 업무를 가장 효율적인, 최저의 비용 단위로 나누는 것을 의미한다. 세분화는 이미 많은 사람의 업무 경험에 영향을 주었다. 클라우드 기반 업무 플랫폼을 보유한 파이버(Fiverr), 업워크(Upwork) 및 태스크래빗(TaskRabbit)을 포함한 많은 조직이 가상의 직무를 실제 여러 개의 업무로 분리하여 재택근무자들이 전 세계 어디에서나 경쟁하고 업무를 수행할 수 있도록 만들었다. COVID-19 기간 동안 수입을 보완하기 위한 또 다른 방법을 찾기 위하여 많은 사람이 그러한 플랫폼에 가입하는 비율이 기하급수적으로 늘어났다. 아마도 일상에서 COVID-19 치료를 위한 가족 돌봄에 사투를 벌이거나 다른 형태의 일에 접근할 수 있는 기회가 없었기 때문일 것이다.

우버 드라이버와 같은 임시직 근로자들은 독립적인 계약자로서 업무 수행에 따라 소득을 얻는다. 〈파이낸셜 타임스〉(O'conner, 2020)에 따르면, 이러한 근로자는 노동시장에서 눈에 띄지 않기 때문에 얼마나 많은 근로자가 시장에 존재하는지 아무도 모른다. 많은 사람이 일을 하기 위해 경쟁을 하면서, 많은 사람이 긴 근로 시간에도 불구하고 낮은 급여를 받게 되고, 이는 임시직 근로자의 노동 조건과 경험을 암울하게 만든다.

이것이 직원경험에 시사하는 바는 무엇일까? 우리는 큰 틀에서 '직원'이 무엇을 의미하는지 다시 생각해야 하는가? 아니면 계약 당사자를 위해 형성된 경험만 고려해야 하는가? 조직의 투명성과 사회적 책임의 역할이 강화된 현시점에서 조직은 조직을 위해 일하는 모든 사람의 경험을 살펴볼 필요가 있다. 이는 어쩌면 당연히 하는 것이 옳으며 의무가 있는 일이다. 직원은 본인의 조직이 무엇을 어떻게 하고 있는지에 대해 신경쓰기 때문에 이는 조직의 평판뿐만 아니라 직원경험에도 영향을 미칠 것이다.

[사람]

직장 내 다양성 증가는 직원경험에 영향을 미치는 큰 이슈이다. 수명이 길어짐에 따라 전 세계 기업에서 연령이 하나의 다양성 요소로 부상하고 있다. HRD 전문가들은 이것이 혁신, 생산성, 브랜드 및 평판을 이끌 뿐만 아니라 인재를 확보하고 유지하는 데 도움이 되는 좋은 일, 성공의 길이라고 인식한다. 하지만 나이보다 다양한 것은 더 많다.

선 세계석으로 지식 근로자가 부족하고, 일부 국가에서는 생산직 근로자에 대한 압박이 예고된다는 것은 조직이 본인에게 필요한 인력을 찾기 위해 더 많은 노력을 기울인다는 것을 의미한다. 이는 인력이 국적, 채용 배경, 학력, 지리적 위치 등 많은 측면에서 다양화되고 있음을 뜻한다. 팀은 서로 더 멀리 떨어지고, 각자 다른 배경과 의사소통 선호 방식을 지니게 된다.

긍정적인 직원경험은 조직이 다양한 구성원을 잘 통합시키는 환경을 구축하느냐에 달려 있다. 모든 경험을 동등하게 구성하고, 원만한 협업과 구성원 성장, 영향력 발휘와 인정받는 환경을 얼마나 잘 만드는지에 달려 있다는 얘기다. 이와 같은 문화를 만드는 데에는 많은 요소가 있으며, 조직이 리더십을 발휘하고 이에 시간과 에너지를 투자하는 것은 중요하다. 그렇지 않으면 직원경험은 문화적 맥락에 섞이지 못하고 실패로 끝날 것이다.

조직적 맥락

기술, 사회, 경제적 힘은 항상 고용주에게 영향을 미쳐왔으며 오늘날도 크게 다르지 않다. COVID-19가 불러온 엄청난 변화로 대부분의 조직은 타격을 입었다. 조직이 변화에 대응하는 방식은 직원경험에도 상당한 영향을 미친다.

6명의 전문가를 초대하여 조직의 성공을 위해 해야 할 일과 이것이 직원경험에 미치는 영향에 대해 살펴보자.

근무 장소가 갖는 의미

팬데믹 기간 동안 재택근무를 할 수 있었던 사람이라면, 재택근무가 상당히 보편적인 제도라고 가정하기 쉽다. 하지만 이는 오히려 특권이라 할 수 있다. 〈파이낸셜 타임스〉(O'Connor, 2020)가 제시한 유럽 데이터에 따르면 가장 높은 소득 분위를 차지하는 직업의 4분의 3이 재택근무가 가능하지만, 가장 낮은 소득 분위에서 재택근무가 가능한 직업은 3퍼센트에 불과하다. 비록 유럽에 한정된 수치임을 감안해도 이는 상당한 의미를 지닌다.

스탠퍼드 대학 경제학 교수인 니콜라스 블룸(Nicholas Bloom)은 미국은 재택근무자가 오피스 근무자의 2배로(Wong, 2020), 수치상 재택근무 경제로 돌입했다고 주장한다. 영국도 마찬가지로 통계청(Office for National Statistics) 수치에 따르면 2020년 9월에 4분의 1 이상의 인원이 집에서 근무했다고 한다(Webber, 2020). 재택근무 경제는 팬데믹 이후에도 오랜 기간 지속될 것으로 예상된다. 그렇다면 이것이 직원경험에 시사하는 바는 무엇인가?

버추얼 워크 인사이더(Virtual Work Insider)의 창립자이자 CEO인 사샤 코너(Sacha Connor)는 지리적으로 떨어져 있는 팀에게 리더십, 협업 및 커뮤니케이션 역량을 학습할 수 있는 '하이브리드' 교육을 진행한다. 그녀는 하이브리드 세계에서 지리적 위치가 직원경험에 미치는 영향을 연구하였다.

사샤 코너(Sacha Connor)

지리적 통합은 COVID-19가 의도치 않게 초래한 긍정적인 결과 중 하나다. 오피스 폐쇄로 인해 많은 사람이 원격 조직에 합류하게 되었다. 많은 회사에서 처음으로 모든 팀원이 동등하고 장소나 위치에 구애받지 않는 상황이 되었다. 더 이상 회의, 브레인스토밍 혹은 네트워킹 세션을 위해 근처에 살거나 근무하는 사람들만 모으는 일은 없어졌다. 보이지 않던 울타리가 사라지면서 사람들은 접근성이 아닌 이익을 중심으로 뭉치기 시작했다.

COVID-19 이전에는 많은 사람이 전 세계에 지리적으로 떨어진 팀을 이끄는 미션을 받았다. 그러나 오피스가 폐쇄되면서는 한 단계 더 나아가 완전한 원격 팀으로 움직이기 시작했다. 이는 수년 동안 근무 장소의 유연성을 높였으며, 모든 사람에게 재택근무의 현실이 미디어에서 묘사하는 것과 같이 파자마를 입고 하루 종일 소파에서 간식을 먹는 일이 아니라는 점을 인식시켰다.

[미래는 하이브리드]

많은 기업이 포스트 COVID-19 전략 중 일부로 재택근무를 택할 것으로 예상되지만, 개인적인 견해로 미래는 재택근무가 아닌 하이브리드 근무라고 생각된다. 하이브리드 근무는 재택근무보다 어려움이 있으며, 이를 제대로 수행하지 못할 경우 직원경험에 엄청난 영향을 주게 된다.

미래의 팀은 본사, 위성 오피스, 혹은 자택, 협업 공간, 심지어 이동 중에서도 어디서나 업무가 가능한 곳에 위치한 사람들로 균등하게 구성될 것이다. 심지어 본사나 위성 오피스에서 근무하는 직원들도 일주일에 며칠은 재택근무를 할 수 있는 유연성을 가질 것이다.

리더, 팀 그리고 직원들은 이렇게 새로운 하이브리드 팀으로 전환하는 일이 업스킬링과 분명한 목적을 필요로 하는 쉽지 않은 길임을 인식해야 한다.

하이브리드 팀에서 권력이나 의사소통 흐름, 포용은 같은 곳에 위치하는 대다수에 의해 이뤄지기 때문에 위치적·지리적으로 소수로 여겨지는 이들은 정보를 얻고 무리에 합류하기 위한 엄청난 노력이 필요하다. 미국 신경리더십연구소(Neuro-Leadership Institute)는 이를 '거리편향'이라고 부른다. 우리의 뇌는 먼 곳에 있는 사람보다 가까운 곳에 있는 사람들을 더 중요하게 생각하는 경향이 있다는 것이다. 따라서 타인과 가깝게 있지 않으면 말 그대로 눈에서 멀어지고 마음에서도 멀어지게 된다. 의사결정자로부터 위치적으로 멀리 떨어져 있는 사람의 아이디어 가치나 업무 기여도는 상대적으로 과소평가되기 마련이다.

[현대적인 & 가상의 리더십 스킬의 중요성]

구시대적인 사람 관리, 의사소통 혹은 리더십 기술은 더 이상 원격 및 하이브리드 근무 팀에서 성공을 담보하지 않는다.

팬데믹이 이를 확실하게 증명했다. 오늘날의 리더는 눈과 귀에 의존하여 팀을 이끌던 기존의 방식을 넘어서야만 한다.

가상 리더십이란 무엇인가? 효과적이고 참여적인 가상 회의를 이끄는 방법, 거리에 상관없이 타인에게 영향을 주는 방법, 실시간으로 이루어지지 않는 협업 수행, 위치에 상관없이 긍정적이고 포용적인 문화를 형성하는 것과 같이 거리나 위치에 상관없이 행동 양식을 조율하는 리더십 스킬이다.

[나아가야 할 방향]

무엇보다 핵심은 위치/근접성을 중시하던 이전의 방식으로 돌아가지 않는 것이다. 만약 기존 방식으로 돌아갈 경우, 직원 경험(혹은 그 이상의 다른 영역)에 미치는 결과는 심각할 것이다. 비결은 다음 4가지 영역에서 확인이 가능하다.

1. 새로운 가상 리더십 및 커뮤니케이션 원칙

조직은 오피스에서 함께 근무할 때 사용하던 기존 방식을 그대로 사용해서는 안 된다. 성공적으로 가상 혹은 하이브리드 팀으로 전환하기 위해 필요한 사항에 대해 전문가로부터 학습해야 한다. 기대 사항과 새로운 원칙을 설정하는 데 있어 매우 의도적이고, 신중하게 접근해야 할 필요가 있다. 예를 들어, 팀은 목표를 달성하기 위해 실시간/비실시간 의사소통의 최상의 균형점을 찾아야 한다. 코어 타임, 기대하는 응답 속도, 시차 등을 극복하여 소통하는 방식 등에 대해 합의점 도출이 필요하다. 또한, 공감과 유연성이 필요하다. 각자 다른 개인에게 효과적인 것을 파악하고 사람들이 일하는 방식과 장소에 대한 옵션을 다양하게 설정하는 대응이 필요하다.

2. 경력 개발과 채용

조직은 경력 개발 및 채용과 관련하여 근무지 다양성을 반드시 고려해야 한다. 구시대적 사고방식에 변화가 필요하다. 최고의 프로젝트 경험, 최고의 직무 순환과 조기 진급은 더 이상 본사 혹은 의사결정권자의 기준이 되어서는 안 된다. 가치에 근거해서 판단해야 한다. 채용 시 오피스 위치와 관련된 제약을 없애면 기존에는 지리적 제한으로 인해 지원하지 못한 엄청난 수준의 인재 풀 확보가 가능하다.

3. 업 스킬링(Upskilling)

수준에 상관없이 모든 직원은 가상 리더십, 커뮤니케이션 및 협업 스킬을 학습해야 한다. 외부 리더십 교육 업체를 활용하거나 조직 내에서 해당 기술의 전문가를 찾아 강사 혹은 멘토의 역할을 요청하는 방식을 통해 학습을 수행할 수 있다.

4. 책임감

일부 조직에서 원격 근무 관련 역할을 지원/총괄하는 담당이 생겨나고 있다. 그러나 이들은 단순히 원격 근무자를 도와주는 수준을 넘어 모든 지역을 아우르는 전체 생태계를 지원해야 한다. 모든 영역에서 근무지를 고려한 조직문화, 필요한 교육 제공, 하이브리드 근무자를 위한 프로세스, 정책 및 툴을 지원하는 등 조직이 거리 편향을 줄이기 위해 노력하고 있음을 설명할 수 있는 책임감 있는 적임자가 필요하다.

현실을 직시하자. 근무지 자체가 초점이 되어서는 안 된다. 업무를 잘, 적시에, 다양한 이해관계자와 협업하여 수행하는 것이 핵심이다. 비즈니스 성과를 위해 올바른 원칙, 정책, 프로세스, 교육 및 툴을 제공하고 포용적인 문화를 조성하고 근무지에 상관없이 구성원들이 계속 몰입할 수 있도록 한다면 이를 성공적으로 수행할 수 있다.

학습이 일어나는 방식에 대한 이해

맥고완과 크리스 쉬플리는《The Adaptation Advantage(적응의 이점)》(2020)에서 다음과 같이 언급했다.

"개인과 일의 관계는 더 이상 일회성 학습과 축적된 경험을 기반으로 하는 단일 차원의 경력이 아니다. 대신 우리의 경력은 새로운 기술, 응용 프로그램 및 데이터에 따라 변화하는 것에 대한 지속적인 학습과 적응으로 정의된다."

그렇다면 지속적인 학습과 적응은 직원경험에 긍정적인 영향을 미치는 성장과 도전을 제공할 수 있는가? 보니 척(Bonnie Cheuk) 박사는 수많은 기업의 전사적 디지털 혁신, 디지털 역량 구축, 지식 공유 및 글로벌 인력을 위한 학습 문화 구축을 주도한 디지털 및 비즈니스 혁신 리더이다. 보니는 애자일한 조직을 위한 지속적 학습 및 학습 해소를 살펴보고 이것이 직원경험에 미치는 영향을 연구하였다.

보니 척 박사(Dr. Bonnie Cheuk)

세상과 일의 미래는 변하고 있다. 조직이 내부 및 외부 변화에 대응하기 위해서는 안정적인 동시에 유연해야 한다. 이를 위해서는 모호한 환경 속에서도 성과를 달성하고 혁신할 수 있는 동시에 프로세스를 표준화하여 안정성과 효율성을 달성할 수 있는 인력이 필요하다.

작업이 안정적이라는 가정, 다시 말해 업무의 결과물이 명확하게 정의되고, 직원이 정해진 프로세스를 통해 관리될 수 있다는 가정은 오늘날 부분적으로만 인정된다. 변화가 새로운 상수일 때 업무/일은 '안정적'인 동시에 '불안정적'인 양면성을 지닌다. 점점 더 많은 직원이 답을 알 수 없는 새로운 도전에 직면하고 있다. 조직은 이러한 '격차'를 다루는 방법을 학습해야 한다. 격차는 줄이거나 제거해야 하는 이상치 혹은 위험 요소가 아닌 미래 업무의 일부이기 때문이다.

[격차에 대한 이해]

다양한 상황에 직면하는 업무를 맡은 직원을 살펴보아라. 어떤 경우 그들의 업무는 명확하게 정의되고 성과 역시 예측 가능하다. 반대로 어떤 경우는 불확실하며 성과도 예측할 수 없다. 이와 같은 상황에서는 유연성이 필요하다. 점점 AI 기반 로봇이 예측 가능한 업무를 처리하고 있다. 우리는 인간으로서 귀납적 능력을 활용하여 탐색하고, 학습하고, 만들고, 적응 및 조정하고, 의도를 파악하고, 정서적으로 관계를 잘 유지해야 한다. 이는 미래의 조직에 필요한 핵심 역량이다(Cheuk, 2020). '격차'가 일상 업무의 일부가 되었을 때, 리더는 본인의 팀이 불확실한 환경에서 잘 헤쳐 나갈 수 있도록 지원하는 코치가 되어야 한다. 그렇게 함으로써 리더는 문제를 해결하기 위해 팀원과 협력하면서 스스로 학습하게 된다. 미래의 업무는 미래의 학습에 관한 것이라 해도 과언이 아니다. 이는 정규 교육에 참여하거나 교육 프로그램에 교류 세션을 추가하는 것 그 이상의 의미를 지닌다.

[업무는 곧 학습이며, 학습은 곧 업무]

경영진은 자신이 이끄는 조직이 변화에 잘 대응하는 조직이 되길 원한다. 즉 비즈니스 및 학습 민첩성 향상에 관한 것인데 이는 조직, 리더, 팀 그리고 개인까지 모든 수준에 영향을 미친다. 리더는 비즈니스를 감지하고, 적응하고, 혁신하고, 지속적으로 개선할 수 있는 능력이 필요하다. 팀원들은 현상을 개선하기 위해 다양한 관점을 제시하고 혁신하고, 해결하기 위해 더 많이 모일 필요가 있다.

모든 직원은 여러 상황에 직면할 때 새로운 아이디어와 경험을 얻을 수 있도록 학습을 반복하는 성장 마인드셋을 가져야 한다. 이를 위해선 업무의 과정에서 발생하는 비공식적 학습에 초점을 두어 조직 학습을 다시 구상해야 한다. 이는 업무/일의 미래를 재구상하는 큰 작업이다.

[미래를 향해

: 업무 과정에서의 지속적 학습, 폐기학습, 재학습]

다국적 제약 회사는 학습 민첩성과 문화를 이끄는 글로벌 역량으로서 학습 민첩성에 대한 정의를 내렸다. 업무는 확실성과 불확실성을 둘 다 지닌다는 가정을 바탕으로, 우리가 일하는 방식에 학습이 통합될 수 있도록 미래의 업무를 설계하기 위한 원칙을 세웠다. 더빈(Dervin)의 《센스 메이킹 방법론(Cheuk and Dervin)》(2011)에 근거하였으며 이러한 원칙은 모든 조직에서 학습을 재설계할 때 가이드로 활용될 수 있다.

1. 학습은 정규 교육에만 국한되지 않는다. 디지털 도구를 활용하여 학습자는 언제 어디서나 업무 혹은 일상 속에서 학습할 수 있어야 한다. 개인과 팀은 업무의 특정 혹은 불특정 상황 모두에서 학습하고 폐기하고 재학습하는 일련의 배움의 과정을 반복할 수 있다.

2. 특히 반복적인 신체적 혹은 인지적 업무를 기계로 대체하려 할 때 더욱 인간적인 사고가 필요하다. 인간은 특별하며 귀납적 능력을 활용하는 등 지닌 강점을 최대한 활용하는 것이 바람직하다.

3. 모든 업무 환경에서 적시에 적용할 수 있는 사소한 업무 습관을 만들고 유지하는 것에 대해 살펴보자. 업무 습관은 5가지 영역으로 구분된다. 1) 본인/팀 회고 시간, 2) 습

관을 깨고 새로운 습관을 형성하기 위한 혁신과 성장 마인드, 3) 긍정적인 대화와 회의 프로토콜 따르기, 4) 심리적 안정감 구축, 다양한 혹은 반대 의견 수렴, 5) 글로벌 네트워크를 활용하여 함께 협업/업무/학습 진행. 이는 업무 환경에 맞게 조합이 가능하다. 이러한 업무 습관을 적용함으로써, 지속적인 학습은 업무의 결과물이 되며, 이는 다시 새로운 업무의 시작이자 추가적인 업무 개선 혹은 혁신을 주도하는 기능을 한다.

이는 상당한 변화를 의미한다. 우리는 학습 민첩성과 혁신에 관한 더 많은 교육을 제공하려는 욕심을 버려야 한다. 대신 직원들이 업무 프로세스 속에서 교류하고, 의견을 개진하고, 변화를 모색하거나 안정화할 수 있도록 사소한 업무 습관을 설계해야 한다.

이는 다양한 방식으로 경험에 영향을 미칠 가능성이 있으며 특히 개인과 팀이 일상 업무 중에 새롭고 지속적인 학습이 가능하도록 보장해야 한다. 이는 새로운 행동양식뿐만 아니라 직원들을 위한 문화 차원의 지원이 필요하다.

- 멈추고, 고민하고, 학습을 반복하려면 속도를 줄여라.
- 자기 인식 수준을 높이고 꿈, 목적, 열정에 기반한 목표를 설정해라. 의미 있는 여정이 될 것이다.
- 직장에서 '격차'를 즐기고, 항상 모든 답을 알지 못한다는 사실을 받아들여라. 도움을 구하고 취약점을 인정할 수 있

는 기회로 활용하라.

- 호기심을 갖고, 질문하고, 뜻밖의 재미를 즐기고, 낯선 사람과 상황에 익숙해져라.
- 원만한 협업, 소통, 혹은 회의를 자주 가져라. 찬반 의견을 듣고 다양한 관점을 존중하라.
- 적게 말하고 많이 들어라. 권력 문제에 주의를 기울이고 자유롭게 의견을 개진해라. 심리적 안정감을 구축된 상태에서, 타인의 도전이나 비판을 허락하라.
- 적극적으로 몰입하고, 아이디어를 공유하고, 팔로워십을 키우기 위해 타인에게 가치를 제공함으로써 네트워크를 구축하라.
- 직속 팀과 협업하는 것 이상의 수준으로 생각해라. 낯선 사람 혹은 커뮤니티와 교류하는 것을 두려워하지 마라.
- AI 기반 로봇의 알고리즘과 같은 것에 비판적 사고를 지니며 편향/편견을 주의하라.
- 지난달에 활용한 방식이 내년에도 잘 활용될 것이란 생각을 버려라.

[일/업무의 미래에 인간적 사고는 필수적]

일/업무는 확실과 불확실함의 연속이다. 모든 시스템, 서비스, 프로세스가 유연하지 않은 상황에서 직원들에게 '적응과 학습이 필요하다'고 말하는 것은 모순이다. 기존의 학습 솔루션은 모범 사례를 적시에 적당한 학습자에게 제공하여 사고방식과 행동 양식을 학습시켰다. 이러한 기존의 학습 관점은 다소 역설적인데, 직원들이 지속적으로 학습하고, 학습을 폐기하고 이에 적응하라고 요구하면서도 직원들이 정보를 단순히 받아들이거나 절차를 따르는 수동적인 존재로 인식한다.

사람들의 경험에 신경 쓴다는 것은 프로세스, 시스템, 서비스, 학습 솔루션 및 역할 등 우리의 경험을 설명하는 모든 것을 설계하는 방법에 집중함으로써 이 역설을 인식하고 극복하려 한다는 것을 의미한다.

업무/일의 미래는 인간성을 일에 적용하는 것이다(Dervin, 2020; Hamel, 2020). 확실성만 고려한다면 우리는 영원히 인간 중심의 학습 솔루션을 개발할 수 없으며 직원들의 경험 역시 일관성 없이 분산될 것이다.

높은 수준의 에너지를 갖추기 위한 설계

전 세계가 팬데믹 속에서 살아가는 새로운 현실을 맞이하게 되면서 '인간의 에너지'에 관한 활발한 논의가 이어지고 있다(에너지를 어떻게 사용하고, 유지하는가 등). 그리고 더 많은 개인, 리더 및 조직이 인간의 에너지가 얼마나 중요하고 얼마나 쉽게 소진되는지 깨닫게 됨에 따라 이에 관한 논의는 더 활발해질 것으로 예측된다.

저명한 정신 건강 운동가이자 전 유니레버(Unilever) HR 부사장인 제프 맥도날드(Geoff McDonald)는 다음과 같이 질문한다. "개인, 팀 그리고 조직 성과 창출의 핵심 요인이 사람들의 '에너지'라는 사실을 알고 있음에도 불구하고 왜 조직은 적극적으로 혹은 전략적으로 구성원의 정신 건강에 투자하고 있지 않은가?"

PTHR의 창립자이자 최고 에너지 책임자인 페리 팀스(Perry Timms)는 단순히 더 나은 직원경험(EX)을 만드는 것이 아니라, 더 많은 에너지를 자극하고 모든 것을 완전히 재구성하는 새로운 업무 모델을 만들 수 있는 기회가 있다고 주장한다.

페리 팀스(Perry Timms)

만약 직원경험에 대한 우리의 전반적인 접근방식(명확한 역할 부여, 비전과 일치, 팀 권한 부여, 목표와 성과 달성 측면에서)이 여전히 잘못됐다면, 무엇이 문제일까?

개인적인 경험에 비추어 보자면 그 이유는 직원들의 에너지 관리를 제대로 하지 못했기 때문이다. 인간의 에너지가 작업 설계에 미치는 영향은 우리 생각보다 더 강하다.

역량을 갖추기 위한 유명한 접근방식(무의식적 무능이 무의식적 역량으로 가는 4단계)은 우리가 에너지와 지능을 다른 방식으로 적용하고 있었음을 보여준다. 우리는 새로운 역할을 부여받을 때 갑작스러운 무능함을 느끼게 되며, 모든 에너지는 '학습'에 맞춰진다. 실수하지 않고, 숙달하여 집중하려 한다. 점차 역량을 갖추면서 우리는 능력에 대해 어느 정도의 편안함/안정감을 느끼고 새로운 에너지가 형성된다. 도전하고, 개선하고, 타인을 가르치고, 온전하게 자신의 것으로 만들려는 에너지가 생기는 것이다. 이렇게 기존 조직에서 주목받지 못한 소위 '구석'의 것들이 중요성을 가지면서 기업 경영은 하나의 일이 되었다. 이에 완전히 몰입할 때 지루함, 과도한 수정 작업, 산만함과는 전혀 다른 종류의 에너지가 발생된다. 이 부분에서 우리는 바로 직장에서 인간의 에너지가 무엇보다 필요하다는 것을 깨닫게 된다.

피스톤 챔버(piston chamber)의 불꽃처럼 자극을 촉진해야 한다. 따라서 직원경험이 자극으로 가득 차 있지 않다면, 필연적인 단조로움으로 어려움을 겪게 될 수 있다.

[에너지와 업무/작업 설계: 더 나은 직원경험을 위해]

인간의 에너지와 업무/작업 설계에 관한 연구에서(Timms, 2020) 뻔하기도, 사소하기도 하면서 뻔하지 않고 거대한 자극을 줄 수 있는 다양한 요인을 발견했다. 그렇다면 인간의 에너지를 발산하고, 일을 보람 있게 만들고, 개인을 성장시키는 자극을 주는 직원경험의 핵심 요소는 무엇인가?

1. 학습

가장 확실한 건 학습이다. 업무에서 자극을 덜 받거나 혹은 심한 압박을 받아 직원경험의 수준에 부정적 영향을 주고 있는 상황이라면, 새로운 것을 학습하는 것이 자극제로 활용될 수 있다. 이는 생산성 변화부터 타인에게 영향을 미치는 심리학적 훈련, 미루는 습관을 피하는 방법, 업무 프로세스를 관리하는 앱 도입에 이르기까지 여러 가지가 될 수 있다.

2. 실험

앞에서 언급한 학습과 구분되지만, 여전히 학습 작업의 일부로 볼 수 있다. 실험은 핵심 작업에서 파생물을 만들어 새로운 솔루션, 작업방식을 개발 및 테스트하거나, 새로운 소프트웨어 플랫폼을 만들거나, 본인의 직원경험을 방해한다고 느끼던 기존의 프로세스에서 벗어나는 것들을 포함한다. 나는 IT, 재무, 그리고 HR 분야의 전문가가 수익 창출 파생상품을 개발해 이를 비즈니스 모델에 적용하는 것을 눈으로 확인한 경험이 있다.

3. 상호작용

본인이 속한 시스템에서 자신의 역할을 아는 것은 본인의 에너지를 발견하고, 활용하고, 이해하는 데 많은 도움을 준다. 피곤한 미팅이 계속되는 조직에서 당신은 일도 하지 못한 채 회의만 이리저리 끌려다니는 것에 좌절감을 느낄 수 있다. 혹은 프로세스가 없고, 중복적인 소모적인 업무, 지켜지지 않는 마감시간 등 혼란스러운 스타트업에 재직 중일 수도 있다.

본인이 속한 시스템을 정의하고 관리하는 것은 월권처럼 느껴지지만, 실제로 업무 프로세스 및 의사결정 과정에서 자신의 위치와 역할을 발견하고 권력의 다이내믹스를 이해하는 것은 중요하다. 그 후에 본인이 시스템 속에서 해야 하는 일을 정의하고, 동일한 방법으로 타인 역시 업무 방식을 개선하고 통제력을 얻을 수 있도록 도울 수 있다. 직원경험은 당신이 운영하는 시스템만큼 좋다. 잘 설계된 직원경험으로의 전환은 종종 잘못된 조직 설계로 인해 실패를 맛본다.

4. 몰입

미국계 헝가리인 심리학 교수인 미하이 칙센트미하이(Mihaly

Csikszentmihalyi, 1998)는 몰입(flow)에 대한 개념 설명으로 가장 유명한 인물 중 하나다. 그는 '몰입'이란 '적절한' 정도의 자신감 있는 능력과 적절한 정도의 압박과 자극이라고 정의했다. 개인이 어떠한 몰입 속에 있을 때 시간의 흐름을 알아차리지 못하고, 일종의 성취감을 느끼며, 전반적인 에너지는 소리를 내는 F1 엔진과 같다. 이 중 일부는 당신의 업무에 대한 간단한 보정 메커니즘으로 설명될 수 있다.

고인지(high cognition)와 저인지(low cognition)인데, 고인지는 심오하고, 복잡하고, 창의적인 것이다. 공간, 고도의 집중력, 창의적 툴과 방해받지 않는 것이 필요하다. 반면 저인지는 행정, 메일 처리, 동료와 간단한 대화와 같은 것이다. 이처럼 인지 수준이 높거나 낮아야 할 때를 아는 것이 몰입을 유지하고 에너지를 최대화하는 데 매우 중요하다. 나 역시 머리가 가장 맑고 어수선하지 않은 오전 8시 이전에 이 글을 쓰기로 의도적으로 선택했다.

5. 관계

갤럽이 제시한 '직장에 가장 친한 친구가 있는가?'라는 질문은 잊어라. 나는 그 질문이 크게 중요하지 않다고 생각한다. 대신, '당신은 본인의 업무 방식에는 없는 특이점 때문에 함께 일하는 사람들을 존경하고 좋아하는가?'라는 질문이 더 적절해 보인다. 보통의 사람은 자신과 비슷한 방식을 가진 사람에게 끌린다. 그러나 문화적, 지적, 태도에서 발생하는 차이를 더 많이 이해하고 고려하기 시작했다. 우리가 소위 '작업대'를 어떻게 정의하느냐에 관계없이 직장에서 좋은 에너지를 키워 더 나은 직원경험을 형성하기 위해서는 원만한 관계가 필요하다.

학습, 실험, 설계된 시스템, 몰입 및 관계는 업무에 활력을 불어넣는 핵심 요소이자 직원경험이 최대의 효율성을 발휘할 수 있는 업무 환경을 만드는 구성 요소이다. 분명 고용주와 맺은 '계약'도 문화, 리더십, 경영의 성장성 및 다양화에도 큰 영향을 미칠 것이다. 이것들은 긍정적이고 성취감 있는 직원경험을 자극하는 조건들이다.

직원경험의 모든 측면에서 가장 확실한 것은 '안정감'과 '대리인'이라는 두 가지 원칙에 근거해야 한다는 점이다. 물론 안정감은 심리적 안정감에 대한 에이미 에드먼슨(Amy Edmonson) 교수의 고전을 의미(Edmonson, 2018)하기도 하지만, 문제없이 운영되는 비즈니스 속에서도 재정 건전성에 대해 주의를 기울이고 이슈, 오류, 혹은 창의적 제안에 대해 소신껏 발언할 수 있는 것을 의미하기도 한다. 그다음은 자기 지시, 지원 및 선택의 의도를 가지고 이를 실현하는 대리인이다. 안정감과 대리인은 조직 설계, 문화, 일하는 방식에 있어 과소평가된 요소이다.

현재 팬데믹, 그리고 포스트 팬데믹 시대에 위 요인들의 중요성은 더욱 커지고 있다. 그 어느 때보다 안정감을 줄 수 있는 장소가 필요하며(지난 3년 동안 매년 이루어진 Edelman Trust Barometer의 연구 참조), 사무직 직원들의 분산된 업무 환경 속에서의 신뢰와 선택에도 영향을 준다.

직원경험 2.0 시대로 진입과 직장 내 새로운 약속이 생기고 있는 현시점에서 본 책은 그 어느 때보다 의미를 갖는다고 말하고 싶다. 프레데릭 라루(Frederic Laloux, 2014)는 그의 저서 《Reinventing Organizations(조직 재창조)》에서 '저기 무언가가 있다(there's something in the air)'라고 언급했다. 그리고 여기서 '무언가'란 바로 좋은 직장을 위한 새로운 프레임워크 맥락에서 재구성된 직원경험이다.

데이터, 그리고 개인화

알고리즘이 우리를 파악하고 적시에 원하는 것을 제공하는 데이터 중심의 세계에서 사람들은 직장 내에서도 개인화된 경험을 기대한다. 단순한 복리후생 개념이 아니라 개인의 역량에 도전하는 업무 프로젝트나 성장을 위한 개인화되고 통찰력 있는 조언, 새로운 역할에서 신기술을 익힐 수 있는 순환 근무, 동료 혹은 조직 그 이상을 넘어 새로운 방식을 연결할 수 있는 팀 및 기능 전반에 걸친 애자일한 작업 등의 경험을 원한다.

개인화는 직원경험의 전반적인 스펙트럼에 걸쳐 적용될 수 있다. 이미 인공지능(AI)과 더불어 감성 분석 같은 툴을 활용하여 직원경험을 이해하고 있으며 심지어 직원의 퇴사를 예측하는 데 사용되고 있다. 이때 축적한 정보를 통해 직원경험을 완전히 뒤집을 수도 있다. 적어도 이론적으로는 그러하다. 기술을 활용한다면 조직이 직원경험을 보다 정확하고 실시간으로 이해하기 위한 통찰력을 얻을 수 있는 기회도 존재한다. 하지만 이런 기회는 위험을 수반할 수밖에 없다.

IBM의 직원경험 설계 부문의 데이먼 디너(Damon Deaner) 이

사는 보다 개인화되고 소비자 수준인 직원경험을 형성하기 위해 신중하게 데이터 기술을 활용하는 것이 왜 중요한지에 대해 설명한다.

데이먼 디너(Damon Deaner)

직장 밖에서 우리는 모두 서비스 기업, 소매업, 소셜 미디어 앱 등에서 정교하게 개인화된 디지털 경험에 익숙해져 있다. 증가하는 경영 환경 및 직원 요구에 대응하여 조직들은 새로운 방식으로 협업하고 자신들의 강점을 활용하여 맞춤화된 직원경험을 설계 및 제공하기 위해 기능 혹은 분야의 벽을 허물고 다양한 팀을 하나로 모으고 있다. 서비스 업체, 소셜 미디어 앱, 소매업체 등이 제공하는 것처럼 직관적이고 심층적인 개인화된 경험을 제공하며 이는 대부분 고급 수준의 데이터와 AI 기술을 통해 구현된다. 이러한 팀은 최신 기술을 신속하게 적용하고 엄청난 양의 직원 데이터, 분석 혹은 추론을 해야 하는 압박에 시달리는 경우가 종종 있다.

이 압박은 특히 AI를 통해 수집한 인사이트, 추천, 개인화된 콘텐츠 및 의사결정 지원에 의해 심해진다. 이처럼 강력한 데이터 기술을 사용하는 팀은 실제로 탁월한 수준의 개인화된 직원경험 결과를 달성할 수 있다. 그러나 데이터 기술 사용에 대한 깊은 고민 없이는 법적 혹은 윤리적 규범을 위반하거나 의도치 않게 빅 브라더 존재를 형성하여 감시당하는 느낌을 줄 수 있다. 그렇다면 조직은 어떻게 이 함정을 피할 수 있을까? 윤리적으로 AI 기반 데이터를 활용하여 직원경험을 지원하기 위해서 다음 5가지 영역에 집중할 것을 제안한다.

1. 책임

직원경험을 형성하기 위한 우리의 역할이 무엇이든(인사 전문가, 개발자, 디자이너, 리더 등) 상관 없이 우리는 AI 기반의 데이터와 분석을 활용하는 것이 개별 직원, 더 나아가 조직에게 미칠 수 있는 영향을 신중하게 고려해야 할 책임이 있다. 우리는 데이터와 AI 관련 정책에 접근 가능해야 하며, 모든 사람이 책임과 의무에 대해 명확히 알고 있어야 한다. 데이터 및 AI 사용에 관한 구체적인 자료는 흐름에 따른 변경 사항을 추적하는 데 매우 중요하다. 이 문서는 데이터와 AI의 윤리적 사용의 중요성에 초점을 맞추고 팀을 연결하는 중요한 협업 툴로 활용될 수도 있다. 이는 조직의 비즈니스 행동 규범이자 국내외 법률, 규제 및 지침이다.

2. 가치의 일치

데이터 및 AI 활용은 구성원과 조직의 가치, 규범, 기대와 일치해야 한다. 모든 조직에는 시간에 따라 변화하는 문화가 존재한다. 직원과 리더의 긴밀한 협력은 데이터와 AI 활용이 지원받는 입장에서 긍정적 또는 부정적으로 인식되는지를 이해하는 데 중요한 역할을 한다. 사용자와 함께 디자인 싱킹 및 애자일 방식을 적용하는 것은 '일치'에 도달하기 위한 핵심이 될 수 있다.

3. 설명

데이터와 AI 활용에 의존도가 증가할 때마다 모든 직원이 이를 쉽게 이해할 수 있도록 유지하는 데 초점을 맞춰야 한다. 구성원은 AI 기반 데이터, 분석, 추론 및 추천에 관련하여 언제, 어떻게 대응해야 하는지 항상 알고 있어야 한다. 조직은 이처럼 개인화된 데이터, 분석 및 추론을 구성원으로 하여금 이해하고 활용할 수 있도록 확실한 설명과 방법을 제공해야 한다. 개인화된 데이터가 언제 어디서 사용되고 있으며 출처를 명확히 밝혀 투명성도 유지해야 한다. 개방성과 투명성은 신뢰를 구축한다. 간단하고, 자연스러운 경험을 제공하기 위해 투명성을 포기해선 안 된다. 감지되지 않는 AI는 윤리적인 AI라고 할 수 없다.

4. 공정성

구성원의 공정성과 형평성을 보장하는 것은 의도적으로 설계, 모니터링, 관리되어야 하는 작업이다. 직원의 데이터를 통해 편향을 최소화하고 포용과 평등을 최대화할 수 있다. 그러나 데이터의 수준, 정확도 및 안정성, 그리고 가장 중요하게 어떻게 적용할 것인지에 대한 신중한 고려 없이는 심각한 피해를 초래할 수 있다. 인간은 본질적으로 편향에 취약하고 AI 설계에 책임이 있다. 다시 말해, 편향은 우리가 수집하는 데이터, 우리가 개발하는 인사이트 및 추론, 시스템 등 어디서든 쉽게 찾아볼 수 있다.

따라서 우리는 데이터와 이의 출처 및 사용에 잠재적인 편향은 없는지 신중해야 한다. 우선 편향이 의심된다면 하나의 팀으로서 이를 조사하고 어디서부터 발생한 것인지, 어떻게 처리할 것인지 생각해야 한다. 각 팀은 무의식적인 편향을 식별하고 피하는 데 도움이 될 수 있는 정기적인 미팅이 필요하다.

5. 사용자 데이터 권한

우리가 형성하는 직원경험에는 직원 스스로 자신의 데이터를 입력하고 데이터 사용에 더 많은 권한을 가질 수 있는 기회가 종종 있다. 예를 들어 데이터를 직접 업데이트 혹은 시각화하거나 특정 데이터를 동료 혹은 리더와 공유할 수 있는 범위를 설정할 수도 있다. 우리는 직원 데이터 권리에 대한 해당 국가 및 국제법을 항상 준수해야 한다. 어떤 데이터가 어떻게 활용되는지에 대한 권한을 직원에게 제공할 수 있는 기회를 모색해야 한다. 직원이 데이터를 업데이트하여 더 나은 AI 기반의 인사이트와 추론이 가능하게 하는 기회를 제공해야 한다. 입력된 데이터가 언제, 어떻게 사용되는지에 대해 명확하게 설명해야 한다.

직원경험의 설계자로서 미래는 데이터의 원천과 양이 증가하여 더욱 강력해질 것으로 생각한다. 우리는 빠르게 발전하는 AI 기술 덕분에 흥미롭고 새로운 방식으로 데이터를 활용할 수 있다. 그러나 큰 힘에는 큰 책임이 따르는 법이다. 기술은 놀라운 속도로 발전하고 있다. 이에 따라 직원경험도 데이터를 윤리적으로 활용하여 새로운 기술의 발전에 따른 부정적인 영향을 최소화하고, 동시에 그로부터 이점을 얻을 수 있도록 최선의 노력을 기울여야 한다.

기술을 통한 경험의 재구성

가상 현실(VR)이 직원경험에 미치는 영향에 대한 관심은 높아지고 있다. 채용부터 온보딩, 워크숍, 리더십 개발에 이르기까지 적용 범위는 점점 더 넓어지고 있음에도 불구하고, 아직 활용 범위는 다소 제한적이다. 가상 현실은 그저 또 다른 기술이 아니다. 실제로 VR은 종종 'VR을 사용하는 것'으로 간주하며, 할 일 목록에 적힌 항목처럼 인식됩니다. 하지만 VR을 직원경험에 접목하면, 그것은 완전히 새롭고 흥미로운 형태로 변한다. 이는 VR이 우리에게 아직 직원경험의 구성 요소로 인식되지 않은 몰입의 경험을 제공하기 때문이다.

VR 교육 솔루션 회사인 퓨처 비주얼(Future Visual)의 창립자인 팀 플레밍(Tim Fleming)은 VR에 생명을 불어넣고 VR이 직원경험에 미칠 수 있는 영향에 대해 살펴보았다.

팀 플레밍(Tim Fleming)

가상 현실은 우리가 여태 학습한 경험의 기본 구성 요소를 돌아보게 함으로써 본인 스스로 외부 환경, 타인과의 상 작용을 경험할 수 있게 해준다. 이것이 제공하는 영향력과 가능성은 엄청나다. 설명을 위해 실제 사건과 VR 버전을 비교해보자.

영국에는 글래스턴베리(Glastonbury, 약 25만 명 정도 참여)라고 불리는 축제가 열리며 이곳에는 유명한 장소가 있다. 샹그릴라는 축제에서 가장 먼 곳에 위치하지만 단순한 파티가 열리는 그 이상의 장소다. 다양한 지식과 운동이 넘치고 축제 관람객에게 영감과 교육을 제공하는 야외 갤러리이자 여러 학문의 공간이다. 샹그릴라는 모든 세상이 닫힐 때 비로소 열린다. 새벽 3시에 춤을 추고 있는 자신을 발견할 수 있는 곳이다.

2020년 글래스턴베리는 COVID-19로 인해 취소됐다. 그러나 샹그릴라 직원은 이를 가상으로 운영했다. 나는 가끔 VR이 신체적으로 불가능하거나 현실에서 엄두도 못 낼 비싼 경험을 제공할 수 있다고 설명해왔다. 과연 샹그릴라는 잘 전달되었을까? 아니, 더 적절하게 표현하자면 샹그릴라는 VR을 활용하여 개선되었을까?

[제공 방법]

나는 당일에는 엄청난 기대감에 부풀었지만 4시간의 운전, 2시간의 대기, 혹은 티켓 구매에 250파운드를 소비하진 않았다. 아내와 나는 집에서 헤드셋을 준비했을 뿐이다. 우리는 앱을 실행했고, 가상 출입구에 접근하는 로비에 서 있었다. 저녁 내내 접속할 때마다 이곳에서 잠깐의 시간을 보냈으며, 클럽 대기열에서 여러 사람과 대화를 나눴다. 첫 번째로 느낀 감정은 VR이 현실과 비슷한 경험을 복제할 수 있다는 것이었다.

가상 세계에서 우리는 파티 참가자들과 함께 가상 축제 공간에 입장했다. 친구와 만나기로 약속했지만, 친구는 찾아볼 수 없었다. 이 역시 실제 축제와 비슷했다. 하지만 가상 세계에서는 '친구에게 텔레포트'라는 편리한 기능을 통해 바로 친구와 만날 수 있었다. 현재까진 1:0으로 VR 승리다.

가이드의 도움으로, 나는 거대한 혀를 가진 다소 웃긴 모습의 상어 페르소나를 선택하기로 결정했다. 이를 통해 두 가지 목적을 달성했다. 첫째, 클럽 키즈가 되기 위해 엄청난 노력을 들이지 않았다. 둘째, 아바타를 통해 기존에는 하지 못했던 많은 대화를 할 수 있었다. 나의 아내는 현실과 비슷하게 드럼, 베이스의 젊은 MC들과 즐겁게 시간을 보내는 듯했다. 어쩌면 환상적인 아바타는 연령, 문화, 그리고 학습된 사회적 행동에 관한 편견을 무너뜨릴 수 있을 것이다. 2:0으로 VR 선두!

무엇보다 놀라웠던 점은 환상의 경험을 제공하는 환경 안팎으로 이동할 수 있다는 편리함이었다. 이러한 이벤트에 참가하려면 보통 며칠의 여행과 비용이 소요된다. 경험에 쉽게 접근할 수 있는 편리성은 순간의 강렬함을 고조시켰다.

요약하자면, VR을 통해 우리는 다음과 같은 것들을 할 수 있었다.

- 전 세계에 흩어져 있는 사람들을 한 곳에서 만나기
- 실생활에서 드러내지 않았던 정체성 즐기기
- '상어' 아바타를 활용하여 편견으로부터 자유로움. 연령, 성별, 인종에 대한 선입견을 제거
- 실생활에서 안전하지 않았다고 느꼈던 곳에 대한 탐색
- 간편하게 축제 환경에 접근 가능

[직원경험 관점에서 샹그릴라가 제시한 것]

VR은 물리적으로 불가능하거나 값비싼 경험을 제공할 수 있다. 조직은 직원경험의 중요한 순간에도 이를 구축하기 위해 계속해서 도전하고 있다. 예를 들어 역할과 관련된 콘텐츠를 개

발하면서 역할 수행에 필요한 역량과 성격 유형을 발견할 뿐만 아니라 실제 경험과 유사한 교육 프로그램을 설계할 수도 있다. 이러한 경험을 통해 위험이 수반되는 실제 훈련뿐만 아니라 포용적인 의사소통 및 리더십 스킬, 감성지능과 같은 대인관계 기술에서도 우수한 역량 수준에 더 빨리 도달할 수 있다. 예를 들어, 동료와 고객의 관점에서 삶을 경험하는 것은 가치가 있을 수 있다. 감정적으로 몰입된 환경에 빠르게 적응하는 능력은 경험적 학습에 진정한 역동성을 더할 수 있다.

몰입형 경험이 기존에 어려웠던 개발 주제를 해결하기 위한 만병통치약이라고 제안하는 것은 아니지만, 직장 내에서 전통적으로 다루기 어려웠던 감정과 성과의 분야와 협업 가능한 방법을 확인하는 기회가 될 수 있다.

이 외에도 몰입형 공간이 기존 작업장에 존재하는 수직적인 행동 양식에 새로운 변화를 줄 수 있음을 알 수 있다. 원격 근무 시대에 살고 있는 우리는 디지털 전환 및 상호작용에 관하여 새로운 변화를 일으킬 수 있는 기회를 갖는다. 대표적으로 MS Teams와 Zoom이 있다. 몰입형 기술을 통해 무한한 가능성을 가진 제3의 공간을 개발하여, 재미있고 강력한 방식으로 사람을 한곳으로 모을 수 있다.

이것은 실현 가능한 모든 것 중 극히 일부에 불과하다. 업무 환경이 어떠한지, 어떤 감정을 불러일으키는지, 구성원의 잠재력을 어떻게 이끌어낼 수 있는지에 대해 전반적으로 탐색하는 조직만이 진정한 기회를 잡아낼 수 있다.

직원경험의 미래는 인간관계(human connection)일까?

우리 모두는 더 나은 직장을 만들려는 소망이 있으며, 이 소망을 현실로 만들기 위해 노력하고 있다. 개인에게 '업무'는 불행한 경험이 되어서는 안 되며, 직원경험이 긍정적일 때 모두가 이득을 본다. 그러나 상당수의 사람이 직장에서 좋지 않은 경험을 했다. 직원경험의 미래는 이것을 바꾸는 것에서 시작된다. COVID-19는 이 변화를 가속화하고, 더 많은 사람이 직장 내에서 긍정적인 경험을 할 수 있도록 독특한 기회를 제공했다.

이번 장의 목표는 미래의 모습을 단순히 예측하기보다 미래에 예상 가능한 시나리오가 직원경험에 미치는 영향을 이해하기 위함이었다. 팬데믹은 일하는 곳에서 일하는 방식, 근무 시간에 이르기까지 이미 시작되고 있던 긍정적인 변화를 가속화했다. 이러한 변화를 되짚어 보면 결국 긍정적인 직원경험의 핵심은 인간관계이다. 우리는 인간으로서 관계를 유지하려는 타고난 욕구를 가지고 있으며, 이 욕구를 충족시키는 데 집중할 때 실질적으로 직원경험을 개선할 수 있다.

이는 기본적으로 직장 내에서 동료, 상사, 팀, 조직 전체, 고객 및 공급업체와의 관계를 연결하고 유지하는 것을 의미한다. 그러나 직원경험은 지역 커뮤니티, 가족, 친구와의 관계뿐 아니라 심지어 자신 스스로와의 관계까지 지원할 수 있는 방법을 포함하여 더 넓게 고려될 수 있다.

직원경험 설계의 핵심은 인간 중심의 접근방식이다. 인간 관계는 수년간 수집해온 직원경험 이야기의 핵심 요소이다. 오늘날 직원경험의 모범 사례가 되는 조직들 역시 인간 관계가 직원경험에 접근하는 올바른 방식임을 증명한다. 또한, 이번 장에서 소개한 직원경험의 미래에 대한 관점을 살펴보면 '인간'이 바로 그 중심에 있는 것을 알 수 있다.

예를 들어, 《The Adaptation Advantage》(2020)에서 헤더 맥고완과 크리스 쉬플리는 기술이 기하급수적인 속도로 변화하고 있음에도 불구하고 이를 조정하는 핸들은 아직 인간의 손에 달려 있다고 주장한다. 결국 협업이 의미 있는 경험을 형성하는 데 핵심이 될 것이며, 협업은 의미 있는 관계를 맺을 때만 가능하다는 것이다. 협업은 멋있는 기술이나 앱에 관한 것이 아니다. 사람들에게 이익이 되는 관계를 가능하게 하는 것이다

원격 근무의 증가로 의도하지 않은 결과 중 하나는 실제로 더 많은 직원에게 포용성과 연결성을 제공한 점이다. 이는 물론 모두에게 해당하는 것은 아니며, 유지를 위해 세심한 주의가 필요하지만, 원격 근무가 인간관계를 더 강하게 유지한다는 점은 매우 흥미로웠다. 또한 원격 근무는 직원경험에 긍정적인 영향을 미쳤다. 새로운 방식으로 인해 동료들과 더 깊은 관계를 맺고 업무에 몰입할 수 있었다.

직장에서 더 나은 학습의 미래를 위해선 문제해결을 위해 다양한 관점을 공유하고 유연하게 함께 모일 필요가 있다는 것을 알고 있다. 미래의 학습은 형식적인 강의실 기반의 교육 프로그램과 멀어질 것이다. 성장과 숙달은 긍정적인 직원경험 형성을 위한 기본이다. 학습에 관한 새로운 초점은 결국 인간 관계에 대한 강조를 필요로 한다.

훌륭한 직원경험을 촉진하기 위해서 어떻게 에너지를 활용

할 것인가를 생각할 때, 결국 답은 인간관계이다. 우리의 관계를 이해하고, 누가 긍정적인 혹은 부정적인 에너지를 전달하는지 이해한다면 직장 내 직원경험을 개선하는 데 도움이 될 수 있다. 또한 발전하는 기술을 활용하는 것도 도움이 된다. VR을 활용하여 가상 공간에서 동료를 만나고 업무를 하는 것은 사회적 거리두기가 적용되는 오늘날의 세계에서 엄청난 의미를 갖는다.

우리는 이런 변화를 긍정적인 힘으로 활용하여 더 나은 직원경험을 만들고, 일하기 좋은 세상을 만들어야 한다. 팬데믹이 초래한 변화를 긍정적으로 받아들여 지원 경험에 대한 접근방식을 재정립해야 한다. 그리고 이 모든 과정의 중심에는 '인간관계'가 있어야 한다.

참고문헌

1장. 직원경험 설계의 소개: 정의와 접근방식

• Bersin, J (2019) [accessed 10 August 2020] Employee experience: it's trickier and more important that you thought [Online] https://joshbersin.com/2019/03/the-employee-experience-its-trickier-and-more-important-than-you-thought/(archived at https://perma.cc/GAJ8-MEZ3)

• Bridger, E (2018) Employee Engagement, Kogan Page, London

• CIPD (2020) [accessed 10 August 2020] Employee experience [Online] https://peopleprofession.cipd.org/profession-map/specialist-knowledge/employee-experience (archived at https://perma.cc/7LVW-BECM)

• Deloitte (2017) [accessed 10 August 2020] Human capital trends [Online] https://www2.deloitte.com/content/dam/Deloitte/global/Documents/About-Deloitte/central-europe/ce-global-human-capital-trends.pdf (archived at https://perma.cc/LN3K-5ZWE)

• Dery, K and Sebastian, I (2017) Building business value with employee experience, MIT CISR, Research Briefing, 17 (6). https://cisr.mit.edu/public ation/2017_0601_EmployeeExperience_DerySebastian (archived at https://perma.cc/V6WN-54M9)

• Gallup (2019) [accessed 10 August 2020] State of the global workplace [Online] https://www.gallup.com/workplace/238079/state-global-workplace-2017.aspx(archived at https://perma.cc/DYV5-R64M)

• Kennedy Fitch (2018) [accessed 10 August 2020] Employee

experience: how tobuild an EX-centric organization [Online] http://www.kennedyfitch.com/KFwebsite-new/wp-content/uploads/Employee-Experience-How-to-Build-an-EX-Centric-Organization.pdf archived at https://perma.cc/7H9Q-6P93)

· LinkedIn (2020) [accessed 10 August 2020] Global talent trends 2020 [Online]https://business.linkedin.com/talent-solutions/recruiting-tips/global-talenttrends-2020 (archived at https://perma.cc/BYH6-PFY4)

· Mercer (2019) [accessed 10 August 2020] Global talent trends [Online] https://www.uk.mercer.com/gbm-risk-department/global-talent-trend.html (archived athttps://perma.cc/T57N-UUSK)

· Mercer (2020) [accessed 10 August 2020] Global talent trends [Online] https://www.mercer.com/our-thinking/career/global-talent-hr-trends.html (archived athttps://perma.cc/3GQZ-5FD8)

· Morgan, J (2017) The Employee Experience Advantage: How to win the war fortalent by giving employees the workspaces they want, the tools they need, and a culture they can celebrate, Wiley, Hoboken, NJ

· People Lab (2018) [accessed 10 August 2020] Spotlight on employee engagement[Online] https://peoplelab.co.uk/spotlight-on-the-employee-engagement-profession-launches/ (archived at https://perma.cc/6FJ8-GLBJ)

· Whitter, B (2019) Employee Experience: Develop a happy, productive and supported workforce for exceptional individual and business performance, Kogan Page, London

2장. 직원경험 사례 만들기

· Deloitte (2017) [accessed 10 August 2020] Human capital trends [Online] https://www2.deloitte.com/content/dam/Deloitte/global/Documents/About-Deloitte/central-europe/ce-global-human-capital-trends.pdf (archived at https://perma.cc/LN3K-5ZWE)

· Dery, K and Sebastian, I (2017) Building business value with employee experience,MIT CISR, Research Briefing, 17 (6). https://cisr.mit.edu/ public ation/2017_0601_EmployeeExperience_DerySebastian (archived at https://perma.cc/V6WN-54M9)

- Engage for Success [website] [accessed 10 August 2020] www.engagefor success.org(archived at https://perma.cc/XCU9-X6FQ)

- Gallup (2018) [accessed 10 August 2020] Designing your organization'semployee experience [Online] https://www.gallup.com/workplace/242240/employee- experience-perspective-paper.aspx (archived at https://perma.cc/BH3J-SH9F)

- Gartner (2020) [accessed 10 August 2020] The modern employee experience:Increasing the returns on employee experience investments (published 13January) [Online] https://www.gartner.com/en/documents/2020/1/3979529-themodern-employee-experience-increasing-the-returns-on (archived at https://perma.cc/CHN4-3GU9)

- HX Leaders Network (2020) [accessed 10 August 2020] Employee experience 2020 [Online] https://hxleadersnetwork.com/2020-ex-report/ (archived at https://perma.cc/C6XV-9WGJ)

- IBM (2017) [accessed 10 August 2020] The Employee Experience Index: A new global measure of a human workplace and its impact [Online] https://www.ibm. com/downloads/cas/JDMXPMBM (archived at https://perma.cc/HE3V-5TLU)

- InVision (2018) [accessed 10 August 2020] The new design frontier [Online] https://www.invisionapp.com/design-better/design-maturity-model/ (archived at https://perma.cc/ZU9Y-ZFKV)

- Kennedy Fitch (2018) [accessed 10 August 2020] Employee experience: how to build an EX-centric organization [Online] http://www.kennedyfitch.com/ KFwebsite-new/wp-content/uploads/Employee-Experience-How-to-Build-an- EX-Centric-Organization.pdf (archived at https://perma.cc/7H9Q-6P93)

- LinkedIn (2020) [accessed 10 August 2020] Global talent trends 2020 [Online] https://business.linkedin.com/talent-solutions/recruiting-tips/global-talenttrends- 2020 (archived at https://perma.cc/BYH6-PFY4)

- McKinsey (2018) [accessed 10 August 2020] The business value of design [Online] https://www.mckinsey.com/business-functions/mckinsey-design/our-insights/the-business-value-of-design (archived at https://perma.cc/3CXF-QKSA)

- Morgan, J (2017) The Employee Experience Advantage: How to win the war for talent by giving employees the workspaces they want, the tools they need, and a culture they can celebrate, Wiley, Hoboken, NJ

· O.C. Tanner (2020) [accessed 10 August 2020] Global culture report [Online] https://www.octanner.com/uk/global-culture-report.html (archived at https://perma.cc/ET3F-8YUN)

· Rucci, AJ, Kirn, SP and Quinn, RT (1998) The employee-customer-profit chain at Sears, Harvard Business Review, 76 (1), pp 82-97

· Symitsi, E, Stamolampros, P, Daskalakis, G and Korfiatis, N (2020) The informational value of employee online reviews, European Journal of Operational Research. http://dx.doi.org/10.2139/ssrn.3140512 (archived at https://perma.cc/C4MW-GKU7)

· Willis Towers Watson (2020) [accessed 10 August 2020] Identifying the factors that make a high-performance employee experience [Online] https://www.willistowerswatson.com/en-us/insights/campaigns/breakthrough-research-onemployee-experience-download (archived at https://perma.cc/6UUQ-C45A)

3장. 고정관념 타파: 직원경험을 이끄는 진정한 원동력은?

· Achor, S (2011) The Happiness Advantage: The seven principles of positive psychology that fuel success and performance at work, Random House Group Publishing, London

· Boyle, PA, Buchman, AS, Wilson, RS, Yu, L, Schneider, JA and Bennett, DA (2012) Effect of purpose in life on the relation between Alzheimer disease pathologic changes on cognitive function in advanced age, Archives of General Psychiatry, 69 (5), pp 499-504. doi:10.1001/archgenpsychiatry.2011.1487

· Cooperrider, DL and Whitney, D (2009) Appreciative Inquiry: A positive revolution in change, Berrett-Koehler, San Francisco, CA

· Deci, EL, Koestner, R and Ryan, RM (2001) Extrinsic rewards and intrinsic motivation in education: Reconsidered once again, Review of Educational Research, 71 (1), p 14

· Dweck, CS (2006) Mindset: The new psychology of success, Random House, London

· Frankl, VE (1962) Man's Search for Meaning: An introduction to logotherapy, Beacon Press, Boston

• Fredrickson, BL (2000) Why positive emotions matter in organizations: Lessons from the broaden-and-build model, The Psychologist-Manager Journal, 4 (2), pp 131-42

• Gartner (2019) [accessed 10 August 2020] The modern employee experience: Increasing returns on employee experience investment [Online] https://www. gartner.com/en/human-resources/insights/employee-experience (archived at https://perma.cc/JGT7-UCTT)

• Harlow, HF (1950) Learning and satiation of response in intrinsically motivated complex puzzle performance by monkeys, Journal of Comparative and Physiological Psychology, 43 (4), pp 289-94

• Heath, C and Heath, D (2017) The Power of Moments: Why certain experiences have extraordinary impact, Bantam Books, New York

• Herzberg, F, Mausner, B and Bloch-Snyderman, B (1993) Motivation To Work, Routledge, New York

• Irvine, M (2013) [accessed 10 August 2020] Approaches to po-mo, Georgetown University Communication, Culture, & Technology Program [Online] http://faculty.georgetown.edu/irvinem/theory/pomo.html (archived at https://perma.cc/NQ4L-3Q8Y)

• Kahneman, D (2011) Thinking, Fast and Slow, Penguin, London

• Kirsch, I and Lynn, SJ (1999) Automaticity in clinical psychology, American Psychologist, 54 (7), pp 504-15

• Murphy, M (2020) [accessed 10 August 2020] These 18 outlooks explain why some employees are happy at work (and others are miserable) [blog] [Online] https://www.leadershipiq.com/blogs/leadershipiq/these-18-outlooks-explainwhy-some-employees-are-happy-at-work-and-others-are-miserable (archived at https://perma.cc/XQA7-3XN4)

• Norton, MI, Mochon, D and Ariely, D (2012) The IKEA effect: when labor leads to love, Journal of Consumer Psychology, 22 (3), pp 453-60

4장. 조직문화와 리더십 그리고 직원경험

• Achor, S (2011) The Happiness Advantage: The seven principles of positive psychology that fuel success and performance at work, Random House Group Publishing, London

· Buchanan, R (2015) Worlds in the making: Design, management, and the reform of organizational culture, She Ji: The Journal of Design Economics and Innovation. http://www.journals.elsevier.com/she-ji-the-journal-of-designeconomics-and-innovation (archived at https://perma.cc/8TMZ-D4SG)

· Cameron, K (2013) Practicing Positive Leadership, Berrett-Koehler, San Francisco, CA

· Chesky, B (2014) [accessed 13 August 2020] Don't fuck up the culture, Medium, 20 April [Online] https://medium.com/@bchesky/dont-fuck-up-the-culture597cde9ee9d4 (archived at https://perma.cc/B4ST-WS77)

· CIPD (2011) [accessed 13 August 2020] Sustainable Organisation Performance: What really makes the difference? Shaping the Future [Online] http://www.cipd.co.uk/ binaries/5287stffinalreportweb.pdf (archived at https://perma.cc/YBZ9-LPL9)

· Coyle, D (2018) The Culture Code, Random House, London

· Design Council and Warwick Business School (2014) [accessed 13 August 2020] Leading Business by Design: Why and how business leaders invest in design, Design Council [Online] https://www.designcouncil.org.uk/ sites/default/files/ asset/document/dc_lbbd_report_08.11.13_FA_LORES.pdf (archived at https://perma.cc/499C-J58U)

· Elsbach, K and Stigliani, I (2018) Design thinking and organizational culture: A review and framework for future research, Journal of Management [Online] https://www.researchgate.net/publication/322550517 _Design_Thinking_and_ Organizational_Culture_A_Review_and_Framework_f or_Future_Research(archived at https://perma.cc/86TQ-NWUW)

· Gallup (2019) [accessed 13 August 2020] The manager experience [Online] https://www.gallup.com/workplace/259820/manager-experience-challenges-perkperspective-paper.aspx (archived at https://perma.cc/W3JH-FG2R)

· Glassdoor (2019) [accessed 13 August 2020] Mission and culture survey 2019 [Online] https://www.glassdoor.com/about-us/app/uploads/ sites/2/2019/07/Mission-Culture-Survey-Supplement.pdf (archived at https://perma.cc/7P95-METU)

· culture, does your company walk the talk?, MIT Sloan Management Review, 21 July [Online]https://sloanreview.mit.edu/article/when-it-comes-to-culture-doesyour-company-walk-the-talk/ (archived at https://perma.cc/

N4KQ-AAQK)

• IBM (2017) [accessed 13 August 2020] The Employee Experience Index: A new global measure of a human workplace and its impact [Online] https://www.ibm.com/downloads/cas/JDMXPMBM (archived at https://perma.cc/QL77-4JHX)

• Liedtka, J (2020) [accessed 13 August 2020] Maximising the ROI of design thinking, Mural Imagine Talks, 28 May [Online] https://www.mural.co/imagine/talks (archived at https://perma.cc/AZ45-NBSR)

• McGowan, H and Shipley, C (2020) The Adaptation Advantage: Let go, learn fast, and thrive in the future of work, Wiley, Hoboken, NJ

• McHale, S (2020) The Insider's Guide to Culture Change, HarperCollins Leadership, New York

• O.C. Tanner (2020) [accessed 13 August 2020] Global culture report [Online]https://www.octanner.com/uk/global-culture-report.html (archived at https://perma.cc/7VYE-G7EN)

• Schein, E (2004) Organizational Culture and Leadership, Jossey-Bass, San Francisco, CA

• Shuck, B, Rocco, T and Albornoz, C (2011) Exploring employee engagement from the employee perspective: Implications for HRD, Journal of European Industrial Training, 35, pp 300-325

• Sull, D, Turconi, S and Sull, C (2020) [accessed 13 August 2020] When it comes to culture, does your company walk the talk?, MIT Sloan Management Review, 21 July [Online] https://sloanreview.mit.edu/article/when-it-comes-to-culture-doesyour-company-walk-the-talk/ (archived at https://perma.cc/N4KQ-AAQK)

• Tims, M, Bakker, AB and Xanthopoulou, D (2011) Do transformational leaders enhance their followers' daily work engagement?, Leadership Quarterly, 22, pp 121-31

• Walumbwa, FO, Wang, P, Wang, H, Schaubroeck, J and Avolio, BJ (2010) Psychological process linking authentic leadership to follower behaviours, Leadership Quarterly, 21, pp 901-14

• Wright-Wasson, D (2019) Talk the Walk: Designing a clear path to a world class employee experience, Page Two Books, Vancouver

• Xu, J and Cooper Thomas, H (2011) How can leaders achieve high employee engagement?, Leadership and Organization Development Journal, 32 (4), pp 399-416

· Zineldin, M (2017) Transformational leadership behavior, emotions, and outcomes: Health psychology perspective in the workplace, Journal of Workplace Behavioural Health, 32, pp 14-25

5장. 직원경험 설계

· Bridger, E (2015) Employee Engagement, Kogan Page, London

· Brown, T (2009/2019) Change by Design, Revised and Updated: How design thinking transforms organizations and inspires innovation, HarperCollins, New York

· Buchanan, R (1992) [accessed 8 August 2020] Wicked problems in design thinking, Design Issues [Online] https://web.mit.edu/jrankin/www/engin_as_lib_art/Design_thinking.pdf (archived at https://perma.cc/FHT8-GDU6)

· Cheuk, B and Dervin, B (2011) Leadership 2.0 in action: A journey from knowledge management to 'knowledging', Knowledge Management & E-Learning: An International Journal, 3 (2), p 119

· Corney, S (2020) [accessed 18 July 2020] Transformation by stealth: Trojan mice and design thinking [Blog], CXNoodlings, 21 February [Online] https://cxnoodlings.wordpress.com/2020/02/21/transformation-by-stealth-trojan-miceand-design-thinking/ (archived at https://perma.cc/RFA6-HUKS)

· Cyr, J (2019) [accessed 14 June 2020] Designing the organizational conversation, The Conversation Factory Podcast [Online] https://theconversationfactory.com/ podcast/2019/11/15/designing-the-organizational-conversation (archived at https://perma.cc/Z36T-VHP4)

· Deloitte (2015) [accessed 6 June 2020] Global human capital trends 2015: Leading in the new world of work [Online] https://www2.deloitte.com/content/dam/Deloitte/au/Documents/human-capital/deloitte-au-hc-global-human-capitaltrends-2015-301115.pdf (archived at https://perma.cc/M7KD-XQQD)

· Deloitte (2016) [accessed 6 June 2020] Global human capital trends [Online] https://www2.deloitte.com/us/en/insights/focus/human-capital-trends/2016.html(archived at https://perma.cc/J3DM-ZMT2)

- Gino, F (2018) [accessed 18 July 2020] The business case for curiosity, Harvard
- Business Review, September-October [Online] https://hbr.org/2018/09/curiosity(archived at https://perma.cc/28TN-CA7W)
- Kennedy Fitch and EX Leaders Network (2020) [accessed 18 July 2020] Employee experience 2020 global report and case studies [Online] https://www.exleadernetwork.com/wp-content/uploads/2019/12/EX-2020-Report-by-EX-Leaders-Network.pdf (archived at https://perma.cc/5WY2-MNCD)
- Liedtka, J (2020) [accessed 18 July 2020] Maximising the ROI of design thinking, Mural Imagine Talks, 28 May [Online] https://www.mural.co/imagine/talks(archived at https://perma.cc/QJ73-ZL8U)
- Plaskoff, J (2017) [accessed 18 July 2020] Employee experience: The new human resource management approach, Strategic HR Review [Online] https://www. deepdyve.com/lp/emerald-publishing/employee-experience-the-new-humanresource-management-approach-eeg6sXKuBA (archived at https://perma.cc/B6J4-UWEQ)
- Thor⊠n, P (2017) Agile People: A radical approach for HR and managers (that leads to motivated employees), Lioncrest Publishing

7장. 공감과 기회의 공간

- Amabile, T, Fisher, CM and Pillemer, J (2014) [accessed 25 September 2020] IDEO's culture of helping, Harvard Business Review, January-February [Online] https://hbr.org/2014/01/ideos-culture-of-helping (archived at https://perma.cc/6TWC-TCYS)
- Cooper-Wright, M (2015) [accessed 12 August 2020] Design research from interview to insight, Medium, 12 September [Online] https://medium.com/ design-research-methods/design-research-from-interview-to-insightf6957b37c698 (archived at https://perma.cc/CF43-CVEZ)
- Jeffers, O (2006) Lost and Found, HarperCollins Publishers, London
- Kimsey-House, H, Kimsey-House, K, Sandahl, P and Whitworth, L (2011) Co-active Coaching: Changing business transforming lives, Nicholas Brealey Publishing, Boston
- Knowles, S (2020) How to be Insightful: Unlocking the superpower that

drives innovation, Routledge, Abingdon

• Liedtka, J (2020) [accessed 18 July 2020] Maximising the ROI of design thinking, Mural Imagine Talks, 28 May [Online] https://www.mural.co/imagine/talks(archived at https://perma.cc/E3ZQ-49LC)

• Young, I (2015) Practical Empathy for Collaboration and Creativity in Your Work, Rosenfeld Media, New York

• Zaki, J (2019) The War for Kindness: Building empathy in a fractured world, Little Brown, New York

8장. 아이디어화 과정

• Abugattas, LB (2020) Beyond Llamas, Rainbows and Year-End Parties: Effective and collaborative HR throughout the employee journey, published by author

• Brown, T (2019) Change by Design, Revised and Updated: How design thinking transforms organizations and inspires innovation, HarperCollins, New York

• Richards, AW (2019) Improving the Employee Transition Experience: A practical business application for design thinking, Dissertation, Georgia State University [Online] https://scholarworks.gsu.edu/bus_admin_diss/116 (archived at https://perma.cc/G8UJ-6P8L)

9장. 프로토타입, 검증 그리고 반복

• Lauff, C, Menold, J and Wood, K (2019) [accessed 8 August 2020] Prototyping Canvas: Design tool for planning purposeful prototypes, Cambridge University press, 26 July [Online] https://www.cambridge.org/core/journals/proceedings-of-the-international-conference-on-engineering-design/article/prototyping-canvas-design-tool-for-planning-purposeful-prototypes/A535E9D0DFC923B7F41C6288FA0AF3E1 (archived at https://perma.cc/FS5D-AR3G)

• Mootee, I (2013) Design Thinking for Strategic Innovation: What they can't teach you at business or design school, John Wiley & Sons, Hoboken, NJ

• Plaskoff, J (2017) [accessed 18 July 2020] Employee experience: The new human resource management approach, Strategic HR Review [Online] https://www.deepdyve.com/lp/emerald-publishing/employee-experience-the-new-humanresource-management-approach-eeg6sXKuBA (archived at https://perma.cc/7TFJ-67ST)

• Talent Tales (2020) [accessed 13 October 2020] Hacking diversity: A conversation with Sittercity's Kelli Koschmann [Podcast], 1 March [Online] https://podcasts.apple.com/ae/podcast/hacking-diversity-conversation-sittercitys-kellikoschmann/id1461677062?i=1000467199114 (archived at https://perma.cc/7PBV-LGMV)

10장. 직원경험의 측정

• BCG (2012) [accessed 10 August 2020] Realising the vales of people management [Online] https://www.bcg.com/publications/2012/people-management-humanresources-leadership-from-capability-to-profitability (archived at https://perma.cc/724Z-4H8E)

• Bock, L (2016) Work Rules, John Murray, London

• Gallup (2020) [accessed 10 August 2020] State of the American manager [Online]https://www.gallup.com/services/182138/state-american-manager.aspx (archivedat https://perma.cc/F6K4-JCGA)

• HR Wins and Culture Amp (2020) [accessed 10 August 2020] The value of employee experience and culture: Calculating the impact of employee experience in times of growth or crisis [Online] https://www.cultureamp.com/resources-a/whitepapers-ebooks/ (archived at https://perma.cc/RJ47-C7F5)

• IBM (2017) [accessed 10 August 2020] The Employee Experience Index: A new global measure of a human workplace and its impact [Online] https://www.ibm.com/downloads/cas/JDMXPMBM (archived at https://perma.cc/J4EB-RN9W)

• Kotter, J and Heskett, J (1992) Corporate Culture and Performance, The Free Press,New York

- LinkedIn (2014) [accessed 10 August 2020] Why and how people change jobs [Online] https://business.linkedin.com/content/dam/business/talent-solutions/global/en_us/job-switchers/PDF/job-switchers-global-report-english.pdf(archived at https://perma.cc/X6CC-7MDD)

- Maylett, T and Wride, M (2017) The Employee Experience: How to attract talent, retain performers and deliver results, Wiley, Hoboken, NJ

- Morgan, J (2017) The Employee Experience Advantage: How to win the war for talent by giving employees the workspaces they want, the tools they need, and a culture they can celebrate, Wiley, Hoboken, NJ

- Peterson, A (2020) [accessed 10 August 2020] The hidden cost of onboarding a new employee, Glassdoor [Online] https://www.glassdoor.com/employers/blog/hidden-costs-employee-onboarding-reduce/# (archived at https://perma.cc/BV7R-HWEY)

- Schaufeli, WB and Bakker, AB (2004) Job demands, job resources, and their relationship with burnout and engagement: A multi-sample study, Journal of Organizational Behavior, 25, pp 293-315

11장. 직원경험의 미래

- Cheuk, B (2020) [accessed 15 October 2020] Dr Bonnie Cheuk: IDC Future of Work Keynote: Workforce transformation human machine collaboration, 3 March [Online] https://www.slideshare.net/BonnieCheuk/bonnie-cheuk-idcfuture-of-work-keynote-workforce-transformation-human-machine-collaboration (archived at https://perma.cc/S7HU-2KJ4)

- Cheuk, B and Dervin, B (2011) [accessed 15 October 2020] Leadership 2.0 in action: A journey from knowledge management to knowledging [Online] https://sense-making.org/my-journey-from-knowledge-management-to-knowledging-and-learning/ (archived at https://perma.cc/5YAF-663P)

- Csikszentmihalyi, M (1998) Finding Flow: The psychology of engagement with everyday life, Basic Books, New York

- Dervin, B (2020) [accessed 15 October 2020] A range of Dervin and her students' papers are made available on the Sense-Making Methodology Institute website [Online] http://sense-making.org/ (archived at https://perma.cc/TR6K-8AQ9)

- Edmonson, A (2018) The Fearless Organization: Creating psychological safety in the workplace for learning, innovation, and growth, John Wiley & Sons, Upper Saddle River, NJ

- Hamel, G (2020) Humanocracy: Creating organizations as amazing as the people inside them, Harvard Business Review Press, Boston IBM (2019) [accessed 15 October 2020] The enterprise guide to closing the skills gap [Online] https://www.ibm.com/thought-leadership/institute-business-value/report/closing-skills-gap (archived at https://perma.cc/8NZH-54RA)

- Laloux, F (2014) Reinventing Organizations: A guide to creating organizations inspired by the next stage in human consciousness, Nelson Parker, Brussels

- McGowan, HE and Shipley, C (2020) The Adaptation Advantage, Wiley, Hoboken, NJ

- O'Connor, S (2020) [accessed 15 October 2020] Do not let homeworking become digital piecework for the poor, Financial Times, 15 September [Online] https://www.ft.com/content/ab83270c-253a-4d7a-9ef8-a360d2e04aab (archived at https://perma.cc/N4DY-HN3J)

- Timms, P (2020) The Energized Workplace: Designing organizations where people flourish, Kogan Page, London

- Webber, A (2020) [accessed 15 October 2020] Working from home increased after guidance U-turn, Personnel Today [Online] https://www.personneltoday.com/hr/ working-from-home-increased-after-guidance-u-turn/ (archived at https://perma.cc/42BD-FBY6)

- Wong, M (2020) [accessed 15 October 2020] Stanford research provides a snapshot of a new working-from-home economy, Stanford News [Online] https://news.stanford.edu/2020/06/29/snapshot-new-working-home-economy/(archived at https://perma.cc/S6H6-XWUT)

직원경험 설계

경쟁 우위를 위한 효과적인 직원경험 설계 방법

초판 1쇄 인쇄 2024년 4월 10일
초판 1쇄 발행 2024년 4월 17일

지은이 엠마 브리저, 벨린다 간나웨이
번역 오승민, 이승주, 김벼리
펴낸이 최익성

책임편집 정은아
마케팅 총괄 임동건
마케팅 안보라
경영지원 임정혁, 이순미
펴낸곳 플랜비디자인

디자인 박준기

출판등록 제2016-000001호
주소 경기도 화성시 첨단산업1로 27 동탄IX타워 A동 3210호

전화 031-8050-0508
팩스 02-2179-8994
이메일 planbdesigncompany@gmail.com

ISBN 979-11-6832-099-4 (03320)